国家航海

National Maritime Research

上海中国航海博物馆　主办

（第二辑）

上海古籍出版社

目　录

吴国的王舟艅艎

蔡　薇*　　戴修建**　　吴轶钢　　席龙飞

（武汉　武汉理工大学造船史研究中心　　430063）

摘　要：中国历史记载的重大水战发生在公元前549年。公元前525年王舟艅艎出现。吴国战船大翼的尺度，在文献中记载颇详。战国时期青铜器上的船纹中也已经复原出了大翼的舰船模型。但王舟艅艎的尺度却无考。参考大翼的尺度，本文推断了艅艎的尺度。艅艎的形制，较大翼增加一层甲板，并设置有阁楼。根据它的功能，可以确定划桨的定位和舱室布置。最后本文绘制了王舟艅艎的总布置图以及渲染的效果图。通过对艅艎王舟的复原研究，我们再次体会到了中华船文化的博大与精深。

关键词：艅艎　形制　春秋战国

一、中国最早的水战及王舟艅艎

春秋时代各诸侯国之间的兼并战争激烈而频繁，从田亩辽阔的中原到江河交错的江南，征战四起。中原征战用车，江南水战则以舰船为主。吴国屹立东南，地处水乡，通江达海。充分利用水域形势是振兴吴国的国策之一，吴军水师更是吴国的一支雄师。楚国位于长江中游，其水运和造船技术也有很高的水平。吴王余祭（前548～前545年）时吴国就已经组建水军，拥有当时列国中最强大的水师和舰队。

中国历史记载的重大水战发生在公元前549年夏，如《文献通考·兵》载"用舟师自康王始"，说的是楚康王十一年"楚子为舟师以伐吴，不为军政，无功而还"。① 公元前525年，又发生一次激烈的水战，吴国派公子光率舟师逆长江而上攻打楚国，结果反而被楚国俘去王舟艅艎。这就是《史记·吴太伯世家》所载：

---

*　蔡薇，女，(1969—　)，武汉理工大学交通学院教授，研究方向：造船史、船舶现代设计方法。

**　戴修建，男，(1985—　)，武汉理工大学交通学院硕士，研究方向：船舶现代设计法。

①　［清］高士奇：《左传纪事本末》卷四十九，中华书局，1979年，第721页。

"王僚二年，公子光伐楚，败而亡王舟。光惧，袭楚，复得王舟而还。"①《中国历史大事年表(古代)》载："吴王僚二年，攻楚，战于长岸(今长江裕溪口一带)，大败，失王舟'余皇'。公子光(诸樊子)夜袭楚军，夺还'余皇'。"②

这里所说的王舟，即艅艎，亦称余皇，是春秋时期专供国君乘坐的一种座船，故又称"王舟"。王舟也是水师的指挥舰。船头装饰"鹢首"，异常雄伟。余皇(艅艎)始见于《左传》：昭公十七年(公元前 525 年)"楚师继之，大败吴师，获其乘舟余皇(艅艎)。"晋葛洪《抱朴子》称："艅艎，鹢首，涉川之良器也。"

二、吴国战船的尺度及形制

1. 战船大翼以及艅艎的尺度

吴国的战船有大翼、中翼、小翼、突冒、楼船等多种。《越绝书》关于吴王阖闾与伍子胥讨论水师训练方法的对话记有："阖闾见子胥，敢问船运之备何如？对曰：船名大翼、小翼、突冒、楼船、桥船。令船军之教比陵军(陆军)之法，乃可用之。大翼者当陵军(陆军)之车，小翼者当陵军(陆军)之轻车，突冒者当陵军(陆军)之冲车，楼船者当陵军(陆军)之行楼车也，桥船者当陵军(陆军)之轻足骠定骑也。"③吴国战船大翼长十二丈，船宽一丈六尺，"容战士二十六人，棹(卒)五十人，舳舻三人，操长钩、矛、斧者四，吏仆射长各一人，凡九十一人"。④ 据考证，晚周到战国时的尺度，每尺约相当于 0.23 米，⑤折合成今日的米制，大翼长 27.6 米，宽 3.68 米。其长宽比为 7.5。船体修长，若顺水而下，再用 50 名桨手奋力操桨，则船行如飞。

艅艎的尺度无考。由于艅艎是王舟，是指挥舰，其尺度应为当时舟船之最。考虑到与大翼尺度相配合，结合无锡阖闾城遗址管理处的实际需要，取王舟艅艎总长为 40 米。经试绘船图的水线长为 38.4 米，型宽 8 米，型深 3 米，设计吃水取 1.5 米。

2. 战船大翼的形制

春秋时期的舟船形制无法考证。但是，战国时期青铜器上的船纹想必与春秋时期的舟船形制有继承性。

战国水陆攻战纹铜鉴，于 1935 年在河南省汲县(今卫辉市)山彪镇一号墓出土，⑥铜鉴上的水战画面及战船纹如图一。图中描绘了左右相对行驶的两艘战

① 司马迁：《史记·吴太伯世家》，《二十五史》，上海古籍出版社，1986 年，第 182 页。
② 沈起炜编著：《中国历史大事年表(古代)》，上海辞书出版社，1983 年，第 42 页。
③ ［宋］李昉等撰：《太平御览》卷七七〇，中华书局 1960 年影印本，第 3413 页。
④ ［宋］李昉等撰：《太平御览》卷三一五，中华书局 1960 年影印本，第 1450 页。
⑤ 丘光明编：《中国历代度量衡考》，科学出版社，1992 年，第 6 - 8 页。
⑥ 郭宝钧：《山彪镇与琉璃阁》，科学出版社，1959 年，第 18 页，第 20 页图 11。

船,形制大致相同,都是船身修长,首尾起翘。战船设有甲板,战士在甲板上面作战,划桨手在甲板下面的船舱内划桨。划桨时采用立姿,划桨手身佩短剑。每船虽只绘出 4 名桨手,但左右舷当为 8 人。图中所见这种战船没有风帆,完全以人力划桨作为动力,也没有尾舵。

图一　战国水陆攻战纹铜鉴战船纹

另一件重要的青铜器是藏于北京故宫博物院的传世文物宴乐渔猎耕战纹铜壶,其拓本如图二。[①] 无独有偶,1965 年又在成都市百花潭中学战国时期十号墓中出土一件与之相类似的嵌错宴乐渔猎耕战纹铜壶。[②] 从铜壶的纹饰看,两者的构图和技法几近相同。图案共分 3 组,上层为采桑和射猎;中层为渔、猎和乐舞;下层为水战和攻城战。就水战和战船的形制而论,两铜壶又更相似些。与

图二　传世的宴乐渔猎耕战纹铜壶拓本

铜鉴上的战船有 4 名桨手不同,这里每船只有 3 名桨手。当然,这 4 名和 3 名也只有象征意义,真实的数字当几倍于此数。在《越绝书》中大翼战船有棹卒 50 人,首尾操驾 3 人,还有 4 人持长钩、矛、斧,专门负责在两船接舷时任钩推之职。在这两件铜壶的船纹中,操船战卒在全船凡 91 人中约占 2/3。与铜鉴的船底不同,铜壶的船底画有两条线。两铜壶战船纹的划桨手皆采用立姿划桨,为了划桨的方便和有效,在船底设一层活动的木板是必要的,因为船底部的龙骨和肋骨等木构件,给划桨手的操作带来不便。必须指出,这两条线不能理解为双层底。从技术上说,当时的船舶尺度较小,不可能使船的内底和外底都获得水密捻缝。再有,古代没有水泵,双层底也将难以排除渗漏所造成的积水。

如战国水陆攻战纹铜鉴上的战船纹和宴乐渔猎耕战纹铜壶上的纹饰所示,

---

① 采用《文物》1976 年第 3 期第 51 页图一,参见刘敦愿:《青铜器舟战图像小释》,《文物天地》1988 年第 2 期,第 15－17 页。

② 四川省博物馆:《成都百花潭中学十号墓发掘记》,《文物》1976 年第 3 期,第 40－46 页。

战船均设有甲板。战士在甲板上面作战，棹卒在甲板下面操桨。在我们的复原研究中，大翼只设一层主甲板即作战甲板。我们于2002年复原的战船大翼模型已经在嘉兴船文化博物馆展出(图三)。

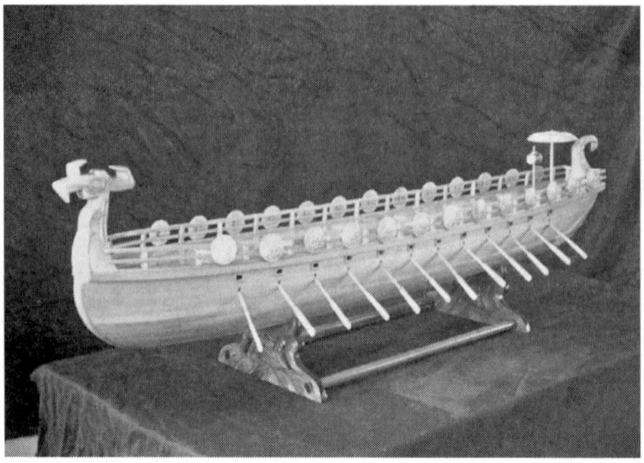

图三　战船大翼的模型(嘉兴船文化博物馆)

3. 王舟艅艎的形制

王舟艅艎，为战时王侯乘坐的指挥船。《越绝书》吴王阖闾与伍子胥讨论水师训练的对话中，伍称："楼船者当陵军之行楼车也。"楼车，古代战车的一种。上设望楼，用以窥探敌人的虚实。《左传・宣公十五年》："(解扬)登诸楼车，使呼宋人而告之。"亦称"轈车"、"巢车"。《说文・车部》："轈，兵高车，加巢以望敌也。"《左传・成公十六年》："楚子登巢车以望晋军。"故艅艎王舟所设阁楼有观察敌情并有作战指挥的功用。王舟艅艎设两层甲板，主甲板和上层甲板的前后部分都可以供作战用；所设阁楼为瞭望和作战指挥用。

《礼记・明堂位》："复庙重檐。"郑玄注："重檐，重承壁材也。"孔颖达疏引皇侃曰："谓就外檐下壁复安板檐，以辟风雨之洒壁。"故楼阁设重檐。据此，我们复原的王舟艅艎的阁楼设重檐，取其外观雄伟而又和于礼制。

《宋书・武帝纪》曾记有："(卢)循即日发巴陵(今岳阳一带)，与(徐)道覆连旗而下，别有八艚舰九枚，起四层，高十二丈。"据此认为这八槽舰即带有水密舱壁的船，时为晋义熙六年(410年)五月。春秋时还没有出现舱壁，所以在复原时当不设舱壁。

三、王舟艅艎的复原

既然是在甲板之下大舱内划桨，则必须在甲板之下、水线之上的适当部位开棹孔，此棹孔即为划桨时的支点。立姿较能发挥桨手的体力，特别是发挥腰部的力量。由于棹孔开在水线之上，采用立姿在高度上也较为适宜。棹孔在水线以上的高度约为 0.3 米,桨长 3.25 米,则划桨的力点到支点的距离为 1.5 米,支点距桨叶尖端为 1.75 米。这样的安排对划桨尚称方便。一把桨可由二名桨手划动。全船设 48 把桨,同时有 96 名桨手划动。棹孔离水线只有 0.3 米,这难免会被舷外水浸入,但只要在棹孔周围钉以牛皮套并将此套绑缚在桨柄上,既可防舷外水浸入,又不妨碍桨的划动。如此复原,则能与三件青铜器的船纹一致,较便于划桨,船的重心较低,也增加了稳性。前后桨间距为 1.25～1.5 米,符合双桨手划船。

艅艎造型的要点在于首尾的装饰。图四为商代青铜器上鸟兽的形象。借用此一元素,艅艎的总布置图略如图五。

图四　商代青铜器上的鸟兽形象

如图所示,在大舱内设木铺板,高度约为 1 米,大舱的高度为 2 米,用于划桨尚称方便。大舱内除设长 10 余米的舱室供王宫人员居住外,其余空间以及两舷均用于作战。上层甲板设一阁楼用于瞭望和指挥。中前部设旗杆用于挂旗帜与灯号。金鼓与铜锣也是必备之物。

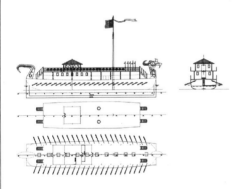

图五　艅艎总布置图

图六　王舟艅艎的效果图

上层甲板,有前后各两具斜梯,可方便上下。效果图上的梯子则是 T 形斜梯,这是用船单位的要求,两者稍有差别。王舟艅艎的效果图略如图六。阁楼的式样采用春秋时代的风格。

Yu Huang: The Ancient War Ship of Wu Kingdom

Abstract: In 549 B. C Great water battle happened which was recorded in Chinese history, and in 525 B. C Yu Huang, a war ship of Wu Kingdom, appeared. The dimensions of another warship. i. e. Da YI in Wu Kingdom, were detailed recorded in literature, and its model had been reformed by referring to the pattern of the bronze vessel in the period of Warring States. However, the dimension of Yu Huang is still remained unknown. This paper deduces the dimension of Yu Huang with reference to the dimension of Da Yi. The layout pattern of Yu Huang, compared with Da Yi, is of one more deck with loft. And then the determination of cabin arrangement and oars position can be achieved according to its function. In the end of this paper, the general arrangement drawings as well as rendered sketch of reformed Yu Huang are drawn. By reform study of the King warship Yu Huang, we can once again experience the broadness and profoundness of Chinese ship culture.

Keywords: Yu Huang War Ship, Layout Pattern, Spring and Autumn and Warring States Period

海洋与上海

葛剑雄

（上海 复旦大学特聘教授 200433）

各位下午好，我今天要讲的题目是《海洋与上海》。此举可能是班门弄斧，因为我讲的只是一般常识，并没有特别高深的见解。但需要指出的是，我注意到现今研究海洋或关心海洋的人，往往不大注意综合性地考虑问题。比如懂科学技术的人往往专注于航海科学技术层面的剖析，而从事文化研究的人则侧重于海洋文化方面的探究。其实，无论是自然、科学、技术，还是人文、社会，这都是一个整体，所以我今天试图从整体上为大家认识海洋、认识上海与海洋的关系，提供一点个人见解。

一、海洋的地理属性

海洋意味着什么呢？我想它首先是地球表层的一部分，因而从这个角度讲，我们需要关注的是海陆变迁。

海洋在地球上究竟占多大面积？比率是多少？其实，这并非固定不变的数字，并且即便今天也还在随时发生海陆的变迁。例如上海附近原为海洋的区域现在正有部分变成陆地。从浦东坐飞机起飞时可以看到，沿海外围有些地区刚成陆，其成陆淤积仍在海平面 1 米线以下，而浦东机场的 1 号、2 号跑道等很多地方都是围垦的结果，并且这个过程仍在持续。但是另一方面，虽然现在已采取人工控制，但上海亦在不断发生海侵、海蚀，这就造成已经形成的陆地重新沦为海洋。比如现今距上海陆地 10 余公里的大、小金山，现在都是海上岛屿，而在宋代的时候它们还与陆地相连，那时上面有庙有泉，相关的诗篇亦留存于世。世界上诸多沿海地区都在发生海陆变迁，我们今天讲海洋占地球表面的百分之几，并不意味着之前之后都是如此。除此之外，海平面也不断发生变化。比如上海附近舟山群岛一带，在最近的地质年代里，海平面大概有 100 多米的变化；而现在的台湾海峡，在地质年代曾为陆地。除陆地沉降和海床本身沉降的影响外，海陆变迁还受海平面升降及海侵、海蚀的影响。

除海岸变化外，海洋内部也在不断发生变化。地质运动如海底火山爆发、地震、海啸，还有珊瑚虫类生物运动所形成的礁盘等，都是地球表层尤其是海洋变化的一部分。所以有些岛屿消失的同时，一些新的岛屿又形成了。比如日本处心积虑使之成为岛的冲之鸟礁，本身就是火山爆发所形成。如今日本致力于人为扩大该岛，希望它由礁变岛，那么岛周围就可以成为其领海和大陆架，总共可有四十多万平方公里。其实除去人为作用，冲之鸟礁本身也会自然发生变化，只是速度相当慢。如果我们长期观察地球表层的卫星遥感照片，就可以精确地测量出海陆变迁和海上的变迁。基于此，我首先表达的是海洋作为地球表层的一部分这样一个概念。

二、海洋的资源功用

对于人类而言，海洋意味着资源。

海洋的资源体现在哪里？首先就是海水。海水是在陆地河流汇聚、冰雪融化流入、大气层降水以及地质变化过程中形成的。海水资源当中，古人最早知道的是盐。以中国为例，尽管有内陆盐存在，如山西运城盐池的盐、四川的岩盐等，但被大量采用的还是海盐。近代的徽商、晋商之所以能够致富，其根本的致富手段就是盐的垄断，如淮盐（苏北一带的盐）和长芦盐（渤海湾一带的盐）。中国古人讲到海，就想到鱼盐之利，可见盐的重要价值。

但盐只是较为外显的海洋资源。随着科学技术的发展，海水所含有的大量金属、非金属物质得以被发现。虽然从密度而言，其含量不高，提取的成本也不低，但分布广泛。目前部分海水金属及非金属物质已经从海水里分离出来，并且物化。另外还有可燃气体包含在海水里，比如现在大家感兴趣的可燃冰，中国南海数处地方都有，有人认为其将来或许会成为可替代使用的新能源。所以科学家预言，随着我们对海洋了解的深入，我们会发现海水本身可能包含了所有人类已知的各种物质；而陆地上的物质已经被人类大量消耗，所以海水里面含有的元素可能更多。

还有海水里的生物，即山珍海味里的"海味"，包括一些如今在大陆已经鲜见的海生物、动物及各种藻类。海洋包含从高等到低等的各种物种，比如大家所熟知的最庞大的鲸，还有各种藻类及习性各异的各种鱼类，其中有些我们尚不了解，故而至今尚未利用。海洋生物或许是人类未来获得动植物蛋白最重要的来源。我到南极的时候就了解到，南太平洋也就是南极周围的海洋里面富有磷虾。磷虾的量非常的大，科学家通过计算认为，即使每年捕捞磷虾一亿吨，也不会影响它正常的繁衍更替，而一亿吨磷虾所含有的蛋白基本可以满足现有的人类对动物蛋白的需要。当然现在仍有很多问题未能解决，比如磷虾出水即腐败，外面的鳞亦很难去除，后续加工仍存在问题。

海洋资源还包括海洋本身所蕴含的能量，比如可以发电的海上潮汐波浪。由于地球引力作用，海洋不同地点都有潮汐现象。潮汐累积的能量巨大。当这种运动出现异常的时候,就会出现海啸、风暴潮等海洋灾害。海洋水的温度本身也是一种能量,这种能量的释放往往通过跟大气相互作用,正常情况下形成季风,异常情况下则形成台风。我国中东部大部分地区都受太平洋气压变化的影响,所以我们称中国这一带为季风气候。这种季风气候的特点往往不稳定,或涝或旱:若每年梅雨季节冷热空气在江淮一带正常交汇,则这一带形成梅雨;但有时会反常,像今年(2012年)业已在广东形成暴雨,一般情况下,北方就可能发生旱情;但若冷热空气交汇于北方,则南方大旱。所以陆地旱涝之因并不在本地,而在于太平洋上气压的变化;太平洋气压的变化,其实就是空气跟其下的海水温度变化相互作用产生的结果。所以这几年我们经常提及的厄尔尼诺现象、拉尼娜现象,实际上都是海水温度的变化跟空气相互作用所造成的。

海温能量还表现为海流本身的暖流和寒流之分。由于海流周围温度不同,这就使海流周围很多鱼类和水生物集中,如墨西哥暖流一带就是极好的渔场,鱼类都向此靠拢,并随洋流而运动。所以好的渔场都跟洋流有关。中国没有很好的渔场,也跟海流有关,所以只能进行深海捕捞和远海捕捞。

气候亦如此,中国受季风气候的影响,所以中国所有的大城市气候与世界同纬度城市相比,往往冬天愈冷,而夏天愈热。如哈尔滨冬天极冷,而相似纬度的英国(实际上英国还要靠北)冬天只有0°左右,最多在−5°左右。英国之所以没有严寒,就是因为洋流的影响。再比如俄罗斯的摩尔曼斯克,让人难以置信的是,这个在北极圈内的港口冬季竟然不冻,这也是受暖流的影响。所以俄国的北方舰队就以其为母港,驻扎此地。

洋流还跟航运有关,特别是在古代没有机械动力及导航设备的情况下,船往往只能跟着洋流走。之前有些人不理解,认为中国很早就可以从海路至日本,那一峡之隔的台湾岛无法抵达吗?其实这恰恰跟风和洋流有关。明清时期到日本和琉球,往往不是自中国北方出发,而是自宁波、后来是自福建福州地区出发,其原因就是可以自此借助洋流和风的作用抵达琉球和日本。鉴真和尚当初从扬州使日,东渡数次未能成功,原因就在于没利用好风和洋流,有一次还被吹到过海南岛。而台湾海峡恰恰不易过去,如果自厦门或福州出发,船上风帆顺着洋流行进会被完全漂移错方向。今天我们虽然有轮船动力及科学技术克服洋流逆作用,但如果了解顺用洋流,则可以节省能源和时间。当然现在还有些洋流我们还没有办法改变影响,比如厄尔尼诺现象和拉尼娜现象等,作用小时可能不会引起注意,而作用大时则影响整个北半球。

海洋资源还必然包括海底、海床和大陆架及其资源,其中大家最感兴趣的就是天然气、石油,还有其他金属矿藏。现在有些国家的近海铁矿已经在开发。中国的大陆架,基本上都是黄河、长江冲积物堆积起来的。现在争夺海洋主权时,其中重要的一点即是大陆架的归属权。东海大陆架主要的物质来自中国大陆,因此,从资源而言中国是有优先权的。中国现在跟日本对海洋经济专属区存在争端,因为中国和日本之间最窄的地方不足400海里,也就不可能各自都享有200海里的经济专属区。日本强调中心线原则,而中国认为东海大陆架既然主要来自中国的堆积,加上中国的大陆架外面跟日本之间有一条冲绳深槽,这就意味着天然界限的存在,所以应该首先确保中国享有的 200 海里经济专属区,剩余的才能划归日本。这就是双方的分歧。我个人认为,如何确切地了解、解释大陆架的形成过程,是将来争夺海底资源的重要依据。

近海海底还有地下淡水,将来这也是一个很重要的资源。另外还有海水淡化问题。现在很多地方海水淡化的成本已经低于从其他地方输水的成本,像中国的渤海湾周围现在也在发展海水淡化,甚至有人提出利用内蒙古丰富的煤炭资源引渤海湾的海水淡化,从而解决当地缺水的问题。当然这个方案很大胆,棘手问题也很多,但是从发展的趋势讲也不是不可能的。再比如 90% 冰层都为淡水冰的南极,有人设想用巨轮将南极的冰山拖至海湾,即使沿途中融化,还是比用海水淡化简约。也有人进一步设想,每年海上的结冰都少盐或者无盐,那么这些冰可不可以加以利用? 这些都是未来发展的可能。

我刚刚讲的还仅是个大概,仅提及目前我们能够看到的海洋资源,以此作为海洋乃人类重要资源的表述。

三、海洋是人类交往的载体

海洋既是生物洄游的路线,也是人类文明交往的载体,同时也包含有害的物质,也是敌人入侵的路线。所以,海洋只是起到载体的作用,而载体本身是没有性质可言的。鱼类可以通过这个载体游过,病菌、传染病也可以借海传递。从海上来的人可以是友好的,也可以是敌对的,海洋只是起到载体的作用。那么界定其作用的因素并非海洋本身,而是利用海洋的人,或者利用这个载体的自然界。而这一点,则是现在研究海洋、研究海洋文化的人,有意或者无意忽略甚至误解的。

有些观点认为,海洋之滨的人往往心胸开阔、思想开放,但实情果真如此吗? 勿论远古,当下海边之人,是否有这样的特点? 答案并不是肯定的。实际上在中国如此悠长的海岸线边生活的人,很多思想相当保守。那么沿海城市和文化是不是本身就具有开放特征呢? 世界上任何一个国家和地区是不是都是依靠海洋来开放的呢? 答案并非如此! 那为何很多人会持有这个错误概念呢? 之前有个在中国影响甚广的电视纪录片《河殇》,当中谈及海洋是蓝色文明,中国是黄色文明,而未来一定是蓝色文明,中国之所以落后就是因为历史上的黄色文明太发达了。当然,这个纪录片有隐喻和政论的性质。那么避其政治成分,仅就其学术部分而论,此观点到底对不对? 显然是不对的。因为它把以海洋为载体所造就的某些特殊历史和特殊文化进行了普遍化。

西方学者所讲的海洋,往往指的是地中海,而地中海是海洋作为载体的一个特例。地中海之所以在区域发展中发挥了巨大作用,是由其特殊的地理环境决定的。地中海基本为内海,除直布罗陀海峡、博斯普鲁斯海峡、达达尼尔海峡等海峡外，其周围皆为陆地。如果封锁几个出口，地中海就成为一个大的内湖，部分海岸到对面的距离极近，大的风暴也被阻挡在外面，所以地中海上的航行相对比较安全。更重要的是，地中海周围是人类文明的重要发源地：两河流域文明、古巴比伦文明，以及更早的小亚细亚文明及希腊文明，文明如群星般璀璨。文明的经商、交流很容易，不文明的侵略、海盗活动也很容易。所以对地中海沿岸的人来说，异族的文明就在周围，海洋就意味着开放、财富、胜利，当然也催生防范和战争。所以在埃及的神庙里，既可以看到古埃及的神像，也能看到罗马和希腊的神像。这些不同的文明主要是通过海上而来的。

在电影中常有这样的情节：一座城市的物资消耗殆尽，居民已经绝望，这时一艘满载物资的船舶驶到，满城欢呼。为什么？因为财富和希望已至。当此地的人生活窘迫之时，他们往往会坐船出去冒险或贸易。所以地中海周围不是哪个国家单独具有航海技能和航海人物，而是普遍存在。

我曾到利比亚的昔兰尼。昔兰尼有个阿波罗泉，其记载讲到海的对面是希腊。希腊人因为居住地之北都是山，于是在神的指引下往南寻找出路，自南面渡海。第一次到昔兰尼时未能找到水源，只好折回。后来随着当地人口越来越密集，生活愈发困难，于是在神的指引下希腊人再度来到昔兰尼，并找到阿波罗泉，之后在此建立了昔兰尼城。建城之后，大批的希腊移民迁徙至此，以至于在此地建立了全世界第二大的宙斯神庙。所以对希腊人而言，海洋就意味着新的生存之地和新的希望。希腊人在那里生存，建了很多墓地。此后希腊衰落，罗马人随之而来，在可用的地域条件下，罗马人搬掉希腊人墓中的尸体，将墓穴占为己有。直到二战时期，此墓穴还作为飞机轰炸时的避难所使用。在大莱布提斯海边，我看到一块还未来得及劈开使用的巨大大理石胚料。这些石料自罗马运来，依靠的是海运交通的便利；而北非沿岸大量的斗兽场、露天剧场和神庙等古罗马建筑，其石料也基本是从海对面运来的。

除了两河流域外，阿拉伯人的聚居之地平原甚少。环地中海部分地方的沙漠已经接近海岸。在无处发展的情况下，他们只有面向海洋。所以阿拉伯人的航海技术很发达，可以航行至中国。在阿拉伯人兴起的时候，欧洲很多地方已经发达起来了，所以阿拉伯人就只能往东非发展。我在东非肯尼亚的拉木岛上，看到的全是讲阿拉伯语的阿拉伯人。阿拉伯人往东航海即到达中国，所以唐宋之时，泉州、广州已有很多阿拉伯人航海来此经商贸易乃至定居，并在广州形成所谓的"番坊"，作为外国人的社区；在泉州，现在还能看到很多写着阿拉伯文的墓地。所以，海洋对他们而言就是一个载体。

那么这是否具有普遍意义呢？以中国而言，秦时已经统治了全部海岸线。汉武帝时，北面的海岸线可囊括朝鲜半岛上今首尔南面沿海，南面则包括今天越南的胡志明市一带，然而那时沿海一带并未表现出开放特点。中国沿海较为接近地中海地理环境的只有环渤海地带，所以当年山东半岛居民到朝鲜和日本都较为容易。但令人惋惜的是，其时朝鲜半岛和日本的文明还不如中国大陆先进，所以对环渤海地带的人们吸引力不大，前往朝鲜半岛和日本至多只是作为避难场所和流放地,或者是寻找未知的蓬莱仙岛、不老药地等神仙场所,于是出现了徐福东渡之事。当然,徐福本人不一定真的到达了日本,但是当时有大陆居民移居到日本是不争的事实,以至于徐福墓地在日本不止一处。但毫无疑问的是,它绝不可能像地中海附近那么富有吸引力,所以孔子说"吾道不行,乘桴浮于海",对孔子而言这是不得已而为之的行为,与如今为了发财主动出海的行为截然不同。

除环渤海地带以外,中国沿海其他地方并不能赋予人开放探险的勇气和精神。江浙沿海在唐宋时已很发达,但并没有促成更多的海外活动。相对而言福建跟希腊较相似:多山少地,农业规模不大;内河交通不发达,平原盆地之间也往往有高山阻隔,因此来往最方便的方式便是航海。且福建多海湾、海岛,近邻浙江、江西等地多商人,这都促发了福建人较为外向的性格。然而可惜之处在于,福建周边没有希腊环地中海那样发达的文明。福建对面的台湾岛在清初还盛传有吃人肉的"生番",所以清朝在开发台湾岛西部之后,严禁老百姓进番人区。正因为海外并没有能吸引人的异质文明或更先进的文明,所以中国沿海的人并不能天然具有开放的思想,海洋也不能成为文明的来源。

那么中国的外来文明从哪里来?以传统时代而论,基本上不是海洋舶来。比如佛教,其主流是从印度、尼泊尔,然后经青藏高原传入中原腹地,或者经缅甸传入云南等地,或者自印度、巴基斯坦,过天山,经河西走廊传入我国。海路传入也有可能,但并非持续。比如上海龙华寺,据说有从海上漂浮过来的一尊佛像,胡道静先生考证可能是用一种火山岩雕塑而成,但这只是偶然现象,佛教主流还是从内陆印度传来。中国今天很多的乐器、音乐和舞蹈都是从西域传来,唐朝内陆是主要的开放地区。所以汉唐之时,中国最开放的地方并不是东部沿海。在这种情况下,东部沿海的人不可能具有思想开放、善于接受新事物的特点,从这种角度而言,海洋本身只是一个载体。

以上海为例,上海一直面向广阔的海洋,但为什么直到改革开放之时海洋才发挥作用?其主要原因就是人和环境发生了变化。所谓载体,不一定载来的都是好的,例如海盗。当世界各地的人类交往逐渐频繁,很多疾病也是随着海洋上的船只而传播开来的,所以现在海外进口的物资在港口海关都要进行检验检疫。海洋本身就是一个载体,至于如何利用载体,通过这个载体要传播什么,那是人类的事情。

四、海洋文化与上海

什么是海洋文化?不是有海就有海洋文化,离开了人类活动,文化就无从谈起。现在往往很多东西都被称为文化,但是文化不是物,人跟物发生关系才会产生文化。比如喝茶,茶叶长在深山里并不是文化;简单的制茶、制茶具也不叫文化。但是人去喝茶,人利用茶作为交际的工具,人把茶具作为欣赏的物品,这才是文化。

所以我对海洋文化的理解，就是人类利用海洋的生产方式和生活方式。

马克思讲得很清楚，人类在满足了衣食住行的需求之后才可能发展文化。我们说的海洋文化，是指人跟海洋发生关系后形成的生产方式和生活方式。在此基础上再形成的一些习惯、规范、意识、思想、理论和信仰，可以称之为海洋文化。正因为我们对海洋的利用或者与海洋打交道的方式不同，所以才产生了不同的海洋文化。我刚才讲到地中海沿岸的海洋文化极为发达，海洋是其生产生活的重要方面，也是其政治活动的重要方面，比如海盗和海战。北欧部分地区受极夜影响，无法从事其他的生产方式，所以促生了发达的海盗文化。

除海洋的常规交往载体功能所产生的文化外，与军事有关的航海、舰艇文化也是海洋文化的一部分。有些国家对海洋非常重视，将其作为希望和未来所在；而中国则在相当长的历史时期内忽视海洋，将其视为陆地的尽头。如苏东坡到了三亚，谓之至"天涯"。如今我们不会再有这样的看法，沿海地区已成为开放的前沿，这是与以往截然不同的文化认知。而这种认知的不同，正是导源于对海洋利用方式的不同。然而即便如此，我们与真正的海洋性国家还有差距：我在新西兰的奥克兰看到，周末大批居民扬帆出海，或驾舟阖家而出，成群结队，上海和中国的其他海滨城市中有这样的景象吗？

从地理上讲，现今的上海地区包含一片古老的陆地，在青浦、松江一带有一道略高于周边陆地的岗身，其西是古老的陆地（如广富林、福泉山等都在其中），其东的陆地则新形成，今天的上海即由这两部分构成，而海陆变迁对上海的形成起到很大的作用。时至今日，上海依然有涨有塌，如果加以合理利用，那么都可以转化为优势：淤涨有利于陆地的扩张，而冲刷则有利于优良深水港的形成和保持。长江沿岸港口的变迁与淤积冲刷不无关系：解放后镇江港不停淤积，人工除淤也无济于事，镇江港口不断迁移；而南通港受冲刷影响，港区愈深愈阔。上海之所以建港外高桥等地，跟冲刷条件不无关系。

就上海的发展轨迹而言，其最初是河港城市，而非真正意义上的海港城市。上海最早的现代码头在十六铺，解放后因为万吨海轮进出困难，集装箱码头移建至吴淞口一带，上海则依靠黄浦江深长及便利的河港优势逐渐发展起来。所以，并非有海洋就有海洋文化，也并非有海洋就必定有发达的海洋文明。我们研究海洋文化时要将其跟当地人的生产、生活联系起来。总而言之，我对海洋的认识概括起来讲：第一是地球表层的一部分；第二海洋意味着资源；第三海洋本身是载体；第四是形成海洋文化的地理基础。海洋与上海的关系以及个人对上海的认识也可以从这几个方面来理解。

上海的名称是怎样来的呢？据谭其骧教授和一些学者考证，上海的得名是因为该地最早的聚落产生在上海浦，故而得名于这条称为浦的河。当时这一带有两条河，一条为上海浦，另一条是下海浦。取名字总要图吉利，当然要用上海，不会用下海。上海沿海区域有一个由海变陆的过程，它是最近两三千年从海上由冲积平原逐步形成的，但是不是指如今的上海市区。1958 年之前的上海市只包括浦东及吴淞口等很小的区域，连如今的外环线都没有包括全；我们今天讲的

6 000多平方公里的上海，是包括崇明岛在内的大上海。1958 年，中央将江苏省松江专区所属的十个县统统划入上海。上海的发展经历了由河港发展成海港，内贸转为外贸，从相对开放到真正开放的过程。

很多人认为上海海关是鸦片战争的结果、帝国主义侵略的产物，其实不然。清朝就有江海关的存在，主管从浙江乍浦到江苏赣榆沿岸，设在上海。清朝尤其是中前期主要发展内贸，限制外贸。沙船主如沙船世家上海郁家主要跑沿海，不跑远洋，这也符合沙船本身适于航行近海的特点。上海本为松江县的属县，那么为何江海关设上海而不设松江？甚至在清朝时期上海开埠之前，苏松太道这一监察主管也选择设于上海？其实，决定因素是黄浦江、苏州河水系的形成。

吴淞江又称淞江、松江，是上海地区一条古老的河道，也是太湖水入海的主要通道，近代称为苏州河。上海地区地势平缓，水流过后容易泥沙淤积，导致河道变窄。唐朝曾记载河宽21里，而后则渐缩至 9 里、7 里，甚至到最窄之处的 3 里，以致水流滞而不泄，故而吴淞江需不时疏浚，著名清官海瑞就曾疏浚过吴淞江。明时对黄浦江和苏州河整治过后，黄浦江下游成为吴淞江新的出海口，而吴淞江下游逐渐湮没，黄浦江变得又深又阔，适宜海轮通航，成为上海河港的基础，十六铺也因之发展起来，而苏州河和黄浦江上游就成为连接上海广大腹地长江三角洲的优良水道。待形成规模水系后，上海水运优势凸显出来，以致并非府城的上海可以有胜于松江的条件，遂使江海关、苏松太道得以设在上海。自黄浦江、苏州河而上，可顺利抵达江苏省的苏州府、松江府、常州府等地，以及浙江的嘉兴府、湖州府、杭州府都可借此联系起来，上海的腹地是近千年中国经济、文化最发达的地方。

1843 年上海开埠，外贸日益兴盛，逐渐取代内贸。江南的蚕丝等物身价大为提高。浙江南浔在近代出了大量的富人，主要就是靠外贸丝绸致富。另外如猪鬃、桐油的大量出口，带动了长江三角洲乃至整个长江流域的经济发展，而这些都是依靠长江流域和黄浦江、苏州河水系的水运得以实现。这是中国沿海其他地区所没有的优良港口和广阔腹地的强劲互动优势。

这也带动了上海成为人才交往的中心，一方面大批外来移民定居上海，另一方面腹地的大批人员通过上海走向世界，或从世界各国迁入或回归。四川的青年留学日本，邓小平等去法国都是从上海走的。更早的清朝江浙一带和全国的大部分留学生，也都是从上海出发，留学到日本、英国、美国及其他地方。尽管鸦片战争前广州是唯一的合法的对外开放港口，但大量外国人进入中国，多取道上海。正因为上海有位于中国南北之中、江海之汇的有利地位，其作用才能充分发挥，内贸、外贸可以同时得到很好的发展。即便今天欧亚大陆桥已打开，新疆的很多物资还是自上海出口。

五、海洋与上海的未来

大家可能会问，既然上海有如此优越的海洋条件，那为何历史时期长久得不到开发？其实归根到底，海洋只是个载体，需要人对其加以利用。如今沿长江口如南通等地，甚至中国的台湾高雄、韩国仁川等地都在竞争航运中心的地位。从技术方面而言，如今的上海洋山港完全可以建成国际上最好的深水港，可以容纳更大的船，得到更充分的发展。但洋山港的建设成本比较高，中间需要经过27公里的桥，而六车道的桥也未必够用。所以此桥的通运能量，一定程度上决定了港口的吞吐量。洋山港现属浙江省，当中还有管理及利益分配的问题，这是值得注意的。而从商人的角度讲，吸引其走洋山港一线的诱因是相对更低的运输成本。

提及如今的上海和上海海洋文化，需要注意在开放与否的问题上，海洋的载体作用已经不再是决定性的。特别是物资以外的开放——人员开放、文化开放，这些已经不再主要依靠海洋为载体，而是通过其他新的媒体，如互联网等进行开放交流。如果说当初地中海沿岸的人主要获得外来信息的途径是通过海洋，那么今天即便海岛之人对信息的获得，其主要途径已不再是海洋，而是互联网，人员的往来则多靠航空，所以不能夸大海洋在当今的作用。

对于物资尤其是大型物资的输送而言，海洋运输依然是主体，比如一般的大宗物资不是很急，可用海运。所以需注意运输物资的类型，以更好地发挥上海的优势。贵一点的海鲜都会用空运，所以即使对物资的输送，海洋作为载体的作用也在减少。同时要注意，就国情而言，政策、法规对经济的发展会起很大作用，所以沿海并不具有天然的开放优势。

所以不要忘记，沿海只是提供了相对有利的环境条件，而真正要使其在今后的开放和发展里发挥作用，除了我们传统所讲的港口和腹地关系，当地人的素质及其经济运作的环境是非常重要的，在我们国家而言，就是要有支持性政策。所以我觉得这样来认识上海就会看到，今天的沿海跟历史时期沿海城市、沿海地区相比，一部分海洋因素还在起作用，一部分在今天已不再起作用。所以我一再劝沿海的城市沿海的人，不要以为本身本地具有天然优势，这些优势现在并不一定都存在了。相反如果守着海岸线而不主动积极利用的话，绝不要指望沿海的居民具有心胸宽广的开放意识，沿海居民也就不可能成为世界高素质的公民。所以希望我们能全面理解海洋，全面认识海洋对上海未来发展的有利因素和不利因素。

从镇压林爽文起义看清中叶的
福建绿营水师

何 瑜* 谢茂发**

（北京 中国人民大学 100872）

摘 要：乾隆五十一年至五十三年，台湾爆发了林爽文农民起义，清廷急调福建绿营水师赴台镇压。福建绿营水师在台期间，先后参与进攻诸罗、凤山等地的攻坚战斗，以及封锁海港、搜捕起义民众等辅助性军事行动，并承担起了运输兵力、粮饷等后勤保障工作，对"剿灭"农民起义军起了一定的作用。必须指出的是，福建绿营水师在台的军事行动是很不得力的，从中彻底暴露出其软弱无力与畏葸无能。

关键词：台湾 福建绿营水师 林爽文起义 福康安

乾隆年间，台湾爆发了一次声势浩大的农民起义，起义军首领为林爽文、庄大田，史称台湾林爽文起义。这次起义，从乾隆五十一年（1787 年 1 月 16 日）起，至五十三年（1788 年 4 月）结束，历时约 1 年零 4 个月。其间，清廷先后征调了闽、粤、浙、桂、湘、黔、川等 7 省的八旗、绿营水陆兵丁赴台，总计近 6 万人，[①]并三易统帅，最终才将起义镇压下去。长期以来，学界对于此事件的研究，主要集中于起义的过程、原因、性质，以及天地会与起义关系等几个方面，[②]而对福建绿营水师在镇压林爽文起义中的角色与作用，却鲜有人问津。本文通过对清代

---

* 何瑜，男（1954— ），北京人，中国人民大学教授、博士生导师，主要从事清代政治制度史、海疆史研究。

** 谢茂发，男（1977— ），江西宜春人，中国人民大学 2009 级博士生，武警北京指挥学院讲师，主要从事清代政治制度史研究。

① 数据根据《清高宗实录》五十一年十一月后、五十二年、五十三年三月之前的镇压林爽文起义的各奏折统计得出，再比对了《清代台湾农民起义史料选编》，最终析出。

② 学界有关林爽文起义的文章，主要有：曹凤祥：《乾隆帝出兵平定台湾林爽文起义的战略》，《陕西广播电视大学学报》2002 年第 4 期；《乾隆年间台湾林爽文大起义》，《史学月刊》1959 年第 7 期；刘平：《林爽文起义原因新论》，《清史研究》2000 年第 2 期；刘如仲：《试论林爽文顺天政权的性质及意义》，《中国历史文物》1981 年；孔立：《清代台湾林爽文起义的性质问题》，《台湾研究集刊》1984 年第 4 期；季云飞：《清乾隆年间台湾林爽文事件性质辨析》，《安徽大学学报（哲学社会科学版）》2007 年第 4 期；刘平：《天地会与林爽文起义之关系辨正》，《南京大学学报》2000 年第 4 期。此外，在台湾学者庄吉发（转下页）

档案的简要梳理,力图对此问题做一初步探析,以求教于方家。

一、乾隆年间福建绿营水师概述

清代水师,分为八旗、绿营两大支。八旗水师,主要驻防在东北、天津、杭州、福州、广州等地,人数约 1 万人。清绿营水师,又分为外海、内河水师两部分,直隶、山东、福建、江苏、浙江、广东等 6 省设外海水师,江苏、浙江、广东、湖南、湖北、安徽、江西、广西等 8 省设内河水师,福建省仅设绿营外海水师。乾隆年间,清绿营约 60 余万人,其中水师约占六分之一。福建绿营有 6.3 万余人,其中水师约有 2.8 万人,兵力几占全省兵力二分之一,乃全国水师翘首。① 《清史稿》一书对清代绿营水师的分布,曾有说明:

> 外海水师,北自盛京,南讫闽、广,凡拖缯、红单等船隶焉。内河水师,各省巡哨舢板等船隶焉。奉天、直隶、山东、福建水师船均属外海。江西、湖广水师船均属内河。江南、浙江、广东水师船分属外海、内河。②

福建绿营水师,建置于顺治七年(1650 年)。《清史稿》中对此有过详细地记载:

> 顺治七年,定福建官兵经制。……设福建水陆提督,标兵三营,营设将领八,兵凡三千。设汀州、泉州、铜山三镇总兵官,及援剿总兵官、中路总兵官,标兵各二营,各设将领八、兵二千。……设福州水师,及汀州、兴化、邵武、延平、闽安、同安七协副将标兵,各设将领八,兵凡二千。③

可见,在顺治初年清兵南下闽浙之时,清廷已在福州、泉州、厦门等地设立水师,此时福建绿营水师与绿营混合编制,没有独立建制。顺治十三年(1656 年),

---

(接上页)所著的《清代天地会源流考》(台北"国立故宫博物院"1981 年出版)一书,秦宝琦著的《清前期天地会研究》(中国人民大学出版社 1988 年出版),周育民、邵雍合著的《中国帮会史》(上海人民出版社 1993 年出版),以及许毓良著的《清代台湾的海防》(社会科学文献出版社 2003 年出版)等专著中也涉及林爽文起义的经过、性质、原因及与天地会关系等几个方面的问题。

①　清乾隆年间,全国绿营水师兵额近 10 万人,其中福建 2.8 万、广东 2.6 万、浙江 1.6 万、江南 2.1 万,这 4 省共 9 万余人。剩余兵额,山东、江西、湖南、湖北、安徽等省共约 5 000 人。此外,直隶绿营水师在嘉庆年间设,广西水师兵额暂不清楚确切数目,估计不会超过 3 000 人,据此得出乾隆年间全国绿营水师总额近 10 万人。史料据《清史稿》,《广东海防汇览》,《浙江通志》,《江南通志》,《重修福建台湾府志》,《山东通志》析出。

②　赵尔巽等纂修:《清史稿·兵志六·水师》,中华书局,1978 年,第 3966 页。

③　赵尔巽等纂修:《清史稿·兵志二·绿营》,中华书局,1978 年,第 3866 - 3867 页。

闽浙总督"以海上未靖,奏请增设水军三千,并动帑增造唬各船百余只",①福建绿营水师力量开始增强。康熙元年(1662年),清廷正式设立福建水师提督一职,施琅为首任。但康熙八年(1669年),清廷将水师提督裁撤。九年后(1678年),清廷再设,福建绿营水师至此正式独立建置,直至光绪三十年(1904年)方被裁撤。《清史稿·兵志二》载:

> 康熙八年,增设福建水师总兵官。十四年,改崇明总兵官为水师提督。十七年,设福建水师提督及参将以下各官。②

乾隆年间,福建绿营水师提督直辖提标中、左、右、前、后五营,并节制金门、海坛、南澳镇右营、台湾等水师四镇。根据《重修福建台湾府志》的记载,清乾隆年间福建绿营水师的兵额为2.8万人,其中台湾镇有近1.3万人(表一),几占全省水师兵额的一半,可见台湾在当时东南海防中的重要地位。③ 需要指出的是,清廷在台湾的水师,兼辖陆路与水路,承担了防守海口与城池、关隘等任务。

表一 乾隆年间福建绿营水师编制表

营 名			驻 地	兵额	备 注
水师提督	提标	中营	海澄县	960	
		左营	龙溪县	960	
		右营	厦门	960	
		前营		960	
		后营		960	
	闽安协	左营	连江县	816	雍正十一年,设都司、守备各1员,千总2员,把总4员
		右营	闽县	816	雍正十一年,设都司、守备各1员,千总2员,把总4员
		烽火门营	霞浦县	912	雍正十一年,参将、守备各1员,千总2员,把总4员
	铜山营		漳浦县铜山城	1 200	雍正二年,裁游击改设参将,参将、守备各1员,千总2员,把总4员
金门镇	左营		同安县	1 152	左右营各设游击、守备各1员,千总2员,把总4员
	右营			1 152	

① 赵尔巽等纂修:《清史稿·兵志二·绿营》,中华书局,1978年,第3867页。
② 赵尔巽等纂修:《清史稿·兵志二·绿营》,中华书局,1978年,第3866页。
③ 刘良璧纂辑,杨永彬点校:《重修福建台湾府志》卷八三,行政院文化建设委员会、远流出版事业股份有限公司,2005年,第473-485页。乾隆年间福建绿营水师编制表出处亦来源于此。

（续表）

国家航海　第二辑
National Maritime Research

从镇压林爽文起义看清中叶的
福建绿营营水师

019

营　名			驻　地	兵额	备　注
海坛镇	左营		福清海坛汛	1 152	左右营各设游击、守备各1员,千总2员,把总4员
	右营			1 152	
南澳镇	左营		诏安县	1 159	左营设游击、守备各1员,千总2员,把总4员
台湾镇	镇标	中营	台湾中路口	916	雍正十一年,给台湾总兵印。总兵官1员驻府城,中营中军游击1员、守备1员、千总2员、把总4员;左右营设官与中营同
		左营	台湾北路口	930	
		右营	台湾南路口	930	
	台湾水师协	中营	安平镇	850	副将1员,驻扎安平镇。中营游击1员,守备1员,千总2员,把总4员,战船19只,炮架8座,烟墩7座;左营游击1员,守备1员,千总2员,把总3员,战船18只,炮架8座,炮台7座,烟墩12座;右营游击1员,守备1员,千总2员,把总3员,战船19只,炮架7座,炮台5座,烟墩21座
		左营	彰化县	800	
		右营	安平镇	850	
	南路营		凤山县	1 500	原1 000名,雍正十一年添500名。参将1员,都司1员,守备1员,千总3员,把总6员
	北路营	中营	彰化县	890	原为1营,共1 200名;雍正十一年改为中左右三营,新添1 280名。副将1员,中军都司1员,守备2员,千总6员,把总12员
		左营	诸罗县	810	
		右营	竹堑	700	
	台湾城守营	左营	台湾府城	500	雍正十一年添设,参将1员,驻台湾府城。左营守备1员,千总1员,把总2员;右营守备1员,千总1员,把总2员
		右营		500	
	北路淡水营		八里坌	500	战船6只
	南路淡水营		山猪毛口汛	500	
	澎湖水师协	左营	妈宫汛	1 000	副将1员,驻扎澎湖。左营游击1员,守备1员,千总2员,把总4员,战船18只,炮台6座,烟墩6座;右营游击1员,守备1员,千总2员,把总4员,战船18只,炮台4座,烟墩6座
		右营		1 000	
闽浙总督标营			福州	900	雍正八年设,设游击1员,守备1员,千总2员,把总4员

　　乾隆年间,福建绿营水师有外海战船342艘,台湾为98艘,约占其四分之一强。福建水师战船,主要有长龙船、赶缯船、双篷胴船等。广东外海有

战船 166 艘,浙江有 197 艘,江南有 83 艘,福建水师战船居东南四省之首。①

　　福建绿营水师的武器装备,主要有藤牌、大斧、大刀、钩镰枪、斧标、铁弹、弓箭、排枪、标枪、火罐、火箭、火炮等。其中,大赶缯船,兵 80 名设排枪 42 杆。水师中,每 1000 名中有 300 名弓箭兵,比例为 10∶3;藤牌兵、大刀兵、钩镰枪兵,每 1000 名中各有 50 名,比例为 20∶1。中赶缯船,兵 60 名设排枪 30 杆。小赶缯船,兵 50 名设排枪 25 杆。大艍船,兵 35 名设排枪 16 杆。中艍船,兵 30 名设排枪 16 杆。小艍船,兵 20 名设排枪 10 杆。水师兵丁排枪配备的比例大概为 2∶1,其他省为 5∶2;水师营火炮配备是 100∶1,即 1000 名兵丁配备 10 门火炮,其兵丁排枪配额在全国水师中是最高的。② 不难看出,福建绿营水师火器配备在各省水师中也是最强的。

　　根据乾隆年间修订的《清通典》记载,福建绿营水师的训练主要在海上进行。其中巡哨制度,就是福建水师训练的主要方式,包括巡阅、会哨两项。巡阅官,通常指闽浙总督、福建巡抚、福建水师提督等人;规定闽浙总督到任后遍阅一次;水师提督一年阅海坛、闽安、烽火,一年阅金门、南澳、铜山等处,二年巡阅完毕;由于台湾远隔重洋,令本镇总兵每年巡查。另外,每隔三年清廷还要派巡台御史赴台巡视。③

　　在雍正朝和乾隆初年,福建绿营水师的训练是较有成效的,故曾多次派兵前往浙江、天津、江南等省,帮助各地训练绿营水师。这在《清实录》中多有记载:

　　　　雍正六年,己酉。谕内阁:各省水师兵丁,惟福建最为熟练。朕前降上谕,令蓝廷珍拣选五十名发往浙江,照陕西兵丁赴浙之例,令其补充营伍,教习浙江水师。④

　　乾隆中期以后,国家安定,海疆久无战事,因而水师的训练日趋松懈,尤其是巡哨制度不能认真履行。如总兵官按例每年应该出海巡查,但大都以副将抑或参将代替,而本应是参将指挥的巡哨,则往往以都司,有时甚至以千总、把总等下级军官代替,水师的训练有名无实。乾隆三十五年(1770 年),清廷调福建水师官兵 2000 名赴云南军前,随同进剿。结果"该兵丁等沿途滋事,鞭责夫役,甚至将民夫双耳割去,……及随京兵打仗时,又复怯懦"。⑤ "并未能冲锋接仗,甚至

---

① 《清朝通典》卷七八,乾隆官修本,浙江古籍出版社,2000 年,第 2603 页。
② 《清朝通典》卷七八,乾隆官修本,浙江古籍出版社,2000 年,第 2595 – 2596 页。
③ 《清朝通典》卷七七,乾隆官修本,浙江古籍出版社,2000 年,第 2592 页。
④ 《清世宗实录》卷七三雍正六年九月己酉条,中华书局 1985 年影印本,第 744 页。
⑤ 冯明珠主编:《钦定平定台湾纪略》第 1 册,"国立故宫博物院典藏专案档暨方略丛编",沉香亭企业社,2007 年,第 442 – 443 页。

一闻枪炮，即股栗不能起立，或潜匿水底不出，回京侍卫等，莫不传为笑谈。"① 水师兵丁打仗时，一听到枪炮声就双腿发颤，或者泅水逃跑。可见，福建绿营水师的战备素养已大不如前了。

二、乾隆帝把镇压林爽文起义视为巩固东南海疆的重要举措

乾隆帝在位时，有"十全武功"之说，其中就包括镇压台湾林爽文起义，且是其中唯一的与清代海疆关联的军事行动。有清一代，对台湾在国家海疆中的战略作用，康、雍、乾三帝的认识，基本是一致的。

康熙二十三年，福建水师提督施琅平定台湾后，给康熙帝上了著名的《恭陈台湾弃留疏》，内言：

> 台湾地方，北连吴会，南接粤峤，延袤数千里，山川峻峭，港道纡回，乃江、浙、闽、粤四省之左护。②

施琅指出，台湾北连江浙、南靖闽粤，实乃东南四省之门户，对清代海疆安宁关系重大，具有极其重要的战略价值。施琅的奏折，打动了康熙帝，下定了其将台湾收入版图的决心，不久清廷即在台湾置一府三县。

雍正元年，清廷进一步加强对台湾的控制。雍正帝令在台湾南部的岗山、盐水港、笨港等地派驻绿营水师。八月，他命在台中部设立彰化县。③

乾隆帝对台湾问题的重视，与康、雍二帝相比，有过之而无不及。他深知：

> 台湾为海外重地，民番杂处，最关紧要。
> 该处远隔重洋，民俗习悍，屡有聚众滋事之案，驻扎道员，最关紧要，必须实力整顿，痛改废弛积习，庶于海疆有益。④

同时，随着台湾经济的不断开发，台湾对大陆的作用亦日益明显，尤其是对福建的影响更大。乾隆十一年，福建巡抚周学健给乾隆帝上疏：

---

① 《清高宗实录》卷八五五乾隆三十五年三月庚寅条，中华书局 1985 年影印本，第 6265 页。
② 施琅撰：《靖海纪事》下卷，"恭陈台湾弃留疏"，出自茅海建主编：《清代兵事典籍档案汇览》第 18 册，学苑出版社，2005 年，第 312 页。
③ 《清世宗实录》卷九雍正元年七月壬午条，中华书局 1985 年影印本，第 99 页；卷一〇，雍正元年八月乙卯条，第 111 页。
④ 《清高宗实录》卷一一九三乾隆四十八年十二月庚申条，中华书局 1985 年影印本，第 8840 页；卷一一九四乾隆四十八年十二月壬戌条，第 8841 页。

台湾土地膏腴，一岁数获，余粟足供福、兴、漳、泉盘运。①

向来闽省内地民食，全赖台湾稻田丰熟，得以源源接济。②

不过，由于台湾民风强悍，屡有械斗事件发生。故林爽文起义之初，乾隆帝尚不以为然。当他得知闽浙总督常青，打算派福建水陆提督黄仕简、任承恩齐赴台湾时，便觉得小题大做。下旨申饬说：

总以镇静内地为要，看尔等俱属张皇失措，为此朕欲牵念，台湾常有此等事，此次何致汝等如是张皇畏惧。……岂有水陆两提督俱远涉重洋，办一匪类，置内地于不顾之理？③

然后不久，乾隆帝的态度就来了一百八十度的大转弯。湖广总督常青、台湾镇总兵柴大纪先后密奏，林爽文原是天地会众，其起义带有"谋逆"性质。"谋逆"二字触痛了乾隆帝敏感的神经，此时他方感到，林爽文起义非同以往民变，必须严加"痛剿"。于是，他在给军机处的上谕中言：

天地会名色，起自三十二年，为时已久。……从来倡教立会，最易煽惑人心，为地方之害。上年大名纠众戕官一案，段文经亦借立八卦会为名，互相勾引，遂成逆案。而闽省匪徒公然立天地会名色，肆行抢夺，较之大名邪教，其案更久。此总由地方官平时不肯实力查察，及遇有犯事者，又不能彻底根究，以致姑息养奸。……此次林爽文等，滋事不法，即由从前贻患所致，不可不严切究办，以净根株。④

在乾隆帝心中，台湾本来就具有极高的政治、军事价值。而林爽文起义不仅仅危及到了东南海疆的安全，更重要的是它直接把矛头对准了清廷，这是乾隆帝万万不能容忍的，因而他下令务必斩草除根，并不惜代价，持续地派清军赴台镇压此次起义。

三、福建绿营水师在台湾的军事行动

清廷镇压林爽文起义，可分为三个阶段。第一阶段从乾隆五十一年十一月

---

① 《清高宗实录》卷二七一乾隆十一年七月癸亥条，中华书局 1985 年影印本，第 2005 页。
② 《清高宗实录》卷一二七九乾隆五十二年四月甲寅条，中华书局 1985 年影印本，第 9496 页。
③ 《清高宗实录》卷一二七一乾隆五十一年十二月丁卯条，中华书局 1985 年影印本，第 9429 页。
④ 《清高宗实录》卷一二九七乾隆五十三年二月戊戌条，中华书局 1985 年影印本，第 9654 页。

底至五十二年三月,约 4 个月时间。此时,福建水师提督黄仕简、提督任承恩先后渡台指挥镇压起义,但由于固守城池,不敢出兵,俱被清廷撤职查办。第二阶段从五十二年三月底至十月底,约 8 个月。此阶段由原福州将军、湖广总督常青督办,福州将军恒瑞、江南提督蓝元枚赴台参赞军务,后常青、恒瑞被撤职,蓝元枚病死台湾。第三阶段从五十二年十一月至五十三年三月初止,约 4 个月。此阶段,协办大学士、陕甘总督福康安率军渡台,先后镇压了林爽文部、庄大田部义军。在这三个阶段中,福建绿营水师都直接参与了镇压起义的军事行动,我们逐一来看其表现。

(一) 福建水师提督黄仕简坐镇台湾:水师成为镇压林爽文起义的急先锋

乾隆五十一年十一月二十七日(1787 年 1 月 16 日),林爽文率义军攻占彰化县城,随后庄大田在台湾南部响应,率义军攻陷了凤山,全台震动。时坊间传闻,驻台清军将要退守安平而放弃府城(今台南市),一时府城绅民,人心惶惶。结果,台湾"澎湖右营游击蔡攀龙领澎湖左右营兵 700 人至府城。城中人见援兵至,皆喜过望,始有固守之志矣"。[1] 蔡攀龙带来的这支澎湖水师,人数并不多,却给当时惊慌失措的官绅打了一针强心剂,暂时稳定了台湾府城的人心。

先是,清台湾镇总兵柴大纪统领水师游击杨起麟等,调遣驻台绿营水师 1 400 人,准备赴彰化县镇压起义,因半路听说诸罗被义军攻陷的消息,于是命部队停止前进,寻派兵于台湾沿海各港口巡逻。柴大纪驻扎在盐埕桥,并忙向闽浙总督求救。[2]

台湾林爽文、庄大田起义的消息传到福建后,福建水师提督黄仕简首先派游击邱维扬,率领 200 名水师兵丁渡台探听情况。可见,这次台湾民变,福建绿营水师的反应还是比较快的,对安定台湾的局势起了一定作用。

黄仕简,系康熙年间平台水师将领黄梧之孙,台湾收复后黄梧被封为一等海澄公,后黄仕简承袭了祖父的爵位,积军功升至福建水师提督。自乾隆四十七年(1782 年)始,每逢台湾民变,黄仕简必率水师前往镇压。

林爽文起义的消息传到京师后,乾隆帝即命黄仕简调拨兵马驰赴台湾,抵台后迅速领兵直捣林爽文、庄大田的根据地。黄得旨后很快调兵遣将,预备赴台,但由于台海浪高风大,加之台湾府城失守的谣传,令黄胆战心惊。直到乾隆五十二年(1787 年)正月初四日,黄仕简才在台湾鹿耳门登陆,随行的有督标水师游击邱维扬、孙全谋,参将潘韬,南澳镇水师游击李隆,金门守备曾绍龙等将领,兵 2 300 名,登陆后黄仕简进入台湾府城。同时,福建绿营水师海坛镇总兵郝壮猷

---

[1]　中国社会科学院历史研究所明史研究室编:《清代台湾农民起义史料选编》,福建人民出版社,1983 年,第 260 页。

[2]　中国社会科学院历史研究所明史研究室编:《清代台湾农民起义史料选编》,福建人民出版社,1983 年,第 258 页。

亦统领台协副将丁朝雄、长福营参将那穆素里、金门镇游击陈元等人,率水师兵1700名抵达台湾。两天后,福建陆路提督任承恩、同安参将福兰泰、泉州游击海亮、游击穆胜额等,统兵2000名在台湾鹿仔港上岸。接着,福宁镇游击延山统领千总、把总、外委15人,统兵1000人至台湾府城。同年正月二十三日,福建总兵普吉保统领水师副将林天洛、兴华副将格绷额等人,率1700名兵丁到达台湾。次日,福建绿营水师闽安协副将徐鼎士统领抚标水师游击吴秀等,统水师1800名亦至台湾八里岔。① 一时间,台湾云集了从大陆渡海而来的清军1万余名,其中有绿营水师兵5800名,加上台湾驻扎的13000余名水师兵丁,福建绿营水师在台湾集结了近1.9万人,占福建水师兵力的三分之二强。可见起义初期,福建水师在台湾投入的兵力是相当多的。

福建水陆提督黄仕简、任承恩抵达台湾后,分别驻扎在府城和彰化两地,由于此时台湾水师兵力超过陆师,在台的军事行动实际由黄指挥。黄因渡海时染上风寒,更兼惧于义军强大的声势,此时的他虽手握重兵,却并不按乾隆帝旨意直捣义军大本营,而是一面派总兵柴大纪北上反攻被义军占领的台中重镇诸罗,一面派水师总兵郝壮猷率部南下进攻凤山县。他声称府城乃台湾根本,不可无重兵把守,于是调遣本标游击孙全谋领水师兵500人,驻扎在其驻地附近,并调来两门红衣大炮安放在大门前以保安全。台湾府城建造简陋,乃竹木环绕而成,并无坚固的城垣为之屏障,黄仕简命部下修筑工事、加固城垣,并令府城守营参将宋鼎、游击左渊等人,分别把守府城的7个城门。他还令水师守备黄象新、曾绍龙带兵1200人防守草店尾、柴头港等地,以保障府城周边的安全。② 一番布置后,黄仕简觉得府城的防御有了保障,方才给乾隆帝上奏,他写道:

> 臣随遣海坛镇总兵官郝壮猷,率同副将丁朝雄、参将那穆素里、游击蔡攀龙、都司罗光焰等,带领兵丁二千三百五十余名,前往南路剿匪,恢复凤山;……遣台湾镇总兵柴大纪,……带领兵丁二千二百三十余名,前往北路进剿,恢复诸罗彰化等处。③

黄仕简的奏折是向乾隆帝表明,他抵台后已立即派兵"剿匪",但也显露了其株守府城的事实。而水师总兵郝壮猷、副将丁朝雄等前往收复凤山一事,进展并不顺利,每日仅进军5里。走到大湖时,遇到小股义军的袭击,便又停了下来,且一停就是24天。

二月十三日,台湾道永福见黄仕简率军入台后,各路人马进展缓慢,尤其是

---

① 中国社会科学院历史研究所明史研究室编:《清代台湾农民起义史料选编》,福建人民出版社,1983年,第264-265页。
② 冯明珠主编:《钦定平定台湾纪略》,第1册,"国立故宫博物院典藏专案档暨方略丛编",沉香亭企业社,2007年,第487页。
③ 冯明珠主编:《钦定平定台湾纪略》,第1册,"国立故宫博物院典藏专案档暨方略丛编",沉香亭企业社,2007年,第487-488页。

国家航海　第二辑

National
Maritime Research

从镇压林爽文起义看清中叶的
福建绿营水师

025

郝壮猷部在大湖一带逡巡不前,畏敌如虎。于是面见黄仕简,请他催促郝壮猷急速收复凤山。但黄却不以为然,轻描淡写地说:

> 师老矣,轻进必有失。且令郝总兵回军缓图之。①

直到福建绿营福宁镇游击延山率兵 1 000 人至府城,黄仕简才令其以 500 人留守府城,其余 500 人赴大湖援助郝壮猷,另派水师游击郑嵩带领 500 兵丁,由海道经打鼓山登岸,绕道凤山南路,与郝壮猷夹攻凤山。乾隆五十二年(1787 年)二月二十二日,郝壮猷率水师收复了凤山,在收复凤山及随后的府城战斗中,澎湖右营游击蔡攀龙由于作战勇敢,连升两级,战斗结束后不久被提拔为副将。

而此前的正月二十二日,林爽文率义军主力主动撤离了诸罗,因而总兵柴大纪也顺利地率军收复了诸罗。提督任承恩,此时也带兵进入了彰化县。

清军相继收复诸罗、凤山、彰化之后,士气有所提升。但黄仕简仍不遵乾隆帝直捣义军大本营的旨意,而是命柴大纪进兵大里杙,并约请驻在彰化县城的任承恩与柴大纪合攻,结果为任婉拒。黄命副将徐鼎士与他合兵一起向北进攻林爽文,也为徐拒绝,黄仕简本无心向大里杙进军,于是躲在府城不出战。

三月初三日,黄仕简派府城留守的守备黄象新带兵 500 前往诸罗,拟汇合柴大纪的兵马,打通台湾北部的道路。黄象新刚到诸罗,海坛镇总兵郝壮猷部便在凤山城外中了义军庄大田部的诱兵之计,清军死伤 2 400 余人,仅郝壮猷率 600 残兵逃回府城,凤山随即再入义军手中。② 黄仕简闻郝壮猷在凤山失利,马上令黄象新带其部 500 人返回府城,以防林爽文义军来攻。此时的台湾,黄仕简、任承恩一南一北分驻府城、彰化,总兵普吉保驻扎在鹿仔港,郝壮猷率残兵逃回府城。这样,清军反被义军分割包围,处处势孤力单。对黄仕简、任承恩这种龟缩不出的做法,远在数千里外的乾隆帝极其不满,连发谕旨催促二人火速进兵,合力攻取林爽文,然后再集中兵力南下征讨庄大田,但是没有任何结果。

失望、愤怒的乾隆帝,多次给闽浙总督李侍尧、将军常青发谕旨,令其就地免去黄仕简的提督职务,并令总兵郝壮猷暂署水师提督一职。③ 乾隆帝最初考虑免去黄的职务,令其回家养老。④ 旋复谕旨,令其回京,交刑部治罪。由于他是功臣黄梧之后,最终还是赦免了黄的死罪,令其以金赎罪,回家终老。

---

① 中国社会科学院历史研究所明史研究室编:《清代台湾农民起义史料选编》,福建人民出版社,1983 年,第 268 页。
② 中国社会科学院历史研究所明史研究室编:《清代台湾农民起义史料选编》,福建人民出版社,1983 年,第 273 页。
③ 冯明珠主编:《钦定平定台湾纪略》,第 2 册,"国立故宫博物院典藏专案档暨方略丛编",沉香亭企业社,2007 年,第 734 - 736 页。
④ 冯明珠主编:《钦定平定台湾纪略》,第 2 册,"国立故宫博物院典藏专案档暨方略丛编",沉香亭企业社,2007 年,第 745 - 746 页。

黄仕简被免职后,清廷命郝壮猷暂署福建水师提督。① 不久,郝兵败凤山的消息传回北京,乾隆帝下令将郝壮猷就地正法,水师提督一职由台湾镇总兵柴大纪暂署。同时,命常青督办台湾军务兼水师提督一职,火速渡台,接替黄仕简指挥在台清军,并令江南提督蓝元枚为福建陆路提督,即日赴台剿"贼"。②

在第一阶段,福建水师提督黄仕简、陆路提督任承恩率领水陆大军1万余人抵达台湾,加上台湾旧有水师兵丁,水师兵额近2万人,成为镇压农民军的主力。结果,福建绿营水师在台湾南北出击,都遭到义军的沉重打击。郝壮猷率军在凤山被义军伏击,大败而逃回府城,成为第一阶段的转折点,清军陷入了被动挨打的局面,不得不请求增兵救援,福建水师战斗力的羸弱可见一斑。

(二)常青督办台湾:水师在驰援诸罗的战事中屡遭失败

乾隆五十二年三月,湖广总督常青被授予督办台湾军务将军兼水师提督,福州将军恒瑞、江南提督蓝元枚被授予参赞,一同赴台"剿匪"。常青抵台后,按照乾隆旨意,首先将临阵脱逃的署福建水师提督郝壮猷在府城就地正法。五月,恒瑞、蓝元枚先后率兵登台。不久,蓝元枚由陆路提督改任福建水师提督。

从三月至十月底,在常青督军台湾的近8个月内,经他与恒瑞、蓝元枚的奏请,在闽浙总督李侍尧的主持下,清廷先后调遣了福建、广东、浙江三省军队,其中包括八旗驻防兵,近3万人到台湾。其中,征调的水师有广东绿营水师2 000名,福建绿营水师1 000名,杭州乍浦八旗驻防水师500名,浙江绿营水师3 000名,共6 500名。③ 这个阶段,福建绿营水师虽然在总兵力上少于绿营,但仍然承担了大部分的攻坚任务。

三月二十七日,林爽文、庄大田部义军合攻府城。将军兼水师提督常青驻扎于此,他命澎湖右营游击蔡攀龙固守府城近郊的桶盘栈,游击邱维扬、守备黄象新固守柴头港,守备曾绍龙固守草店尾,以此保护府城周边的安全。同时,他令参将宋鼎、那穆素里,守备王天植、都司罗光焰等将领在府城各个城门驻扎,他在东门督战。④ 从早及晚,义军前仆后继、如潮水般地攻向府城,清军死伤惨重,常青心急如焚,眼看府城就要失守,但庄大田部下庄锡舍率千余人临阵叛变,义军军心动摇,清军趁势反攻,府城之围得以解除。不久,大武陇许尚率义军攻打柴头港。福建水师游击邱维扬迎战,被义军大炮击毙,但义军没有攻克柴头港。⑤

府城解围后,克复府城附近的斗六门又成为常青下一个难题。斗六门为通

---

① 冯明珠主编:《钦定平定台湾纪略》,第2册,"国立故宫博物院典藏专案档暨方略丛编",沉香亭企业社,2007年,第734页。

② 中国社会科学院历史研究所明史研究室编:《清代台湾农民起义史料选编》,福建人民出版社,1983年,第274页。

③ 本数据根据《清代台湾农民起义史料选编·平台纪事本末》一章析出。

④ 中国社会科学院历史研究所明史研究室编:《清代台湾农民起义史料选编》,福建人民出版社,1983年,第275页。

⑤ 中国社会科学院历史研究所明史研究室编:《清代台湾农民起义史料选编》,福建人民出版社,1983年,第276页。

往台湾南北的咽喉,常青先令总兵柴大纪领诸罗及鹿仔港守军一起进攻。柴以兵力单薄为由拒绝,并顺势请求常青派兵支援诸罗,于是常青派水师参将潘韬、守备曾绍龙与黄象新率领金门水师 1 100 人前往诸罗,援助柴大纪。① 进军途中,曾绍龙、黄象新部受到义军的阻击,旋改道乘船由笨港赶赴诸罗。

五月十五日,将军常青、福州将军恒瑞率领福建、广东、浙江等绿营将弁 437 员,水陆兵丁 5 500 人在府城大北门校场誓师,试图一举消灭南部义军庄大田部,但清军刚走到离府城 60 余里的南潭,便遇到庄大田部义军。一番激战下来,常青率领的清军伤亡近百人,守备林士春、千总谢元、把总刘茂贵等将弁阵亡。于是,常青马上退回府城,留下部分清军坚守南潭。此后,常青一直龟缩在府城。与此同时,新任水师提督蓝元枚率领福建、浙江两省水陆官兵在彰化县北门与义军交战,结果守备唐昌宗、千总魏际荣、把总罗洪灿、外委潘建、外委吉兆及兵丁百余人阵亡,蓝领败兵退回鹿仔港。② 此后,蓝元枚亦龟缩在鹿仔港,不敢与义军交战,直至八月十八日病卒于此。

这样,台湾的水陆清军,在常青、蓝元枚的统领下,于府城、鹿仔港南北出击义军再次失败。

另外,福建提督柴大纪(五十二年四月改任)驻扎的诸罗县,开始成为第二阶段双方争夺的焦点。林爽文在围攻府城失败后,便率义军主力围攻诸罗,时间长达半年。五月十七日,柴大纪派水师兵丁 200 人在千总陈邦材的带领下防守鹿仔草,福建水师游击邱能成带兵 400 往来盐水港、鹿仔草一带巡哨,以确保诸罗后路的安全。六月,林爽文部蔡福、李七、叶省率义军攻克了笨港,并进攻鹿仔草。柴大纪遣水师 500 人驰援,结果被义军打得大败,邱能成困守鹿仔草,至此诸罗与盐水港、鹿仔草之间的交通又被义军切断,几成一座孤城。

六月以后,林爽文、庄大田一北一南发动了对台清军的又一轮攻势,尤其是林爽文部对诸罗的进攻,令困守其中的柴大纪惶惶不可终日,连连向坐守府城的常青求救。常青接连派出两批兵马前往救援。

七月十三日,温州镇水师总兵魏大斌、参将特克什布、参将张万魁、游击田蓝玉,以及福建绿营水师游击邱能成,统领水陆兵马约 3 000 人,其中水师约有 1 000 人,兵分三路从鹿仔草出发前往诸罗,行至诸罗附近的倒店,复坠入义军伏击圈中。惊慌失措中,清军粮草武器尽为义军所夺,清军阵亡千总 6 员、把总 6 员、外委 8 员,兵丁死亡 1 100 余人,乡勇死亡 200 余人。参将张万魁逃至田间为乡勇郑乃生侥幸救出,魏大斌率残兵逃至诸罗,柴大纪率守军出城接应,方才幸免被义军俘虏。③

① 中国社会科学院历史研究所明史研究室编:《清代台湾农民起义史料选编》,福建人民出版社,1983 年,第 277 页。
② 中国社会科学院历史研究所明史研究室编:《清代台湾农民起义史料选编》,福建人民出版社,1983 年,第 280 - 281 页。
③ 中国社会科学院历史研究所明史研究室编:《清代台湾农民起义史料选编》,福建人民出版社,1983 年,第 284 - 285 页。

七月二十九日，常青再遣福建绿营水师副将蔡攀龙（乾隆五十二年五月提拔为副将）、参将孙全谋等将领，率领广东、福建水师 1 600 名救援诸罗。由于诸罗此时已成一座孤城，蔡攀龙等决定绕道海上，他们统领的水师兵马在台湾沿海漂流了近 20 天，才抵达诸罗后方的盐水港。① 八月二十日，蔡攀龙、孙全谋等人，汇合原在此驻扎的水师将领杨起麟、邱能成等，带领闽、粤两省水师兵马 2 100 人，兵分三路向诸罗进发。行至诸罗附近的倒店、竹仔脚，又被义军前后夹击，清军死伤惨重，兵丁死亡 700 余人、乡勇 100 余人，千、把总阵亡 18 人，副将贵林、游击杨起麟、都司杭富、守备马大雄皆阵亡。蔡攀龙、孙全谋率领残兵败将逃入诸罗县城，粮草、军饷、武器等辎重全部为义军缴获。其后，义军又乘胜攻下了水师守备林士元把守的鹿仔草。② 至此，清福建绿营水师驰援诸罗的行动全部失败。

在第二阶段中，参与攻坚、救援等军事活动的福建绿营水师在台湾战场上屡屡失利，而担任后勤保障任务的福建水师则由于较少与义军大部队交锋，兵员损失较少、完成任务亦相对顺利。

此时，福建水师扼守下的台湾鹿耳门、鹿仔港，成为清军增援台湾的主要登陆地，从四月至十月，每个月都有增援的清军由这两个口岸登陆。台湾的笨港，背靠澎湖，面对台湾府城，乃战略要地，先是被起义军占领，清水师提督蓝元枚率军收复后，乾隆帝令其派水师严守，防止再次落入义军之手。附近的鹿仔港、盐水港，督办军务将军常青也下令就近从澎湖水师协抽调兵马协助防守，并派新募的 600 名水师兵丁，往来澎湖、笨港、鹿仔港、盐水港之间巡逻，严防起义军偷袭上述海港。③

战争期间，为了防止义军派兵渡海袭击东南四省，清廷一再严令福建水师派兵封锁沿海岛屿、口岸，防止义军渡海袭扰大陆。

> 由斗六门至溪河，逸出海口，洋面岛澳丛杂，易于窜匿，……不可不预行设法防备。酌传谕常青等务拣派得力将备，带领弁兵，于通海各溪河处，严密防守。④

由于清水师在沿岸布防较严密，台湾义军始终没有对江浙闽粤四省构成实质性威胁。

---

① 中国社会科学院历史研究所明史研究室编：《清代台湾农民起义史料选编》，福建人民出版社，1983 年，第 287 页。

② 中国社会科学院历史研究所明史研究室编：《清代台湾农民起义史料选编》，福建人民出版社，1983 年，第 289 页。

③ 《清高宗实录》卷一二八五乾隆五十二年七月己巳条，中华书局 1985 年影印本，第 9539 页。

④ 《清高宗实录》卷一二八二乾隆五十二年六月甲辰条，中华书局 1985 年影印本，第 9521 页。

国家航海　第二辑

National
Maritime Research

从镇压林爽文起义看清中叶的
福建绿营水师

029

（三）福康安督师台湾：水师成为镇压义军的配角

乾隆五十二年十一月二日，协办大学士、吏部尚书、陕甘总督福康安及参赞海兰察等人统领八旗、绿营 9 000 余人，①在台湾鹿仔港登陆。此后的三个月内，加上后续到来的广西、贵州、湖南、四川等省兵马，这一阶段台湾新到清军约 1.3 万人。②

福康安抵达鹿仔港后，十一月初六日即发兵攻击围困诸罗的林爽文义军。临行前，福康安从驻守鹿仔港及其附近的福建绿营水师各营中，抽调出精壮兵丁 1 200 人，由游击裴起鳌、守备马得聪率领进攻大里杙；令水师副将徐鼎士、守备徐大鹏领水师由大肚溪进攻大里杙；鹿仔港则由福建水师与新到清军一起防守。③ 福康安亲率八旗、绿营主力 5 000 余人进攻诸罗，参赞领侍卫内大臣海兰察、福建总兵普尔普等人兵分五路围攻义军。海兰察领八旗军冲上仑仔顶，义军抵挡不住，被迫后退，清军咬住义军，紧追至牛稠溪，义军在此设伏，但仍无法挡住蜂拥而至的八旗、绿营军队，海兰察率清军长驱直入诸罗城下，诸罗之围遂解。

福康安带领清军主力解诸罗之围后，即令福建总兵普尔普带领原来驻扎在盐水港、鹿仔草的福建水师兵丁打通台湾府城至诸罗的道路。福康安令福建水师提督柴大纪、福建提督蔡攀龙带人马守卫诸罗县。④ 十一月十七日，普尔普率福建水师兵丁 2 000 人，先后攻克了茅港尾、湾里溪、铁线桥等地，台湾府城至诸罗县的道路终被打通。⑤

十一月二十日，福康安兵分三路，令恒瑞、普吉保带兵攻大埔林；额辉、袁国璜带兵攻大埔尾；海兰察领额尔登宝、穆克登阿、春宁等攻中林，福康安率军殿后。海兰察以八旗骑兵在前开路，义军抵挡不住，退回至斗六门，林爽文亲自率义军迎击三路清军，最终仍败退大里杙。⑥

十一月二十四日，福康安、海兰察率清军主力进攻林爽文的根据地大里杙，海兰察、普尔普率八旗侍卫军为前锋，攻下了大里杙。林爽文带部分义军遁入深山老林中，处境日益险恶。⑦ 时隔不久，林爽文为叛徒出卖被俘，后被押往京师，

---

① 《清高宗实录》卷一二八四乾隆五十二年八月丙辰条，中华书局 1985 年影印本，第 9546 页。

② 数据据《清代台湾农民起义史料选编·平台纪事本末》得出。另，许毓良先生在《清代台湾的海防》中认为，新到清军为 1.5 余人。

③ 中国社会科学院历史研究所明史研究室编：《清代台湾农民起义史料选编》，福建人民出版社，1983 年，第 296 页。

④ 中国社会科学院历史研究所明史研究室编：《清代台湾农民起义史料选编》，福建人民出版社，1983 年，第 297 页。

⑤ 中国社会科学院历史研究所明史研究室编：《清代台湾农民起义史料选编》，福建人民出版社，1983 年，第 298 页。

⑥ 中国社会科学院历史研究所明史研究室编：《清代台湾农民起义史料选编》，福建人民出版社，1983 年，第 297 页。

⑦ 中国社会科学院历史研究所明史研究室编：《清代台湾农民起义史料选编》，福建人民出版社，1983 年，第 298 - 299 页。

英勇就义。

五十三年(1788 年)一月二十日,福康安统领清军主力南下,围攻庄大田部义军,先攻占了其大本营大武陇。庄大田败退至台湾南端的琅峤附近并为清军俘虏。至此,在不到 3 个月的时间内,福康安率领的八旗、绿营镇压了台湾林爽文、庄大田起义。

在镇压林爽文起义后期,福建绿营水师继续在台湾各海港巡查,防止义军渡海潜逃大陆。水师在各地巡逻,捕获了不少落单、失散的义军将士,这在福康安、海兰察给乾隆帝的奏折中,均有说明:

> ……并查东港大洋内,有小岛一处,地名小琉球,为向来巡哨不到之处,亦分派水师前往查缉,勿使山陬海澨,处处穷搜,……连日以来,拿获解送前来者,亦纷纷不绝。①

福康安督军台湾期间,他任用的主力是八旗、绿营,对绿营水师的任用不多。无论是在进攻北部的诸罗、大里杙,还是进攻南部的南潭、凤山,他都很少用福建水师。福康安的先锋部队是海兰察统领的八旗军,人数不多、但战斗力较强,在镇压林爽文、庄大田部的过程中起了重要作用,福建水师则更多担任守城、攻打弱小义军等辅助性军事行动。

四、福建绿营水师镇压林爽文起义的历史总结

首先,我们对福建绿营水师在镇压林爽文起义过程中所扮演的角色、所起的作用,做一简要评价。

(一) 水师高级将领贪生怕死,指挥能力低下

在第一个阶段中,负责指挥清军镇压台湾林爽文起义的是福建水师提督黄仕简。但黄甫到台湾便躲进府城,大力修固城池。黄在台约 3 个月,曾派水师收复彰化、诸罗、凤山等地,但黄从未亲身领兵出战。

黄仕简在指挥清军的战斗中,亦极不得力。他违背乾隆帝集中兵力的方针,采取分头出击、步步设防的策略,并将重兵屯集在府城。结果,清军虽然在台湾兵力较多,但在诸罗、凤山等地并不占优势。清军在凤山的失败,与此兵力部署有直接关系。

常青接任后,亦与黄仕简相同,大部分时间都驻守在府城。五十二年五月

---

① 冯明珠主编:《钦定平定台湾纪略》,第 5 册,"国立故宫博物院典藏专案档暨方略丛编",沉香亭企业社,2007 年,第 3360 - 3361 页。

(1787年),他在乾隆帝一再催促下,统领大军5 000余人准备前往凤山"剿灭"庄大田部义军,但在府城60里外的南潭遭遇败绩后,又马上率军逃回府城,再也不敢与义军交战。六月以后,林爽文率义军进攻诸罗,柴大纪连连告急,但常青不为所动,仅派福建水师小部分兵力分批前往救援,而派去的水师将领亦软弱无能,屡战屡败。

黄仕简、常青等人,先后在镇压林爽文起义过程中担任福建水师提督,他们的畏葸无能,使得清军在台湾的军事行动中屡陷被动,接连遭到失败。下面,我们以福建水师在台湾期间的提督更迭表(表二)、阵亡将领表(表三)来说明这一问题。

表二　林爽文起义期间福建水师提督人员变动表①

福建水师提督	时间(乾隆年号)	原职务	履职情况
黄仕简	五十一年十一月至乾隆五十二年三月	福建水师提督	固守台湾府城被撤职
郝壮猷(暂署)	五十二年三月	福建水师海坛镇总兵	兵败凤山被军前正法
常青(兼任)	五十二年三月至五月	湖广总督兼督办台湾军务将军	起义结束后被刑部治罪
蓝元枚	五十二年五月至八月	江南提督	八月病卒于台湾
蔡攀龙	五十二年八月、五十三年一月至四月	台湾镇澎湖协右营游击	蔡于林爽文起义期间两度任福建水师提督一职。五十二年五月,蔡被提拔为水师副将;八月,蔡先被提拔为温州镇总兵,旋被任命为福建水师提督,九月改为福建提督;五十三年一月,重任福建水师提督
李化龙(暂署)	五十二年九月	广东总兵	起义结束后返回大陆
柴大纪	五十二年九月至五十三年一月	台湾镇水师总兵	起义结束后被刑部治罪

表三　林爽文起义期间福建水师死亡游击(从三品武官)以上将领情况表

姓名	阵亡时间(乾隆年号)	阵亡地点	官职
耿世文	五十一年十一月	彰化县	游击
郑嵩	五十二年三月	凤山县	游击
陈元	五十二年三月	凤山县	游击

① 提督表、阵亡官员表,数据都来源于《清代台湾农民起义史料选编》、《台湾林爽文起义资料选编》。

姓　名	阵亡时间（乾隆年号）	阵 亡 地 点	官　职
邱维扬	五十二年四月	柴头港	游　击
郝壮猷	五十二年四月	台湾府城被斩首	提　督
林天洛	五十二年八月	病死于台湾军营	副　将
蓝元枚	五十二年八月	病死于台湾鹿仔港	提　督
杨起麟	五十二年八月	往救诸罗途中半天厝	参　将

短短的 1 年零 4 个月内，福建水师提督更迭频繁，7 易人选，其中 4 位被撤职查办，署提督郝壮猷甚至被军前正法。在此期间，福建水师有 8 位高级将领在台湾死亡，包括 2 位提督，而死亡的都司、守备及其以下的中下级军官更达数十位之多。这些数据足以说明清中叶以后，福建绿营水师将领的无能。

（二）福建绿营水师战斗力低下，在台湾军事行动中伤亡较大

在镇压台湾林爽文起义的第一年，福建绿营水师扮演了主要的角色。

其间，无论是南部进攻庄大田部，还是在驰援北部诸罗的战役中，福建绿营水师都遭遇了败绩。在凤山，水师总兵郝壮猷率 3 000 余兵驻守，结果伤亡 2 400 余人。在诸罗附近，福建水师副将蔡攀龙、副将贵林等，带闽、粤两省水师 2 100 人，在倒店、竹仔脚被义军夹击，死亡 700 余人，千把总等下级军官阵亡 18 名。上述战例中，清军遭遇到的巨大伤亡，都集中暴露了福建水师战斗力低下的问题。

另外还应看到，与清军相比，义军既缺乏基本的军事训练，在武器装备上更是远不如清军。而清军不仅武器弹药充足，更兼有大量援军和水师船只护送粮饷、镇守海港等，多方支援。查阅清代档案文献，我们没有发现有关林爽文义军武器装备的详细记载，但在镇压起义的清军统帅给乾隆帝的奏折中，却依稀能看到些端倪。

乾隆五十二年，闽浙总督李侍尧向乾隆帝奏：

> 海坛镇总兵郝壮猷奏言，承准督臣常青照会，令挑派精壮兵丁四百名，配足军装器械，齐集闽安，前赴进剿，随即派兵起程，于十二月十五日到闽安，适副将丁朝雄，参将那穆素里，管带督标海坛闽安烽火兵丁，共一千五百名，陆续亦到，臣即令分配船只，于十二月十九日由闽安开驾，到平海放洋，缘连日风暴，至五十二年正月初三夜，抵鹿耳门，水师提臣黄仕简船只亦到，初四日一同登岸进城。①

① 冯明珠主编：《钦定平定台湾纪略》，第 1 册，"国立故宫博物院典藏专案档暨方略丛编"，沉香亭企业社，2007 年，第 519－521 页。

从李侍尧的奏折中,可以看出清廷在镇压林爽文起义时,调运了大量的战船,运送兵员、武器弹药、粮饷等过台湾。而在督办台湾军务将军常青的奏折中,其令福建绿营水师派遣战船护卫鹿仔港、鹿耳门、保障清军后勤物质安全、防备义军驾船袭扰东南沿海各省等言语也比比皆是。

乾隆五十二年二月十一日,福建提督任承恩带兵在台鹿仔港登陆后,即派游击穆腾额、海亮等人领兵进攻中部林爽文部义军。任承恩给乾隆帝奏言:

> 十三日(五十二年二月)带兵登山,行至半岭,遇贼。即行占住左山梁,用枪横击,打死贼人甚多。随即饬令署守备沈勇云带兵分往林厝仔、施厝坪,搜毁贼庄。贼众蜂拥迎拒,官兵用枪炮进攻,贼人四散逃窜,计烧毁贼庄六处,杀贼首级八伙,夺获藤牌、枪炮等械。又游击海亮十三日进攻嵌顶,贼匪数百人踞住山梁,用石打下。即令藤牌前挡,枪炮伏后,扒山仰攻,打死贼匪十余名,贼始退走。
>
> 又初六日(五十二年二月初六日),贼匪潜来放火烧毁海边渔寮。在港望见火起,臣即亲督官兵由沿海一带防范,分拨游击穆腾额、守备潘国材、署守备陈邦光等,同官兵、义勇由近海之仑仔顶、溪口厝等庄堵御。贼匪拥众前来,将备等即施放枪炮,打败贼匪,兵民奋力追杀,斩首二十一颗,夺获贼械、鸟枪、竹串、刀、棍、贼旗多件。[①]

福建提督任承恩的奏折中,说义军用石头攻击清军,而在清军缴获的义军武器中,有鸟枪、竹串、刀、棍、旗帜、藤牌、火炮等项,但以竹串、刀、棍为主,火器很少,且无充足的弹药。

乾隆五十二年(1787 年),福建水师提督蓝元枚、陆路提督柴大纪在给乾隆帝的奏折中,也分别说道:

> 五月初一日,贼匪复出肆扰,官兵奋力堵杀,枪炮伤毙贼匪甚多,并夺获鞭炮、钩镰、长枪、竹铲;生获贼犯王力、廖应魁、邱永,押交彰化县审讯等情。
>
> 再,诸罗被困两月有余。……于本月(八月)二十一、二、三、二十六等日,率众万余迭次环攻,俱经臣同特克什布、德成额等奋勇堵杀,枪炮打死贼匪六七百人。获贼旗五面,书伪镇南大将军、伪西路左先锋等字样;获行营炮一门、鸟枪、腰刀、竹牌、杂械等项。[②]

---

① 任承恩奏言分别见冯明珠主编:《钦定平定台湾纪略》,第 1 册,"国立故宫博物院典藏专案档暨方略丛编",沉香亭企业社,2007 年,卷六,第 502－504 页,卷九,第 632－633 页。

② 冯明珠主编:《钦定平定台湾纪略》,第 4 册,"国立故宫博物院典藏专案档暨方略丛编",沉香亭企业社,2007 年,卷 43,第 2524－2525 页。

蓝、柴二人的奏折,进一步说明了义军所用的武器,仍然是以刀棍为主,辅以少量枪炮,且这些枪炮大多是从清军手中缴获得来。

在福康安与义军交战时,他也表示只缴获了义军大小炮位、火药、刀矛等武器,并无大量的火器军械。任承恩、蓝元枚、福康安,都是清军镇压林、庄起义的统帅,他们缴获的义军武器,均大同小异,以刀棍等冷兵器为主,有少量火器,并无战船辅助。反观清军,兵丁排枪配额平均约为 1 000 人配枪 400 杆、火炮 10 门,福建水师兵丁排枪配额为每 1 000 人配 500 杆枪,并有水师战船保障。义军主要以刀、棍、矛、竹,甚至是石头来抵御清军进攻,几乎没有战船进行机动作战,而清军就是在如此装备简陋的队伍面前,仍然是屡遭败绩,其战斗力的羸弱是可想而知的。

(三) 福建绿营水师在保障清军后勤方面起到了一定的作用

福建绿营水师在战争期间,协助清陆军防守各要港,为清军镇压义军提供了物质保障。福建绿营水师设防的鹿仔港、鹿耳门,成为清军在台湾的大本营,兵员、军用物资经此源源不断上岸。乾隆在上谕中曾言:

> 至台湾初次调拨,及续调军队,已有数万。嗣又于广东浙江添调绿营,及驻防兵万余名。并于福建本省派拨兵六千。现又添派四川屯练降番,并于湖北、湖南等省挑备兵数万,陆续遄程前往,合计征调各兵,不下十余万。所有应用军糈,已于浙江、江南、江西、湖广、四川等省拨运米百余万石。[①]

清军如此巨大的人力、物力能够顺利运输到台湾,与清军有一个相对稳固的后方基地是密不可分的,而其中水师所起的作用也是不言而喻的。在战争中,福建水师承担运输兵员、粮饷的任务,完成任务较好,为清军最终镇压林爽文起义准备了物质条件,这是我们应该给予客观评价的。

(四) 镇压林爽文事件折射出清绿营水师与当时英国海军的巨大差距

我们还要清醒地看到,有清一代,尤其是乾隆年间,福建绿营水师是全国水师中实力最强的一支,也可以说是清廷海上的精锐之师,结果却在台湾农民起义军面前屡遭败绩,这不由得令人对大清海防感到担忧。

1787 年,林爽文起义爆发的这一年,一位法国军官在给法国政府的信中写到:"用四艘战舰和几只补给船在吕宋岛供给,就可以把中国海军击垮。"

1793 年,清廷镇压林爽文起义后的第六年,英国政府派马戈尔尼访华,他也

---

① 《清高宗实录》卷一二八六乾隆五十二年八月丁酉条,中华书局 1985 年影印本,第 9549 页。

看到中国绿营水师的虚弱："英国只要动用少许兵船,就能远胜中华帝国的整个海军,在不到一个夏季的时间里破坏中国的整个海上运输。"[①]

马戈尔尼等人的话并非夸大其词。18 世纪,福建绿营水师是当时中国沿海水师实力最强的,它较具有代表性。我们把它与同时代的英国海军做一简单的比较。

在 18 世纪,清军水师战船上使用的火炮类型繁多,主要有威远炮、得胜炮、行营炮、靖海炮、荡寇炮、红衣炮、发烦炮、贡炮、带子贡炮、劈山炮、铜贡炮、弗朗机炮等等。[②] 这些火炮,口径尺寸不一,铸造材料主要为铜、铁两种,大部分是滑膛前装炮,重者七八千斤,小者只有一百来斤,发射实心弹。火炮射程远者为 150 丈(450 米),近的仅数十丈,以火绳点火,射击速度慢、杀伤力小。而同时代的英国军舰,最大者有三层甲板,装备有 100 门大炮,一次齐射可以发射半吨炮弹,1 小时内可以发射出 30 吨炮弹。英军火炮的射程,约在 1 000～3 000 米之间,平均为清水师最大火炮射程的 5 倍,最大射程为清火炮的 7 倍。

17 世纪中叶,英国的海军军舰,已根据战斗力的大小把军舰分为六个等级。第一级军舰长 206 英尺,定员 825 人,携带火炮超过 90 门,三层甲板;二级军舰长 195 英尺,舰载火炮为 80～90 门,三层甲板;三级军舰长度与二级相当,定员 490～720 人,舰载火炮为 50～80 门;一、二、三级军舰,视为当时的战列舰,英国当时有 12 艘一级军舰,每艘造价高达 100 万英镑。四级军舰长 150 英尺,定员 350 人,装有 38～50 门火炮,双层甲板;五级军舰长 130～150 英尺,定员 250 人,18～38 门火炮,这类军舰一般用于巡航和搜集情报,不参加正规海战;六级军舰长 125 英尺,定员 195 人,单桅纵帆,火炮 18 门,主要用于通信和护航,每艘造价约 1 万英镑。[③] 在 1805 年特拉法尔加海战时,英国参战的战列舰达到 27 艘,最小的"非洲号"上配备的火炮为 64 门,最大的胜利号、君主号、贝勒斯尔号都为 100 门火炮,参战军舰总数达 120 艘。[④] 上述一、二、三级军舰,排水量都超过 1 000 吨,最大的则达 3 000 吨,一级军舰最长者约 69 米,二级为 65 米左右,四级约 50 米,五级在 43～50 米之间,六级为 42 米。

18 世纪,反观中国的水师战船,此时排水量较大的为广东米艇,每艘长 95 尺、宽 20 尺、排水量 2 500 石,折合为长约 32 米、宽约 7 米、排水量约 150 吨,战船上配备火炮为 10 门左右,多者不超过 20 门,单层甲板。定员 60 名,用于战斗的水手约 30 名。中国最大的战船甚至远不如当时英国不入流的六级军舰。[⑤] 就是这样的战船,直至嘉庆年间,福建绿营水师还要在广东订造,本省无法制造。

仅仅从这些简单的数据对比上,我们也能看出同时代的中英双方在海军实

---

① 上述两段评论,转引自王宏斌:《清代前期海防:思想与制度》,社会科学文献出版社,2002 年,第 173 页。

② 《清朝文献通考》卷一九四,乾隆官修本,浙江古籍出版社,2000 年,第 6588－6589 页。

③ 帕姆塞尔著,屠苏译:《世界海战简史》,海洋出版社,1986 年,第 72 页。

④ 丁朝弼编著:《世界近代海战史》,海洋出版社,1994 年,第 154 页。

⑤ 数据出自《清朝文献通考》卷七八,乾隆官修本,浙江古籍出版社,2000 年,第 6592 页。

力上的巨大差距。而这些差距，在鸦片战争前夕并没有缩小，反而有进一步扩大的趋势。中英之间的海上博弈，其结果早就不难定论。

清代福建绿营水师在镇压林爽文起义中，没有起到决定性作用，这并不可怕。但可怕的是，它所暴露出来的羸弱与无能，并没有为清廷所重视。从乾隆年间开始，大清水师的虚弱开始凸显出来，其与西方列强的差距越来越大。第一次鸦片战争中国水师的失败，从林爽文起义中便可窥其命运。

国家航海　第二辑
National
Maritime Research

037

从镇压林爽文起义看清中叶的
福建绿营水师

From the Repression of the Lin Shuangwen Peasant Uprising to Evaluate Fujian Green Standard Navy in the Middle of Qing Dynasty

Abstract: QianLong fifty-first year, the Lin Shuangwen peasant uprising broke out in TaiWan, the emperor of QianLong dispatched Fujian Green Standard Navy to Taiwan to put up it. During the stage of Lin Shuangwen Uprising In TaiWan, Fujian Green Standard Navy had both involved in the attack of ZhuLuo, Fengshan battles, and other auxiliary military operations such as blockading the harbor, searching for the uprising people. What's more, Fujian Green Standard Navy also transported the troops, foods and solder's pay to TaiWan. They played a important role to "destroy" the peasant uprising Army. It should be pointed out that Fujian Green Standard Navy in TaiWan's military action was bad, which completely exposed its feebleness and incompetence.

Keywords: TaiWan, Fujian Green Standard Navy, the Lin Shuangwen Peasant Uprising, Fu Kang'an

1902 年中国南方霍乱的
海路港口传入与内陆蔓延

单 丽

（上海 上海中国航海博物馆 201306）

摘 要：光绪壬寅年南方各开埠港口虽或轻或重都有霍乱疫情的发生，但疾病谱系并不尽相同。各港口不同传染病的发生，乃与其地各异的生态环境息息相关。长江下游地区霍乱疫情的趋同性，彰显出其时长江一线商贸往来的频繁及港口与腹地间强劲的凝聚力。南方沿海与内陆的轻重霍乱疫区区分非常明显，表明人口交往密度往沿海倾斜的大趋势，但是这种倾斜并非均质。南方港口与内地不同人群的霍乱伤亡差异显示了在中国开埠通商及近代化的过程中，当本应相随的港口检疫、卫生及医疗现代化不匹配时，国人所面临的尴尬和必须付出的代价。而《海关医报》对港口疫情的详细记载，则为详细了解小区域气候变化对霍乱传播的影响提供了可靠史料。

关键词：1902 年 霍乱 港口 海路传播

在 1902 年的霍乱大流行中，中国北方霍乱流行呈现出明显的海路传播为主、内地霍乱传播趋向集中于城区的态势，[1]从中可窥见其时人口交往行为往沿海方向严重倾斜的端倪。在撰述前文的过程中，南方的霍乱流行情况一直是笔者想进一步探究的问题，讨论此问题的意义在于：有舟楫之利的南方若表现出与北方相近的霍乱传播模式，则其时人口交往密度发生大逆转的推论自然更具说服力；若南北方霍乱传播模式存在差异，则可进一步查找导致差异产生的原因，并可与北方形成对比，借此观察清末南方港口与腹地社会环境的变化。本文即立足港口《海关医报》、各地方志及《大公报》对上述问题进行考察。[2]

---

① 单丽：《从 1902 年霍乱传播模式看清末北方社会》，《中国历史地理论丛》2011 年第 4 期。

② 后期《海关医报》对当地居民及周边地区的疫情多有注意，可作为辨疫的重要参考；同时该报告不仅有港口疫情的详细记载，还有港口气候及社会环境的细致描述，是流行因素分析的重要参照。各种史料的详细说明，详见单丽：《清代古典霍乱流行》，复旦大学博士学位论文，2011 年，第 12 - 16 页。

一、港口疾病谱与霍乱的海路推进

光绪壬寅年最早的霍乱病例是在广州发现的,其海关医务官 B. Stewart Ringer 对此地出现的霍乱疫情进行了详述:

> 在中国人中 1 月份即开始出现霍乱,突然袭击外国人是在 2 月 26 日,是一个非常健康的英国年轻人,24 小时内即死亡。追查患病原因,是不明智的吃水果的嗜好——香蕉和桔子——晚饭后,然后喝了接近排水沟的水井里的水。这是首例外国人致死病例,共死 7 人。其中 3 个人本身体质就很差,一点小病就能击倒,因此受霍乱攻击时更是无抵抗力。……当疾病衰退时,其病毒危害力亦在减弱。许多人经过一般性治疗即康复,在中国病例中这种情况尤为明显,许多霍乱腹泻者康复。①

按史料来看,广东首例外国人霍乱病例病发于农历一月十九日,很显然,该英国人所患之疫为饮食不洁所导致的真性霍乱。虽则该医务官推论正是由于疾病衰退时病毒危害力减弱才使众多中国腹泻病号经一般性治疗即可康复,但是显然,此医务官其后所言极的霍乱并非全为真性霍乱,而更多是一般的肠胃炎腹泻者。因为古典霍乱致死率极高,所谓疾病衰退,应主要表现为患病人数的减少而出现的绝对死亡人数的下降,传统的"一般性治疗"是不可能出现"许多霍乱腹泻者康复"的情况的。医务官 B. Stewart Ringer 认为,环境的脏乱以及是年春全区干旱所导致的饮水困难是致病的主要因素。正因为如此,是年广东地区外国人的死亡也不同寻常,较之往年增多。

霍乱在广州爆发后便开始了向周边地区的扩散,与广州紧偎的澳门则首当其冲。澳门港口医务官 J. Gomes Da Silva 称,农历二月二日,一名为躲避霍乱的中国人从广东逃到澳门,医务官明言此时广东已经霍乱流行,而此人来时已经有腹泻症状,次日该患者死去。② 其寄宿过的家庭全家人都开始腹泻,该医务官称"这是澳门当地发生的第一起霍乱。随后,霍乱流行起来"。

澳门霍乱在三四月之前以时疫温和的面貌出现,"每天仅造成一人死亡",5月中旬尤其是 5 月末,死亡率开始上升,一直到 6 月中旬为止,在此期间,霍乱平

---

① B. Stewart Ringer, "Report on the Health of Canton for the Half-year ended 31ᵗʰ March 1902", *Medical Reports for the Year ended 30ᵗʰ September* 1902, No. 63 – 64, pp. 24 – 26. 本文中,若未做特殊说明,港口疫情史料均采自相应《海关医报》。为求简洁,前文提及者后文不再做注说明。需要注意的是,《海关医报》系采用公历纪事。

② J. Gomes Da Silva, "Le Choléra à Macao et Lappa en 1902", *Medical Reports for the Half-year ended 31ᵗʰ March* 1903, No. 65, pp. 7 – 16. 另有一例正月二十六日的霍乱病亡者,为一外国水手,刚下船艇即被送往医院,随后病亡,医务官称并未造成任何影响。

均每天造成 21 人死亡。接着,每日的死亡数忽然每周都下降,至 7 月中旬,霍乱传播的迹象消失得无影无踪。澳门霍乱流行呈现明显的沿河分布的特点,受霍乱影响最严重的为河岸街区,且城区外围明显要比城内疫情严重,内城及周围基本上很少有霍乱死亡:793 名死者中只有 33 名是内城及周围地区的人,而且 28人是城里人。

霍乱传入澳门后,虽相应采取了隔离及消毒措施,但并未阻挡住霍乱在此地流行的势头。在对澳门霍乱疫情的观察中,医务官注意到一个有趣的现象,即澳门是年虽提前即有预防霍乱爆发之举,但是霍乱依然发生了;然而在未有任何防止鼠疫发生举措的情况下,鼠疫却并没有乘虚而入。虽则医务官将其归因于这个有"远东之珠"称谓的澳门每年都要搞的城市环境整饬,但笔者对此并不认同。因为环境的改善不仅有利于杜绝鼠疫在此滋生,理论上它也应该会阻止霍乱在此地的蔓延,但实际情况却是该地在对鼠疫有免疫力的同时却爆发了严重霍乱疫情。笔者在查阅该地是年《海关医报》时注意到这样一个细节,即该医务官将是年的霍乱死亡曲线与 1895 年及 1898 年的鼠疫死亡曲线做了对比,结果发现,除流行季节(鼠疫在冬春,霍乱在夏季)有异之外,是年的霍乱大流行与 1895 年及 1898 年鼠疫所造成的死亡曲线几乎一样。如此看来,在光绪壬寅年的前几年,鼠疫频频造访了这个日益整洁的地区并造成不小的人口重创,同时也必然会连带消灭宿主之一的老鼠,笔者认为这种宿主被消灭所致使的传播途径中断才是澳门对鼠疫免疫的真正原因。①

相对于澳门地区对鼠疫的无条件免疫而表现出的病种选择性,汕头疫情则要更加复杂和严重。汕头 1902 年 11 月的《海关医报》记载了此地前 14 个月的医疗卫生及气候情况。记载显示,自 1901 年 9 月至 1902 年 5 月,汕头天气极为干旱,总降雨量仅为 7.26 英尺,而仅 4 月的降雨量即为 3.09 英尺。② 持续的干旱使粮食歉收,米价上涨;河水的减少使交通不畅,水价上扬,饮水匮乏问题严重。粮和水的匮乏使人体的机体因饮食不良而免疫力下降,如此一来就更易于受到疾病的侵袭,这些因素交织在一起使得民众生存受到严重威胁。当地医务官认为,由于人口过于拥挤及贫困脏乱的环境,使得中国的城镇和村庄相对而言更易遭受传染病的侵袭,而 1902 年独特生态环境(亢旱缺水与饥荒),使得此地人口同时遭受霍乱和鼠疫的袭掠:

> 鼠疫和霍乱在此地的流行是 3 月份,地点是有 320 000 人口的潮州府(府治,笔者按),上报死亡人数大约有 18 000 死于这两种疾病,有些天人口死亡人数接近 1 000,有的时候一天就能死亡过千人。鼠疫和霍乱在 3 月份

---

① 此处是针对腺鼠疫为何没有在其时其地发生的讨论,若虑及肺鼠疫,当然还需考虑病种的季节适应性。

② Henry Layng,"Report on the Health of Swatow for the Fourteen Months ended 30th November 1902", *Medical Reports for the Half-year ended* 31th *March* 1903, No. 65, pp. 4 - 6.

国家航海　第二辑

National
Maritime Research

1902 年中国南方霍乱的海路港口
传入与内陆蔓延

041

的潮州相伴出现，在 5 月中旬就流行开来。

从其续接记载来看，该鼠疫应为腺鼠疫。是年潮阳的疫情极为严峻，12 万人中大约有 14 000 人死于鼠疫和霍乱。严重的疫情使得当地居民四散逃匿，一些人隐入深山，而另有许多人逃往汕头，这在无形中加重了汕头的疫情。

在时疫流行期间，医务官注意到港口间依然有很多当地船只往来运输，且多有去汕头的机船。同时医务官也提及霍乱在港口周围地区流行，而沿海岸的村庄和离岛不足 30 英里的村镇受灾最为严重，显然，沿海港口在霍乱传入中扮演了相当重要的角色。虽则总体而言整个潮州府都存在鼠疫与霍乱并发，但医务官本人亦不能"严格区分两种病各自所产生的死亡率"，因为在各区域内部两种传染病的危害程度并不相同。然而据医务官自己观察，汕头港霍乱危害性要远大于鼠疫。

那么，当地人是如何处理这些死者的呢？该医务官称由于合格棺材的匮乏和购买力的低下，"许多死者都是用席或盒子装裹便草草掩埋"，更有甚者，将死去的人直接投入提供村民饮水的井中，结果出现了 1850 年代"斯诺调查"时类似的霍乱井水源头：

> 一些死去的人被埋于一个有 500 人的小村庄的井里，这个井大约有 12 英尺深，被全村的人使用。在接下来的夏季里，这个村死了 300 人。到最后，人们看到水里动物的尸体也漂浮在水面上，所以不再用这个井水，由此瘟疫停止。

相对于潮汕等地疫情的复杂性，温州的疫种则要单一的多。该地医务官虽注意到本地多发寄生虫病及存在疟疾患者，但情况并不严重，古典霍乱无可争议的成为温州疾病谱中最主要的伤人利器：

> 此地霍乱开始于 7 月中旬，但平阳县疫情出现要在两三个月之前。此疫传播极为迅速，两周之内即已传遍全城。7 月底死亡人数最多，8 月至 9 月上半月日渐减少。本年夏季出现不同寻常的干旱少雨，因此所有的东西都干了，水也极度缺乏。9 月 15 日夜天降大雨，河渠溢满。与之巧合的是，霍乱死亡人数亦随之陡升，并表现出了另一种流行方式，死亡人数要也大大多于第一次霍乱流行。到本报告撰写的日期——10 月 10 日——霍乱又一次消逝。
>
> 据估计，死于霍乱的全城人口大约在 5 000～6 000，全府大约有至少 30 000 人罹难。[①]

---

① W. E. Plummer，"Report on the Health of Wenchow for the Half-year ended 31ᵗʰ March 1902"，*Medical Reports for the Year ended 30ᵗʰ September* 1902，No. 63 - 64，pp. 22 - 23.

由此可见，温州府是年7月中旬至10月间发生了严重的霍乱疫情，造成了大量人口死亡。从死亡人口的数字来看，该地疫情严重程度虽不及潮汕等地，但显然要重于澳门地区。在8月到9月上半月的极为干旱季节里，霍乱弧菌由于缺少赖以生存的环境，曾一度出现势衰苗头。但在9月15日大雨后又死灰复燃，表现出霍乱水型传播方式。从"另一种流行方式"推测，在干旱的季节里，霍乱极有可能以陆路交通模式传播。在八九月间霍乱流行势头减弱之时，温州府开始疟疾流行，疟疾同时袭击山区和平原，而不像霍乱只挑选较为平坦低湿的平原和谷地为乱，使得全府死人甚多。

温州霍乱疫情虽无确切言明的来源地点，但其医务官在提及一例疟疾患者时推测称，该病例并非本地感染，而是来自广东。笔者虽不能据此推断霍乱一定传自广东，但该医务官对疟疾患者来源推断的背后显然有这样一个意向，即广东尤其是广州是其时极为重要的传染病发送站。

位于长江口的苏州是年霍乱疫情甚为严重，夏初即开始流行。在霍乱发生之前，此地还有白喉、猩红热等疾首先为乱，故而该地医务官认为，从医疗健康角度而言，1902年是"最糟糕的一年"。① 关于该地霍乱疫情，本文将在下节进行详细讨论。

另外，海口和北海是年都有霍乱发生。海口港为中心的琼州府及南海有霍乱流行，海口的医务官称"琼州和海口都曾上报过较多的死亡人数，但只有一小部分病例置于观察之下；"②北海霍乱疫发时间较晚，为公历8月。对于真假霍乱，北海医务官有自己的看法：

> 在全中国，8、9月间在劳苦阶层中多患有胃肠病，不一定全是霍乱。都是在热天、苦力、不洁饮食环境下而发生的。我是基于对除琼、温、芜湖等交易港口的观察而得出这个结论的。路边的瓜果对口渴的劳工是一种诱惑，为了保持瓜果的新鲜，他们将其浸在水里，这些水怎样呢？大部分没煮开，也没净化处理。因此，腐败的瓜果、不干净的水，这就是为什么每年此季苦力多死的原因了。一个普通的腹泻在营养不良的苦力中亦会导致死亡。

正如医务官所言，普通的腹泻在营养不良的苦力中亦会导致死亡。但不可否认，霍乱在其中所起的作用是主要的。因为相对于胃肠炎，只有霍乱才会出现暴毙街头的惨相。总体而言，北海地区疫情相对其他港口而言较轻，疫区主要集中在东郊。

1902年前后的《海关医报》显示，光绪壬寅年南方各贸易港口虽或轻或重都

---

① J. B. Fearn,"Report on the Health of Soochow for the Year ended 30th September 1902", *Medical Reports for the Year ended 30th September* 1902，No. 63 - 64，pp. 35 - 36.

② Sidney L Lasell,"Report on the Health of Hoihow and Kiungchou for the Half-year ended 30th September 1902"，*Medical Reports for the Year ended 30th September* 1902，No. 63 - 64，pp. 38 - 39.

有霍乱疫情的发生,但疾病谱系并不尽相同;而各港口不同传染病的发生,乃与其地各异的生态环境息息相关:持续亢旱所导致的饥荒、水缺等一系列问题,使广东潮汕在发生霍乱的同时并发了严重的鼠疫大流行;之前鼠疫肆虐而导致的宿主消失,使得与是年霍乱肇起地广州紧偎的澳门表现出对鼠疫的无条件免疫;温州疫种虽较为单一,但其地严重的霍乱疫情并没有使温州避免遭受大量人口伤亡的打击——旱后大雨使得霍乱肆虐远重于此前;苏州是年气候如常,使得霍乱传入之前的白喉流行以常态面目出现,而霍乱的介入,则严重干扰了已有的平衡,并使苏州是年成为医务官所经历的“健康最糟糕的一年”。

从港口霍乱发生时间上的先后来看,南方港口霍乱自广州传入后表现为典型的海路传播特点,港口间的运输往来便利了霍乱的跨海蔓延,并在东南沿海一线一路往北推进。相对于干燥少雨的北方地区而言,南方整体温润湿热的生态平台显然更有利于霍乱这种喜湿咸环境弧菌的活跃,故而霍乱传播得既快,蔓延时间又长。

二、霍乱的“江南”——长江下游的霍乱疫情

如果从经济角度而言江南的意境代表着富庶与生机益然,那么赖水而生的霍乱在雨水丰沛的长江下游可谓如鱼得水,这块众水汇聚宣泄之地也正是霍乱的“江南”。

从县志来看,苏省霍乱疫情主要集中在长江、淮河与南北大运河交汇入海处,其中尤以长江三角洲地带苏松常等府的疫情最为严重,[①]并导致大量人口死亡。《大公报》云“苏州省城自入春以来,喉症盛行。入夏又盛行霍乱吐泻,疫症死者不少”。[②] 苏州1902年9月的《海关医报》对此状况亦有说明:

> 从医疗卫生角度来讲,1902年是极其糟糕的一年,……白喉和猩红热在冬春时节就开始出现……紧接着就是更为可怕的霍乱,从夏季一直持续到现在……这种治愈率为零的恶疾侵袭了社会各个阶层——不管是穷人还是富人。[③]

---

① 光绪《宜荆续志》卷一二《征祥》;光绪《常昭合志稿》卷四七《祥异》;民国《相城小志》卷五《杂志·祥异》;费善庆《垂虹识小录》卷七;民国《昆新两县续补合志》卷一《祥异》;民国《嘉定县续志》卷三《灾异》;民国《青浦县续志》卷二三《杂记上·祥异》;民国《南汇县续志》卷二二《杂志·祥异》;民国《川沙县志》卷二三《故事志·灾变》;民国《重辑张堰志》卷一一《祥异》;民国《三续高邮州志》卷七《灾祥》二二;民国《兴化县志》卷一《舆地志·祥异》;民国《金坛县志》卷一二《杂记·祥异》;民国《丹阳县志》卷一九《祥异》;民国《高淳县志》卷一二下《祥异》。

② 《大公报》第19号,1902年6月1日。

③ J. B. Fearn,“Report on the Health of Soochow for the Year ended 30th September 1902”, *Medical Reports for the Year ended 30th September* 1902, No. 63－64,p. 35.

国家航海 第二辑

National
Maritime Research

1902年中国南方霍乱的海路港口
传入与内陆蔓延

043

就 1902 年而言,所谓"入夏",严格来讲始自农历三月二十九日。6 月 4 日的《大公报》又云"苏省时疫盛行,至今未息",可见霍乱在此地应该已流行了相当长一段时间。6 月 11 日,江苏在经历了月余的干旱之后终于喜降甘霖,疫情随之有所减轻。① 由此推测,该地的霍乱极有可能在 4 月即已开始流行,而 5 月至6 月上旬为其疫发高峰时期。就整个江苏地区而言,此时的流行中心区仍以苏州府及其周边地区为中心。

但此地的霍乱疫情并没有就此渐渐消匿,至 7 月上旬,疫情出现反复,《大公报》第 56 号云"苏省前虽得雨,然霍乱之症仍未稍息",至中旬,霍乱北传至徐州府宿迁:

> **宿迁时疫**　宿迁近日盛行时疫,城郭内外,死者日有所闻。闻有一家十九口,三日间死十一口者。西乡某姓,家共七口,一小时疫死二口,其一赴城打殃单归(旧俗将人死时刻报阴阳学训术,该学即开,某日出殃一纸给之,俗呼为打殃单)亦即病亡。②

与是年华北地区气候不同的,该地天气至秋 8 月依然酷热,苏州府周边霍乱疫情亦多次出现反复。直至 8 月下旬,"省中疫气尚未平静",以致"棺木奇昂,比诸去年不啻加倍",③而松江府的疫情则一直持续到是年 9 月份。④

这种治愈率几乎为零的古典霍乱在苏省并未表现出对某一阶层的偏爱,而是侵袭了社会的各个阶层,医务官 J. B. Fearn 称"没有哪个阶级更易受到霍乱的攻击——穷人和富人都有可能患病并死亡"。对于疫死人数,该医务官认为"在中国人中的死亡数字,比较可信的是 20 000 人,这只是指苏州城内。作为一个府,则绝对不止这个数"。

紧靠苏州府和松江府的浙江嘉兴府是年疫情尤为严重,嘉善枫泾、海盐澉浦、梅里和平湖县均出现霍乱疫情,同时杭州湾沿岸府亦都有霍乱疫情发生。⑤ 该区域最早疫发地为嘉兴府,疫发时间为 5 月,⑥至 6 月上旬,嘉湖一带霍乱已极为盛行,《大公报》称"其症一发,既烈且速,猝不及治,毙于疫者甚多",此种情况一直持续到 7 月中旬仍未消止,《大公报》直称"时症更甚,死亡相继"。至 8 月间,霍乱疫情旋复旋休,反复无常,但总体而言,疫情走

---

① 《大公报》第 42 号,1902 年 6 月 24 日。
② 《大公报》第 62 号,1902 年 7 月 14 日。
③ 《大公报》第 78 号,1902 年 8 月 1 日;第 88 号,1902 年 8 月 11 日;第 97 号,1902 年 8 月 20 日。
④ 民国《南汇县续志》卷二二《杂志·祥异》;《大公报》第 76 号,1902 年 7 月 28 日。
⑤ 民国《新登县志》卷二〇《拾遗·祥异》;宣统《枫泾小志》卷一〇《拾遗》;民国《平湖县续志》卷一二《外志·祥异》;民国《澉浦补录》卷下《杂记》;民国《梅里备志》卷八《杂记》;民国《平阳县志》卷五八《杂事志·祥异》;绍兴市卫生志编纂委员会编:《绍兴市卫生志》,上海科学技术出版社,1994 年,第 2 页。
⑥ 民国《澉浦补录》卷下《杂记》。

向衰势。①

　　溯江而上，镇江是年夏秋亦有霍乱发生，而在此前，当地先有白喉等疾流行。其《海关医报》显示，在1～3月份，白喉流行于孩子们当中，并在致死疾病中占主导地位；麻疹和猩红热出现；天花亦于1～4月在孩子们中间流行。② 相对于国人而言，外国人居住区健康状况良好，没有人口死亡。自1902年夏天开始本地人中出现的白喉开始销声匿迹，自公历6月的第一个周开始再未发现白喉患者。与此同时，霍乱开始在镇江城内及郊区出现，直到9月中旬结束：

　　　　三个月间，在当地差不多96 000人口中，可确定的死亡人数为2 000。租界中的外国人几乎全部享受免疫，其中租界中有一中国妇女因病受观察，但很快康复。卫生状况主要从沟渠的疏通、各种私人设施物资的卫生改进及优质卫生食物和饮水供应等方面来改善。③

　　安徽紧靠江苏省的芜湖流域是年霍乱盛行，据县志记载，太平府的芜湖、当涂和宁国府的南陵是年均有疫情发生，④疫发时间大致在夏初，至7月中旬仍未消减。⑤《芜湖县志》云"瘟疫大行，患者吐泻，肌肉立消，俗称鬼偷肉，亦名瘪螺痧"，可见古典霍乱盛行。

　　以上三地均位于长江右岸，相距不远，《江南通志》载"芜湖县东四十里至黄池当涂县界，……南四十里至石硊河中流宁国府南陵县界"。⑥ 芜湖县在咸丰年间曾惨遭兵燹，肆庐为墟。自光绪二年（1876年）作为通商口岸开埠之后，"繁盛视昔有加，江口一带米木商及行栈居多，长街百货咸集，殷实商铺亦萃于此"，使得"阛阓之盛，加于江左"。⑦ 芜湖左临大江的地理位置使得其腹地只能向江右南部扇面发展，其繁盛港镇亦多兴于此，《芜湖县志》载：

　　　　鲁港镇在县西南十五里境内，镇市惟此最大……商旅骈集，泛防要地也。
　　　　方村镇在县东南四十里，跨河两岸，人烟繁盛，商业蓍坊居多。
　　　　石硊镇，在县南三十五里，壤接南陵为驿路腰站，今驿裁，而镇仍

① 《大公报》第28号，1902年6月10日；第58号，1902年7月10日；第97号，1902年8月20日。
② J. A. Lynch, "Report on the Health of Chinkiang for the Year ended 31th March 1902", *Medical Reports for the Year ended 30th September* 1902, No. 63–64, p. 21.
③ J. A. Lynch, "Report on the Health of Chinkiang for the Year ended 31th March 1903", *Medical Reports for the Half-year ended 31th March* 1903, No. 65, p. 3.
④ 民国《芜湖县志》卷五七《杂志·祥异》；民国《当涂县志》之《志余·大事记》；《南陵县志》卷四八《杂志·祥异》。
⑤ 《大公报》第59号，1902年7月11日。
⑥ 乾隆《江南通志》卷一〇《舆地志·疆域形势附》。
⑦ 民国《芜湖县志》卷五《地理志·市镇》。

如故。①

　　如此看来,疫发三地基本位于芜湖流域比较繁庶的商业地带,而霍乱在此地的爆发也就不难理解:芜湖商埠的开放使得该地区商业日益繁盛,人口交往亦日渐频繁,同时卑湿的临江环境和便利的长江交通更使其下游苏松等地的霍乱等传染性疾病极易借此传播,造成芜湖流域的霍乱流行。

　　统观长江下游霍乱疫情,其疫发时间及疫情起伏基本一致,而港口的疾病谱系亦大抵类似,由此看来,该区域生态环境内部各要素之间的凝合基本达到某种平衡,而这种平衡是基于该地水系和饮用水的使用习惯为环境基础的,②并为霍乱等传染性疾病的传播蔓延提供了很好的平台;而霍乱几乎在同时爆发,彰显出其时长江一线商贸往来的频繁及港口与腹地间强劲的凝聚力。

　　在从南到北的霍乱传播中,我们并没有看到港口海关检疫对霍乱传入产生截源断流的遏制,各港口虽检疫水平不一,但总体水平较低。港口内部外国人员总体上表现出来的免疫性是由其注重自身饮食卫生尤其是饮用水的卫生等手段所产生,这也是种族隔离会被广大港口外国人所倡导并接受的重要原因。

三、南北轻重疫区传播模式异同与死亡人口对比

　　光绪二十八年北方霍乱表现为明显的沿海重疫区存在城乡传播模式、内地霍乱难以蔓延到乡村的态势。与北方模式相类似的是,南方重疫区亦表现为明显的向沿海一线倾斜,重疫区大多为沿海开埠港口周边地区。就两广地区而言,广东地区除上文所提及的广州为中心的广州府、潮汕为中心的潮州府有严重霍乱疫情发生,海口港为中心的琼州府霍乱盛行,③其中以潮汕为中心的潮州府疫情最为严重,有鼠疫相伴而行。霍乱在广东各地出现时间的先后为我们粗略勾勒了此地霍乱流行的大致路线,即霍乱首先在广州府出现,后沿海路分别传入澳门和汕头,后到达北海和琼州府(海南岛)。由是可以看出广东地区霍乱传播是以重要港口为中心,呈现出更为典型的沿海路传播的特点。

　　受天灾人祸的影响,广西地区霍乱疫情尤为严重,十三府州中竟有至少八府州发生疫情。从方志记载来看,疫区主要集中于广西北部及东北部地带,其中柳

---

① 　民国《芜湖县志》卷五《地理志·市镇》。
② 　关于清末以来江南城市的用水习惯,详见李玉尚:《清末以来江南城市的生活用水与霍乱》,《社会科学》2010 年第 1 期。
③ 　民国《感恩县志》卷二〇《杂志·灾异》;光绪《澄迈县志》卷一二《杂志》;宣统《南海县志》卷二《舆地略·前事沿革表》;光绪《海阳县志》卷二五《事略》;民国《大埔县志》卷三八《大事记》。

州府疫情尤为严重,广西中南部疫情稍轻,西北部未发现有疫情记载。① 广西该年的疫发时间相对较晚,最早疫发时间可能为5月。自6月暴雨后,疫情便迅速蔓延开来。广西疫发之县多为江河沿岸水上交通往来便利、地势相对低洼之地,表现出极强的霍乱水型传播特点。

福建的霍乱疫情主要集中在漳泉至厦门一带,最早开始应不晚于5月下旬,厦门霍乱是由漳泉地区传入的。福建霍乱疫情不若浙江疫情反复,自入秋之后便逐渐消匿,至9月上旬便"疫症太平"。② 靠近福建的浙江省温州府是年霍乱大行,温州1902年的《海关医报》称,是年温州霍乱流行时间为阳历7月至10月,温州城内死人大约为5 000到6 000,全府死亡人数至少有30 000余人。

作为次临海省份,是年江西省亦有疫情发生。7月8日的《大公报》称"江省自二三月间,时疫流行,肩挑负贩之民,死亡相继,殆不下二三万人,至今尚未稍杀"。③ 江西省城南昌是年有霍乱发生,县志称"二十八年大疫,凶服载道。俗披麻不入人门,是岁无忌",④可见死人之多。

由上观之,江浙、安徽及赣闽区在光绪壬寅年发生了严重的霍乱疫情,苏南地区初春还有白喉出现,更使霍乱如虎添翼,害人无算。该区重灾州府有:以苏州府、松江府和嘉兴府为中心的长江三角洲地带,温州港为中心的温州府及其周边地区,以及安徽芜湖流域、江西南昌周边和福建漳泉至厦门一线。相对于华北地区而言,此区域霍乱疫发时间明显要早,大致在入夏即开始,表现出霍乱传播由南往北的大趋势;与华北及其周边疫情类似的是,此地的霍乱传播形成以上海为主、漳泉为辅的形态,成扇面由沿海向内陆辐射。

相对于沿海等地的重疫区,湖南的疫情要轻得多,就手头所掌握的资料,仅发现两处疫发地点:桂阳州的嘉禾及辰州(今沅陵)。嘉禾县是年疫发时间为夏5月,"大疫,附郭及富乐乡诸村尤盛,一村有死数百人者";⑤湖南辰州"夏季瘟疫蔓延,死亡惨重",⑥张剑光《三千年疫情》对此霍乱传播过程有详细记载:

> 光绪二十八年(1902年)夏季,辰州城内突然爆发瘟疫。由于这次疫病爆发时没有其他相关的水旱灾害,也没有什么前兆,所以人们的心理忍受不充分,医疗上没有作丝毫的准备。这次爆发的瘟疫最大的特点是传染速度极快,在短短的十多天时间内,全城都出现了疫疾病例,并且快速地向城外

---

① 单丽:《1902年广西霍乱大流行探析》,《历史地理》第二十五辑,上海人民出版社,2011年。

② 《大公报》第72号,1902年7月24日;第39号,1902年6月21日;第120号,1902年9月13日。

③ 《大公报》第56号,1902年7月8日。需要注意的是,是年所记江西时疫开始时间甚早,笔者怀疑江西在二三月初可能同苏省同样有白喉等症流行,其后至四五月间才开始爆发霍乱。

④ 民国《南昌县志》卷五五《祥异志》。

⑤ 民国《嘉禾县图志》卷六《事纪上》。

⑥ 李文海:《近代中国灾荒纪年》,湖南教育出版社,1990年,第693页。

扩散。得病者仅在一二天内就不治身亡，因而活着的人心中都惴惴不安，有朝不保夕的感觉，不知自己一觉睡后还是否起得来。这次疫病从 6 月开始在城中出现，7 月时主要发病区已移向农村，一个多月的时间全州前后死亡高达一千余人。①

嘉禾地处峤水河畔，接近广西霍乱疫发区桂林府和平乐府；辰州则地处沅江岸边，相对而言辰州要更内陆一些。但无论如何，两地均表现出由城至乡的霍乱传播模式，这与北方山陕等地的霍乱主要集中在城区的情况大为不同，推敲原因，一方面南方的多水环境显然更有利于霍乱弧菌的生存，另一方面舟楫之利在霍乱传播中的作用亦自不待言。需要注意的是，虽然湖南散在疫发点与沿海地区同样存在城乡传播模式，但是从疫亡人数及城乡疫死人数对比来看，两者不可同日而语。嘉禾虽有一村死亡数百人的情况，但重疫区依然是在城郭附近；而辰州一个月间全州疫死虽有 1 000 余人之多，但从绝对数上来讲要远远少于潮汕一个城镇。

据汕头《海关医报》记载，潮阳县 12 万人中大约有 11.7% 的人死于鼠疫和霍乱。虽则该地区总体而言鼠疫与霍乱并发，医务官本人亦不能"严格区分两种病各自所产生的死亡率"，但据医务官自己的观察，汕头港霍乱危害性要远大于鼠疫。由于疫情极为惨烈，一些外国人对该地区的疫情严重性亦给予了关注：

> 一个在黄冈的外国人写道："据说此地大约有 100 000 人（包括城里和城外），虽然作为一个外国人无法估计中国城市人口，但我认为 75 000 应该是接近事实的。……霍乱在这个城市周遭地区的危害性远大于别地。在一个大约有 20 000 人口的城镇，据说有 5 000 人死亡。今年在黄冈我们没有发现鼠疫病例，但当地人说自去年开始大约有 10 000 死于此病，确实此地大约埋了 5 000 具尸体，但埋在别的地方的我们无法估算。"

仅就黄冈而言，人口的死亡是由霍乱造成的，因为当地人亦言"自去年鼠疫结束开始没见一只老鼠"，以至于该医务官得出"没有老鼠就没有鼠疫"的试探性结论。仅就此城镇而言，疫死人口亦占总人口的 1/4，毫无疑问，这种死亡烈度是南方内地乃至北方沿海地区都不可相比的。由此也可看出，南方高密度的人口，使霍乱如入无碍之境，使得南方人口损耗远多于北方。

四、结　　论

《海关医报》对港口疫情的详细记载，为我们提供了详细了解小区域气候变

---

① 张剑光：《三千年疫情》，江西高校出版社，1998 年，第 545 页。

化对霍乱传播影响的可靠史料,而 1902 年南方港口疫情的考察,显示出港口不同传染病的发生,乃与其地各异的生态环境息息相关,同时也力证了气候变化是影响霍乱传播的极重要因素。

光绪壬寅年南方地区的霍乱疫情显示,南方各开埠港口虽或轻或重都有霍乱疫情的发生,但疾病谱系并不尽相同。长江下游地区霍乱疫情的趋同性,彰显出其时长江一线商贸往来的频繁及港口与腹地间强劲的凝聚力。南方总体温湿的大环境和密布的水网,使得南方更易比北方遭受因霍乱袭击而带来的人口重创;其沿海与内陆的霍乱轻重疫区区分非常明显,表明人口交往密度有往沿海倾斜的趋势,但是这种倾斜显然并非均质:长江下游沿线地区发达的水网及频繁的商贸往来,使得此地不仅疾病谱系类同,疫死人口亦大抵持平,从而出现小区域性无轻重疫区差别的霍乱蔓延模式;内地虽存在霍乱城乡传播,但是这种状况并不典型,疫死人口仍然向城区靠拢,从而表现出与南方沿海乡村霍乱大行迥异的场景。

就南方沿海港口及长江沿岸港口的微观观察而言,以笼统人群来分,当地人比港口租借地内的外国人更容易遭受疾病的袭击,而城外人要比城内人更易染病伤亡,这也反映出不同生活、卫生及医疗条件下,不同人群所不得不面临的集体宿命。也因于此,中国人生活环境的脏乱也多为外国人多诟病,这也显示了在中国开埠通商及近代化的过程中,当本应相随的港口检疫、卫生及医疗现代化不匹配时,国人所面临的尴尬和必须付出的代价。

国家航海 第二辑
National
Maritime Research

1902 年中国南方霍乱的海路港口
传入与内陆蔓延

049

The Dissemination of Cholera from Ports by the Sea of Southern China in 1902

Abstract: Regardless of heavy or light, there were cholera outbreaks in southern ports of China in 1902, but the disease spectrum were quiet different, which was due to the different ecological environment of every port. The convergence of this epidemic in the lower reaches of Yangze River indicated the high frequency of trade among Yangze River basin and the cohesive power between ports and inland areas. There was clear distinction in severity between coastal and inland areas within Southern China, which show the main trend that the degree of population interaction was higher close to sea. However, this tendency to the coast was not even. The discrepancy of wound and death among vary groups of people from southern ports to inland areas demonstrated that the Chinese citizens faced embarrassment and had to pay heavy cost during the sea ports opening for trade and modernization which the supposed corresponding improvement in quarantine, public hygiene, and medical treatment did not match. Besides, *China Customs Medical Reports* provided detailed documents on the situation of disease, which gave us reliable materials to learn about the influence of climate changing in small areas on the spread of cholera.

Keywords: Year 1902, Cholera, Sea Port, Sea Route Spread

孙中山论郑和下西洋之再研究

时 平*

（上海 上海海事大学海洋文化研究所 201306）

摘 要：本文对孙中山有关郑和的论述进行重新考证及研究。对学术界一直沿用的孙中山论述郑和内容提出新的界定，认为孙中山所论资料来自多方面，除《明史》外，推断直接源于 20 世纪初他人研究郑和的著述。提出孙中山论述郑和下西洋的目的，是基于对近代化国家宏伟蓝图《建国方略》的设计和规划，以郑和下西洋的创举，来振奋和激励国民的自信心及民族精神，进而从心理建设角度向国民灌输"知难行易"道理及重要性。

关键词：孙中山 郑和航海 考证 研究

孙中山是辛亥革命的主要倡导者，也是主张用近代西方文明改造落伍的中国和建设近代化国家的探索者。1987 年笔者曾写过《孙中山论郑和下西洋》一文，发表于南京郑和研究会编《郑和研究》（1987 年 12 月总第 5 期）。现在再次阅读和思考孙中山有关郑和下西洋的论述，比以往产生了一些新的理解和认识，与各位专家学者交流。

一、孙中山有关郑和下西洋论述

孙中山对郑和下西洋的论述：

当明初之世，成祖以搜索建文，命太监郑和七下西洋。其第一次自永乐三年六月始受命巡洋，至永乐五年九月而返中国。此二十八个月之间，已航巡南洋各地，至三佛齐而止。计其往返水程以及沿途留驻之时日，当非十余个月不办；今姑为之折半，则郑和自奉命以至启程之日，不过十四个月耳。在此十四个月中，为彼筹备二万八千余人之粮食、武器及各种需要，而又同

* 作者简介：时平（1961— ），上海海事大学海洋文化研究所所长、教授，主要从事航海历史、海洋文化研究。

时造成六十四艘之大海舶。据《明史》所载，其长四十四丈，宽十八丈，吃水深浅未明，然以意推之，当在一丈以上，如是则其积量总在四五千吨，其长度则等于今日外国头等之邮船矣。当时无科学知识以助计划也，无外国机器以代人工也，而郑和又非专门之造船学家也。当时世界亦无如此巨大之海舶也。乃郑和竟能于十四个月之中，而造成六十四艘之大舶，载运二万八千人巡游南洋，示威海外，为中国超前轶后之奇举；至今南洋土人犹有怀想当年三保之雄风遗烈者，可谓壮矣。然今之中国人借科学之知识、外国之机器，而造成一艘三千吨之船，则以为难能，其视郑和之成绩为何如？①

孙中山在《建国方略》中的论述共 380 字。此前有关研究虽涉及全文，②但以往引用多只涉及"乃郑和……"文后 113 字。以至一些学者著述以此作为"标准"的孙中山论郑和"语录"。现在看来应该选录完整论述作为孙中山对郑和下西洋的所论。

《建国方略》是孙中山 1917 年至 1919 年期间完成的。该著作由《民权初步》、《实业计划》和《孙文学说》三篇汇集而成。其中《民权初步》（原名《会议通则》）于 1917 年最先出版，后编为《建国方略之三：社会建设》；《实业计划》用英文写成，原名"The International Development of China"，首先发表在《远东时报》1919 年六月号，中文稿于 8 月 1 日的《建设》第一卷第一号连载，由朱执信、廖仲恺、林云陔和马君武分别担任翻译，③1921 年上海民智书局出版英文本，10 月又出版中文本，后编为《建国方略之二：物质建设》；《孙文学说》卷一《行易知难》（不包括卷二《三民主义》、卷三《五权宪法》）于 1919 年 6 月 5 日由上海强华书局发行。据《孙中山年谱》记载：1918 年 6 月 23 日，孙中山由日本神户启程返沪，26 日抵达上海，至 1920 年 11 月 25 日一直居住上海。④ 又载，孙中山"将本年春定稿的《孙文学说》卷一《知难行易》（后编为《建国方略》之一，题名《心理建设》）付印，并亲任校阅"。⑤ 由此可以推断，孙中山论述郑和的时间在 1918 年 7 月至 1919 年春之间；这段论述是否是他亲自执笔尚需考证，但经过他最后的审阅确认，体现了他自己的思想。

二、孙中山论郑和下西洋的背景及目的

孙中山有关郑和下西洋的论述，是《建国方略》第一部分《孙文学说——行易

① 中山大学历史系孙中山研究室等合编：《孙中山全集》第六卷，中华书局，1985 年，第 187－188 页。
② 仲跻荣：《超前轶后之奇举——从孙中山对郑和的评价说起》，《南京静海寺纪念馆馆刊》2011 年第 1 期（总第 4 期），第 20 页。
③ 广东省哲学社会科学研究所历史研究室等合编：《孙中山年谱》，中华书局，1980 年，第 245 页。
④ 广东省哲学社会科学研究所历史研究室等合编：《孙中山年谱》，第 228,269 页。
⑤ 广东省哲学社会科学研究所历史研究室等合编：《孙中山年谱》，第 242 页。

知难（心理建设）》第四章《以七事为证》"七事"之一。他经历二次革命、护国运动、护法战争等多次挫折，为了实现改造中国的目标，在上海专心总结以往革命的经验教训，阅读大量中外书籍，思考建设近代化国家的方案《建国方略》，"以为国民所取法"。① 孙中山通过总结，认识到革命成败，"实多以思想错误而懈志也"。② 而这种思想错误根源就是"知之非艰，行之惟艰"，③指出它是革命党人和国人社会心理的"大敌"。④ 鉴于此，他在设计《建国方略》时，首先从心理建设入手，再论物质建设和制度建设。1918 年 12 月 30 日，他在为《孙文学说——行易知难（心理建设）》写的自序中明白地说：

> 故先作学说，以破此心理之大敌，而出国人之思想于迷津，庶几吾之建国方略，或不致再被国人视为理想空谈也。夫如是，乃能万众一心，急起直追，以我五千年文明优秀之民族，应世界之潮流，而建设一政治最修明、人民最安乐之国家，为民所有、为民所治、为民所享者也。则其成功，必较革命之破坏事业为尤速、尤易也。⑤

为此，他以十事为例，阐释"知难行易"的道理，以破除革命党人和国民的心理障碍。《孙文学说——行易知难（心理建设）》前三章分别"以饮食为证"、"以用钱为证"、"以作文为证"，说明"行之非艰，而知之实难"的"铁案不移"。⑥ 为了更进一步说明这个道理，又举建屋、造船、筑城、开河、电学、化学、进化等七事逐一展开论述，其中在第二事造船之中用约一半的篇幅论述郑和下西洋，来阐释"知难行易"的道理。从而说明，孙中山重视从事革命和近代化国家建设者的心理建设。这是他对历次革命，尤其是辛亥革命七年以来教训总结而得出的结论。显然，孙中山对郑和下西洋的论述，是基于心理建设的需要，以郑和下西洋"为中国超前轶后之奇举"来说明中华民族具有"知行之难易"，⑦目的"是号召国人借鉴郑和下西洋开拓进取的优秀品质，激励我国人民的民族自豪感，克服困难，建设富强的国家"。⑧

三、对孙中山论郑和下西洋的分析

第一，关于孙中山论郑和下西洋的史料来源

① 中山大学历史系孙中山研究室等合编：《孙中山全集》第六卷，第 159 页。
② 中山大学历史系孙中山研究室等合编：《孙中山全集》第六卷，第 158 页。
③ 中山大学历史系孙中山研究室等合编：《孙中山全集》第六卷，第 158 页。
④ 中山大学历史系孙中山研究室等合编：《孙中山全集》第六卷，第 159 页。
⑤ 中山大学历史系孙中山研究室等合编：《孙中山全集》第六卷，第 159 页。
⑥ 中山大学历史系孙中山研究室等合编：《孙中山全集》第六卷，第 185 页。
⑦ 中山大学历史系孙中山研究室等合编：《孙中山全集》第六卷，第 159 页。
⑧ 时平：《孙中山论郑和下西洋》，《郑和研究》1987 年 12 月，总第五期，第 21 页。

孙中山在《建国方略》中有关郑和下西洋的论述共 380 字。从所述的内容考证，一部分来与《明史》有关，同时还包括其他的文献。把孙中山的论述与《明史·郑和传》内容比较，发现有四处与《明史·郑和传》记述有关系：

(1) 孙(中山)文："成祖以搜索建文，命太监郑和七下西洋。""示威海外"。

《明史》："成祖疑惠帝亡海外，欲踪迹之，且欲耀兵异域，示中国富强。"

(2) 孙文："其第一次自永乐三年六月始受命巡洋，至永乐五年九月而返中国。"

《明史》："永乐三年六月，命和及其侪王景弘等通使西洋……五年九月，和等还。"

(3) 孙文："至三佛齐而止。"

《明史》："五年九月，和等还，诸国使者随和朝见。和献所俘旧港酋长……旧港者，故三佛齐国也。"

(4) "据《明史》所载，其长四十四丈，宽十八丈。"

《明史》："造大舶，修四十四丈、广十八丈者六十二。"

从上述比较可以发现孙中山的论述，或依据《明史》而写，或依据其他的著述，从表达的方式分析，笔者推测不是直接参阅《明史》，而是源自他人采用《明史》研究的著作，还包括其他记述郑和下西洋的历史文献。从目前学术界对近世郑和研究的成果看，在孙中山之前已经发表一些有关郑和研究的著述，如 1903 年 9 月 30 日《大陆报》第 11 期发表的佚名《支那航海家郑和传》，1905 年 5 月 18 日《新民丛报》第 69 号刊登的"中国之新民"(梁启超)的《祖国大航海家郑和传》，1910 年 8 月 4 日云南(附刊)《滇系》第 20 号《典故》刊登的师范《三宝太监郑和传》，1911 年 1 月 30 日南洋群岛商业研究会杂志刊登的孙伯恒《郑和传》等。①孙中山对郑和下西洋论述有关内容是否与此有直接关系，比对之后尚难定论，至少可以说明当时存在研究和介绍郑和史迹的著述。这些著述资料来源不局限于《明史》，这从孙中山对郑和论述的内容中也可以发现。

如他关于郑和第一次下西洋的人数记为"二万八千余人"，与《明史》记载"二万七千八百余人"不一致。所述郑和出使大海船为"六十四艘"，与《明史》大舶"六十二"也不同。查阅早期有关郑和历史文献，凡有记录郑和出使人数和船舶数量的，均不是孙中山使用的数字，如马欢《瀛涯胜览》记载官军"二万七千六百七十员名"，宝船"六十三号"不一致。②《明实录》、费信《星槎胜览》、巩珍《西洋

① 邹振环：《支那航海家郑和传：近代国人研究郑和第一篇》，载《社会科学》2011 年第 1 期；朱鉴秋主编：《百年郑和研究资料索引》(1904～2003)，上海书店出版社，2005 年；朱惠荣：《师范：研究郑和的云南第一人》，《思想战线》2005 年第 4 期。

② 万明校注：《明钞本〈瀛涯胜览〉校注》，海洋出版社，2005 年，第 207 页。

番国志》以及江苏南京《静海寺残碑》、《御制弘仁普济天妃宫之碑》、太仓《通番事迹碑》、福建长乐《天妃灵应之记碑》均无具体数字记载，这进一步验证孙中山有关郑和下西洋论述的部分史料不是直接源于《明史》。

从孙文论述郑和的风格，笔者推断极有可能源自当时刊行的有关郑和著述。上述所列4篇文章，还难判断孙中山是否参阅过，但是可以断定20世纪一二十年代还刊行过我们迄今尚未发现的其他研究郑和著述，进而是否可以推论在当时拯救国家危亡的形势下，郑和下西洋事迹被人们作为增强民族自信、激励救国和建设近代化国家的民族精神象征？

第二，关于郑和下西洋的目的

孙中山写道："当明初之世，成祖以搜索建文，命太监郑和七下西洋。"从文字直接表述看，他认为郑和下西洋的目的是搜索建文的踪迹。但有两点令人思考，思考一是"当明初之世，成祖以搜索建文"的含义。从明初时代环境，用"以"搜索建文，使人不禁联想到《明史·郑和传》中对郑和下西洋目的的记载，"成祖疑惠帝亡海外，欲踪迹之，且欲耀兵异域，示中国富强。"[1]显然，孙中山"以搜索建文"表述可以蕴涵两种解读。一种表明索建文是郑和下西洋的目的；一种是用"以"的用意，是通过搜索建文帝反复下西洋，显示中国富强。思考二是通篇阅读孙中山对郑和下西洋的论述，其中有"为中国超前轶后之奇举"，"怀想当年三保之雄风遗烈者，可谓壮矣"，"视郑和之成绩为何如？"作为感叹的表述，孙中山用"以"是对《明史·郑和传》所记郑和下西洋目的表述一个完整的、并侧重于"欲耀兵异域，示中国富强"的认同。他从郑和下西洋的历史壮举中阐释20世纪初国民心理建设的道理。

第三，关于郑和第一次下西洋的航程

比照《明史·郑和传》的记载，孙中山有关郑和第一次下西洋的描述，依据来自《明史》，同时还参阅了其他文献记载。《明史》记述：

> 永乐三年六月，命和及其侪王景弘等通使西洋。将士卒二万七千八百余人，多赍金币。造大舶，修四十四丈、广十八丈者六十二。自苏州刘家河泛海至福建，复自福建五虎门扬帆，首达占城，以次遍历诸番国，宣天子诏，因给赐其君长，不服则以武慑之。五年九月，和等还，诸国使者随和朝见。和献所俘旧港酋长。帝大悦，爵赏有差。旧港者，故三佛齐国也，其酋陈祖义，剽掠商旅。和使使招谕，祖义诈降，而潜谋邀劫。和大败其众，擒祖义，献俘，戮于都市。[2]

孙中山在郑和第一次下西洋的时间上，与《明史》记载相同。这里值得注意的是，孙中山把郑和第一次出使的时间，从其"受命"（朱棣下诏）开始，与学术界

---

① 张廷玉等撰：《明史》卷三〇四《宦官·郑和传》。
② 张廷玉等撰：《明史》卷三〇四《宦官·郑和传》。

中把郑和船队从长乐"伺风开洋"作为起始不同。在迄今看到的早期研究中,如梁启超、师范等均把《明史》记载的受命时间作为首次出使的开端。[1]

在郑和第一次下西洋抵达的最远国家问题上,孙中山记述"至三佛齐而止"。显然是受到《明史》记述"五年九月,和等还,诸国使者随和朝见。和献所俘旧港酋长……旧港者,故三佛齐国也"的影响。在 20 世纪初期的研究中,梁启超在所列郑和下西洋年代表中把第一次下西洋最后到达的国家写为三佛齐,[2]而当时佚名《支那航海家郑和传》等却没有。从这唯一相同的记述,可推测孙中山的论述参阅过梁氏文论的可能,毕竟梁启超的文论在当时有重要的影响。

在第一次下西洋的描述中,孙中山对往返航程的时间进行推算,认为往返水程以及沿途留驻时间,"非十余个月不办"。从而推断郑和首次下西洋筹备不超过 14 个月时间,却能完成近 28 000 人物质准备,并建造 64 艘"巨大之海舶",实现下西洋,示威海外,是中国历史上的创举。他通过这些数据来反映中国人具有伟大创造力,达到振奋民族心理的激励作用。

第四,关于郑和下西洋船舶的分析

孙中山论述中有三处涉及郑和下西洋的船舶问题:对郑和出使的船舶称为"大海舶"或"大舶",此种多为历史文献称呼,如马欢《瀛涯胜览》、巩珍《西洋番国志》等;[3]认为下西洋的船舶数量有"大海船"64 艘,"造成六十四艘之大舶,载运二万八千人巡游南洋";关于"大海舶"的尺度,依据的是《明史》中"修四十四丈,广十八丈"的记载。

孙中山对郑和出使的"大海舶"提出三点"意推之"的分析:一是认为这种船舶的吃水深度"当在一丈以上";二是由船舶长宽和吃水深度推测其"积量总在四五千吨",这里的积量,是指总载重量或总排水量,他的见解,在郑和研究领域围绕郑和宝船的长期争论中,也代表了一种观点;三是在《明史》记载"大海舶"长度的基础上,提出"其长度则等于今日外国头等之邮船"。

孙中山通过以造船为事证,举例民国七年(1918 年)十月,上海中国船厂建造一艘 3 000 吨汽船,谓迄今华人所造"首屈一指"。[4] 与郑和下西洋所造之船比较,前者"效法泰西",借助近代科学和外国机器,[5]美国、日本、香港所造比之"大至数万吨者,不可胜数",[6]"其视郑和之成绩为何如?"引导国民从比较中"一观

① 梁启超:《祖国大航海家郑和传》,《饮冰室合集》专辑第三册,《饮冰室专辑之九》,中华书局,1936 年,第 4 页;师范:《三宝太监郑和传》,原载师范:《滇系·典故》第七册,转自于朱惠荣:《师范:研究郑和的云南第一人》,《思想战线》2005 年第 4 期,第 26 页。两者均把朱棣下诏时间"永乐三年六月"作为郑和首航下西洋开始的时间。
② 梁启超:《祖国大航海家郑和传》,《饮冰室合集》专辑第三册,《饮冰室专辑之九》,第 4 页。
③ 时平:《明马欢〈瀛涯胜览〉记述的船舶史料及学术价值》,载上海郑和研究中心:《郑和研究动态》2012 年第 1 期(总第 23 期),第 4 页。
④ 中山大学历史系孙中山研究室等合编:《孙中山全集》第六卷,第 186 页。
⑤ 中山大学历史系孙中山研究室等合编:《孙中山全集》第六卷,第 186 页。
⑥ 中山大学历史系孙中山研究室等合编:《孙中山全集》第六卷,第 187 页。

知行之难易也",①说明"知难"的心理建设之重要。

第五,对郑和下西洋的评价

孙中山对郑和下西洋的评价,是举郑和航海之中航程和造船的例证,从心理建设的角度进行针对性的评价。首先,指出郑和下西洋的规模和巡视示威海外,"为中国超前轶后之奇举",彰显了民族的心理,从中可以激发国民自信自强的民族意识;其次,强调"至今南洋土人犹有怀想当年三保之雄风遗烈者,可谓壮矣"。认识到郑和下西洋 500 多年后,对南洋仍有重要的影响,以此振奋民族精神。南洋是孙中山早期长期从事组织筹划、筹款、招募力量、指挥革命活动的重要基地,在他完成论述郑和的 1917 年 7 月之前,曾先后到过越南 9 次、新加坡 11 次、马来西亚 5 次、泰国 2 次,②与菲律宾、印度尼西亚、缅甸等地有密切的联系,所以对郑和下西洋在南洋的影响是亲身感受,深知"可谓壮矣"。孙中山在这里评价的目的是以此说明中国进行革命和建设时心理建设的重要作用。

四、结　语

孙中山有关郑和下西洋事例的论述,是基于对近代化国家宏伟蓝图《建国方略》的设计和规划,从心理建设角度向国民灌输"知难行易"道理及重要性。因此,运用的郑和下西洋材料是有限的,只选取了所需的内容,评价也围绕说明"行之非艰,知之惟艰"的结论论述,从而达到破除国人和党人"以吾之计划为理想空言而见拒也"的社会心理。③"故先作学说,以破此心理之大敌,而出国人之思想于迷津",④引导国民发扬中华民族优秀精神,"乃能万众一心,急起直追,以我五千年文明优秀之民族,应世界之潮流,而建设一政治最修明、人民最安乐之国家⋯⋯则其成功,必较革命之破坏事业为尤速、尤易也"。⑤ 对郑和下西洋的论述及评价,是为了激励和引导积弱涣散的国民及革命党人振奋精神,统一思想,沿着他制定的近代化国家建设道路前进。与 20 世纪初梁启超等人不同的是,《支那航海家郑和传》、《祖国大航海家郑和传》将传统史学的经世致用思想,运用到 20 世纪初国民意识的觉醒中,倡导史学革命。而孙中山则从民族精神中强调培育国民心理建设是革命成功和近代化国家建设的首要任务,从而使得近世郑和研究进入一种新的境界。

---

① 中山大学历史系孙中山研究室等合编:《孙中山全集》第六卷,第 187 页。
② 根据广东省哲学社会科学研究所历史研究室等合编《孙中山年谱》统计。中华书局,1980 年。
③ 中山大学历史系孙中山研究室等合编:《孙中山全集》第六卷,第 159 页。
④ 中山大学历史系孙中山研究室等合编:《孙中山全集》第六卷,第 159 页。
⑤ 中山大学历史系孙中山研究室等合编:《孙中山全集》第六卷,第 159 页。

Further Study about Sun Yat-sen' Discourse on the Zheng He's Voyages

Abstract: This article re-researched Sun Yat-sen's discourse about Zheng He's voyages. The papers proposed a new definition for Sun Yat-sen's discourse which is cited all the time in academic circles, that besides Mmingshi, Sun Yat-sen had used datas in other researches about Zheng He's voyages in the early 20th century. In this paper, it was raised that Sun Yat-sen's purpose by discussing Zhenghe's voyages, was as an example of the pioneering work to inspire and motivate the nation's self-confidence and national spirits.

Keywords: Sun Yat-sen, Zhenghe's Voyages, Research, Study

清末上海的北洋汽船航路

松浦　章*

（日本大阪　关西大学　5648680）

摘　要：北洋航路是清末上海国内航线的重要组成部分。日俄战争期间，垄断这条航线的主要是中国的轮船招商局和英国的太古公司及怡和洋行等。

本文通过《申报》中的"出船广告"分析了 1904 年 9 月到 12 月的 3 个月间，上海驶往黄海、渤海等北洋海域汽船的航行情况。中国的轮船招商局和英国的太古公司及怡和洋行排挤了其他的汽船公司，创造了北洋航路百分之八十的经营业绩。此外，从汽船的航行情况看，20 世纪初上海始发的北洋航路其主要目的地是山东的烟台和天津，作为"北洋三港"之一的牛庄港地位逐渐下降，与此相对比，德国占领下的青岛·胶州成为新的航行目的地，逐渐登上了北洋航运的舞台。

关键词：清末　上海　北洋航路　轮船招商局　太古洋行　怡和洋行

一、绪　言

同治十一年（1872 年）在上海创刊的《申报》第 26 号（1872 年 5 月 30 日、同治十一年四月二十四日）第一版刊登了题为《轮船论》的文章：

> 舟楫之利至轮船为已极矣，大则重洋巨海可以浮游而自如，小则长江、内河可以行走而无滞，其运载重物也为至便，其传递紧信也为至速，其护送急客也为至妥。①

该文指出了轮船也就是汽船在交通运输中的重要性，表明其在海洋以及长

---

* 作者简介：松浦　章（1947—　　），男，关西大学东西学术研究所所长，关西大学亚洲研究中心主任，关西大学文学部教授，文学博士，文化交涉学博士，研究方向：明清史、东亚海域交流史。

① 《申报》第一册，上海书店影印本，1983 年 1 月，第 97 页。

江和其他内陆河川中的航运能力和航行速度具有巨大的优势。这一时期,轮船、汽船作为交通手段在中国受到了更多的关注。19世纪后半期东亚海域中的汽船活动明显增加,最为活跃的是中国、朝鲜、日本间的航线。

1910年(宣统二年、明治43年),《汽船业》一文有如下介绍:

> 十九世纪前半期,在中国海面上行驶并从事外国贸易的船舶主要是帆船。当时清国外国贸易的中心上海,飘着外国旗帜的汽船还很少,唯有经伦敦、伊太利来上海的P.O会社的汽船。当时所见的帆船都为大型快船。主要靠它们往伦敦输送福州及汉口的新茶。由于"克里米亚"战争及印度骚乱的影响,P.O会社的轮船被征用作军用船。1858年以来,怡和洋行开始了上海航路,从事邮件和旅客的输送。1869年末,苏伊士运河开通,打破了东西隔绝的局面,清国的航运业也迎来了大发展,一直以来从事中国海运的帆船受到大打击,挪威帆船逐渐减少,法国邮船、德国邮船及北德劳埃德、汉堡亚米利加共同经营,开设了不莱梅(又汉堡)到上海的航路,其后,我日本邮船的横滨线、及墺太利、劳埃德、伊太利航业等诸会社的航路相继开始。到日清战役前后,远东航运业迎来有利时机,世界各国汽船会社争相将目光投向东方,特别是北清事变当时,越发激增。如挪威船,1900年到1905年五年间,来到远东地区的达一百六十只,吨数达十九万吨之多。日俄战争爆发后,更多的船舶来到远东。[1]

一直以来中国海上航运的主力都是传统的帆船,19世纪后半期以后,随着汽船登上航运舞台,这种状况随之改变。到了20世纪,欧美汽船会社纷纷开始经营中国沿海的航线。

有关这一重要转折时期,尤其日俄战争期间(1904年2月10日~1905年5月),以上海为中心的北洋航路的汽船运行情况,可以通过在上海刊行的《申报》中的"出船广告"来解析。

二、《申报》1904年9~12月由上海出港的 北洋航路汽船

清道光年间齐彦槐的《见闻续笔》卷二、先大夫梅麓公(齐彦槐)文钞中《海运南漕议》,有关长江口以外的海域有这样的描述:

> 出吴淞口、迤南由浙及闽粤皆为南洋,迤北由通海山东直隶及关东皆为

---

[1] 《水运、汽船业》,载《第一回支那年鉴(宣统三年中国年鉴)》,东亚同文会调查编纂部,1912年,第411页。

北洋,南洋多磯岛,水深浪巨,非鸟船不行,北洋多沙碛,水小礁硬,非沙船
不行。

可见,当时的人们把长江口作为北洋和南洋的分界点。长江吴淞口以南被
称作南洋,水深浪大,必须使用尖底海船——鸟船①才能航行。而由此往北的海
域则称为北洋,水深较前者浅,适合平底海船——沙船②航行。

整理 1904 年 9 月 1 日发行的《申报》第 11270 号到同年 12 月 31 日发行的
第 11392 号③的"出船广告",作成上海到北洋海域的汽船一览表表一。由此表,
试分析上海到黄海、渤海海域的汽船航行情况。

表一　1904 年 9～12 月上海出港北洋航路汽船一览

阳 历	农历	船 名	时刻	航 行 地	公 司	申报号数	页数
19040901	722	南 昌	晚	牛庄	太古公司	11270	4
19040901	722	新 丰		天津	招商局	11270	4
19040902	723	顺 和	晚	青岛	怡和行	11271	12
19040902	723	阜 利		胶州·烟台·天津	美最时行	11271	12
19040902	723	公 平		烟台·塘沽·天津	招商局	11271	12
19040902	723	新 丰		天津	招商局	11271	12
19040903	724	金 华	晚	威海·烟台·天津	太古公司	11272	20
19040903	724	公 平		烟台·塘沽	招商局	11272	20
19040905	726	北直隶	晚	胶州·烟台·天津	怡和行	11274	34
19040905	726	镇 江	晚	牛庄	太古公司	11274	34
19040905	726	芝 罘	晚	牛庄	太古公司	11274	34
19040905	726	保 定	晚	牛庄	太古公司	11274	34
19040905	726	福 州	晚	牛庄	太古公司	11274	34
19040905	726	嘉 兴	晚	烟台·天津	太古公司	11274	34
19040905	726	新 裕		大津	招商局	11274	34
19040906	727	安 徽	晚	胶州·烟台·天津	太古公司	11275	42
19040906	727	塘 沽		胶州	美最时行	11275	42
19040906	727	定 生	晚	牛庄	怡和行	11275	42
19040906	727	九 江	晚	牛庄	太古公司	11275	42

---

① 松浦章:《清代帆船沿海航运史的研究》,关西大学出版部,2010 年。
② 松浦章:《清代上海沙船航运业史的研究》,关西大学出版部,2004 年。
③ 《申报》第 78 册,上海书店影印,1985 年 10 月。

阳 历	农历	船 名	时刻	航 行 地	公 司	申报号数	页数
19040907	728	定 生	晚	牛庄	怡和行	11276	50
19040907	728	张家口	晚	威海·烟台·天津	太古公司	11276	50
19040907	728	保 定	晚	牛庄	太古公司	11276	50
19040908	729	达夫纳		牛庄	利康行	11277	58
19040908	729	胶 州		胶州·烟台·天津	美最时行	11277	58
19040908	729	连 升	晚	烟台·天津	怡和行	11277	58
19040908	729	泰 顺		烟台·天津	招商局	11277	58
19040908	729	宜 昌	晚	牛庄	太古公司	11277	58
19040908	729	通 州	晚	威海·烟台·天津	太古公司	11277	58
19040909	730	顺 和	晚	胶州	怡和行	11278	64
19040909	730	安 平		烟台·天津	招商局	11278	64
19040909	730	通 州	晚	威海·烟台·天津	太古公司	11278	64
19040909	730	四 川	晚	烟台·天津	太古公司	11278	64
19040909	730	泰 顺		烟台·天津	招商局	11278	64
19040910	801	鲤 门	晚	仁川	禅臣行	11279	72
19040910	801	达夫纳		牛庄	利康行	11279	72
19040910	801	通 州	晚	威海·烟台·天津	太古公司	11279	72
19040910	801	安 平		烟台·天津	招商局	11279	72
19040910	801	广 济		天津	招商局	11279	72
19040912	803	遇 顺		烟台·天津	招商局	11280	80
19040912	803	新 济		天津	招商局	11280	80
19040912	803	鲤 门	晚	仁川	禅臣行	11280	80
19040912	803	景 星	晚	烟台·天津	怡和行	11280	80
19040912	803	盛 京	晚	威海·烟台·天津	太古公司	11280	80
19040912	803	汉 阳	晚	牛庄	太古公司	11280	80
19040912	803	临 安	晚	牛庄	太古公司	11280	80
19040913	804	塘 沽		胶州	美最时行	11282	92
19040913	804	镇 安	晚	胶州·烟台·天津	太古公司	11282	92
19040914	805	乐 生	晚	牛庄	怡和行	11283	98
19040914	805	协 和		烟台·天津	招商局	11283	98
19040914	805	桂 林	晚	牛庄	太古公司	11283	98
19040915	806	青 岛		胶州·烟台·天津	美最时行	11284	104

阳　历	农历	船　名	时刻	航　行　地	公　司	申报号数	页数
19040915	806	金　华	晚	烟台·天津	太古公司	11284	104
19040915	806	新　裕	晚	烟台·天津	招商局	11284	104
19040916	807	顺　和	晚	青岛	怡和行	11285	110
19040916	807	乐　生	晚	牛庄	怡和行	11285	110
19040916	807	金　华	晚	威海·烟台·天津	太古公司	11285	110
19040916	807	青　岛		胶州·烟台·天津	美最时行	11285	110
19040916	807	爱　仁		烟台·塘沽	招商局	11285	110
19040917	808	乐　生	晚	牛庄	怡和行	11286	118
19040919	810	泰　顺		烟台·天津	招商局	11288	132
19040919	810	漳　州		牛庄	太古公司	11288	132
19040920	811	塘　沽		胶州	美最时行	11289	138
19040920	811	安　徽	晚	胶州·烟台·天津	太古公司	11289	138
19040920	811	通　州	晚	威海·烟台·天津	太古公司	11289	138
19040920	811	安　平		烟台·天津	招商局	11289	138
19040920	811	广　济		天津	招商局	11289	138
19040921	812	连　升	晚	烟台·天津	怡和行	11290	144
19040921	812	广　济		天津	招商局	11290	144
19040921	812	漳　州	晚	烟台·天津	太古公司	11290	144
19040921	812	益　生		烟台	怡和行	11290	144
19040922	813	连　升	晚	烟台·威海·天津	怡和行	11291	152
19040922	813	新　济		烟台·天津	招商局	11291	152
19040922	813	盛　京	晚	威海·烟台·天津	太古公司	11291	152
19040922	813	益　生		烟台	怡和行	11291	152
19040922	813	张家口	晚	威海·烟台·天津	太古公司	11291	152
19040923	814	胶　州		胶州·烟台·天津	美最时行	11292	158
19040923	814	顺　和		青岛	怡和行	11292	158
19040923	814	益　生		烟台	怡和行	11292	158
19040923	814	盛　京	晚	威海·烟台·天津	太古公司	11292	158
19040926	817	景　星	晚	烟台·天津	怡和行	11295	178
19040926	817	新　裕		天津	招商局	11295	178
19040926	817	湖　北	晚	牛庄	太古公司	11295	178
19040926	817	湖　南	晚	烟台·天津	太古公司	11295	178

阳　历	农历	船　名	时刻	航　行　地	公　司	申报号数	页数
19040927	818	协　和		烟台·天津	招商局	11296	184
19040927	818	镇　安	晚	胶州·烟台·天津	太古公司	11296	184
19040927	818	塘　沽		胶州	美最时行	11296	184
19040928	819	协　和		天津	招商局	11297	190
19040929	820	鲤　门	晚	仁川	禅臣行	11298	196
19040929	820	北直隶		烟台·天津	怡和行	11298	196
19040929	820	金　华	晚	威海·烟台·天津	太古公司	11298	196
19040929	820	临　安		牛庄	太古公司	11298	196
19040929	820	遇　顺		烟台·天津	招商局	11298	196
19040930	821	阜　利		胶州·烟台·天津	美最时行	11299	202
19040930	821	泰　顺		天津	招商局	11299	202
19040930	821	顺　和	晚	青岛	怡和行	11299	202
19040930	821	金　华	晚	威海·烟台·天津	太古公司	11299	202
19040930	821	临　安	晚	烟台·牛庄	太古公司	11299	202
19041001	822	乐　生	晚	牛庄	怡和行	11300	208
19041001	822	景　星	晚	烟台·天津	怡和行	11300	208
19041001	822	通　州	晚	胶州·烟台·天津	太古公司	11300	208
19041001	822	安　平		天津	招商局	11300	208
19041003	824	龙　门	晚	仁川	禅臣行	11302	220
19041003	824	盛　京	晚	威海·烟台·天津	太古公司	11302	220
19041003	824	重　庆		牛庄	太古公司	11302	220
19041003	824	广　济		天津	招商局	11302	220
19041003	824	新　济	晚	烟台·天津	招商局	11302	220
19041003	824	乐　生	晚	牛庄	怡和行	11302	220
19041004	825	安　徽	晚	青岛·烟台·天津	太古公司	11303	228
19041004	825	爱　仁		烟台·天津	招商局	11303	228
19041004	825	连　升		烟台·天津	怡和行	11303	228
19041004	825	龙　门	晚	仁川	禅臣行	11303	228
19041004	825	乐　生	晚	牛庄	怡和行	11303	228
19041004	825	塘　沽	晚	胶州	美最时行	11303	228
19041004	825	新　裕		天津	招商局	11303	228
19041007	828	青　岛		胶州·烟台·天津	美最时行	11306	246

阳　历	农历	船　名	时刻	航　行　地	公　司	申报号数	页数
19041007	828	顺　和	晚	胶州	怡和行	11306	246
19041007	828	新　裕		烟台·天津	招商局	11306	246
19041008	829	飞　鲸		烟台·天津	招商局	11307	252
19041008	829	张家口	晚	威海·烟台·天津	太古公司	11307	252
19041010	902	塘　沽	晚	胶州	美最时行	11309	264
19041010	902	嘉　兴	晚	牛庄	太古公司	11309	264
19041010	902	西　安	晚	牛庄	太古公司	11309	264
19041010	902	图　南		烟台	招商局	11309	264
19041011	903	镇　安	晚	胶州·烟台·天津	太古公司	11310	272
19041011	903	图　南		烟台	招商局	11310	272
19041012	904	泰　顺		天津	招商局	11311	278
19041013	905	安　平		烟台·天津	招商局	11312	286
19041013	905	遇　顺		天津	招商局	11312	286
19041014	906	景　星	晚	烟台·天津	怡和行	11313	294
19041014	906	胶　州		胶州·烟台·天津	美最时行	11313	294
19041014	906	阜　利		胶州	美最时行	11313	294
19041014	906	协　和		烟台·天津	招商局	11313	294
19041014	906	顺　和	晚	胶州	怡和行	11313	294
19041014	906	盛　京	晚	威海·烟台·天津	太古公司	11313	294
19041014	906	临　安	晚	牛庄	太古公司	11313	294
19041015	907	广　济		天津	招商局	11314	300
19041015	907	协　和		烟台·天津	招商局	11314	300
19041016	908	连　升	晚	烟台·天津	怡和行	11315	308
19041016	908	益　牛	晚	牛庄	怡和行	11315	308
19041016	908	新　济		烟台·天津	招商局	11315	308
19041017	909	运　升	晚	烟台·天津	怡和行	11316	314
19041017	909	益　生	晚	牛庄	怡和行	11316	314
19041017	909	新　济		烟台·天津	招商局	11316	314
19041018	910	爱　仁		烟台·天津	招商局	11317	322
19041018	910	新　济		天津	招商局	11317	322
19041018	910	安　徽		胶州·烟台·天津	太古公司	11317	322
19041018	910	通　州	晚	威海·烟台·天津	太古公司	11317	322

阳　历	农历	船　名	时刻	航　行　地	公　司	申报号数	页数
19041018	910	汉　阳	晚	牛庄	太古公司	11317	322
19041019	911	益　生	晚	牛庄	怡和行	11318	330
19041019	911	鲤　门		仁川	禅臣行	11318	330
19041019	911	通　州	晚	威海·烟台·天津	太古公司	11318	330
19041021	913	阜　利		胶州·烟台·天津	美最时行	11320	342
19041021	913	顺　和	晚	胶州	怡和行	11320	342
19041022	914	益　生	晚	牛庄	怡和行	11321	350
19041024	916	泰　顺		烟台·天津	招商局	11323	364
19041024	916	安　平		天津	招商局	11323	364
19041025	917	塘　沽		胶州	美最时行	11324	370
19041025	917	镇　安	晚	胶州·烟台·天津	太古公司	11324	370
19041025	917	安　平		天津	招商局	11324	370
19041027	919	泰　顺		烟台·天津	招商局	11326	384
19041027	919	广　济		天津	招商局	11326	384
19041028	920	顺　和	晚	胶州	怡和行	11327	390
19041028	920	盛　京		威海·烟台·天津	太古公司	11327	390
19041028	920	广　济		天津	招商局	11327	390
19041029	921	连　升	晚	烟台·天津	怡和行	11328	396
19041029	921	新　济		天津	招商局	11328	396
19041029	921	遇　顺		烟台·天津	招商局	11328	396
19041031	923	鲤　门		仁川	禅臣行	11330	412
19041031	923	景　星	晚	天津	怡和行	11330	412
19041031	923	遇　顺		烟台·天津	招商局	11330	412
19041031	923	新　裕		天津	招商局	11330	412
19041101	924	通　州	晚	胶州·烟台·天津	太古公司	11331	418
19041101	924	塘　沽		胶州	美最时行	11331	418
19041101	924	罗垒生		牛庄	来赐洋行	11331	418
19041101	924	安　徽		威海·烟台·天津	太古公司	11331	418
19041101	924	连　升	晚	烟台·天津	怡和行	11331	418
19041101	924	鲤　门		仁川	禅臣行	11331	418
19041102	925	协　和		烟台·天津	招商局	11332	426
19041103	926	公　平		烟台·天津	招商局	11333	434

阳　历	农历	船　名	时刻	航　行　地	公　司	申报号数	页数
19041103	926	连　升	晚	烟台·天津	怡和行	11333	434
19041104	927	顺　和	晚	胶州	怡和行	11334	442
19041104	927	公　平		烟台·天津	招商局	11334	442
19041104	927	胶　州		胶州·烟台·天津	美最时行	11334	442
19041106	929	广　济		天津	招商局	11336	456
19041106	929	安　平		天津	招商局	11336	456
19041107	1001	广　济		天津	招商局	11337	462
19041107	1001	安　平		天津	招商局	11337	462
19041108	1002	泰　顺		天津	招商局	11338	468
19041108	1002	塘　沽		胶州	美最时行	11338	468
19041108	1002	礼　文		牛庄	裕和公华伦行	11338	468
19041108	1002	广　济		天津	招商局	11338	468
19041109	1003	镇　安	晚	威海·烟台·天津	太古公司	11339	476
19041109	1003	广　济		天津	招商局	11339	476
19041110	1004	益　生	晚	牛庄	怡和行	11340	482
19041110	1004	泰　顺		天津	招商局	11340	482
19041111	1005	阜　利		胶州·烟台·天津	美最时行	11341	488
19041111	1005	顺　和	晚	胶州	怡和行	11341	488
19041111	1005	泰　顺		天津	招商局	11341	488
19041111	1005	新　济		天津	招商局	11341	488
19041112	1006	美利大		仁川	禅臣行	11342	496
19041112	1006	益　生	晚	牛庄	怡和行	11342	496
19041112	1006	安　平		天津	招商局	11342	496
19041112	1006	盛　京	晚	威海·烟台·天津	太古公司	11342	496
19041114	1008	景　星	晚	烟台·天津	怡和行	11344	512
19041114	1008	新　裕		烟台·天津	招商局	11344	512
19041114	1008	美利大		仁川	禅臣行	11344	512
19041115	1009	塘　沽		胶州	美最时行	11345	518
19041115	1009	美利大		仁川	禅臣行	11345	518
19041115	1009	景　星	晚	烟台·天津	怡和行	11345	518
19041116	1010	飞　鲸		烟台·天津	招商局	11346	526
19041116	1010	美利大		仁川	禅臣行	11346	526

阳　历	农历	船　名	时刻	航　行　地	公　司	申报号数	页数
19041117	1011	通　州	晚	胶州·烟台·天津	太古公司	11347	534
19041117	1011	飞　鲸		烟台·天津	招商局	11347	534
19041117	1011	协　和		天津	招商局	11347	534
19041118	1012	顺　和	晚	胶州	怡和行	11348	542
19041118	1012	青　岛		胶州·烟台·天津	美最时行	11348	542
19041119	1013	连　升	晚	烟台·天津	怡和行	11349	548
19041119	1013	顺　和	晚	胶州	怡和行	11349	548
19041121	1015	张家口	晚	烟台·天津	太古公司	11351	562
19041121	1015	连　升	晚	烟台·天津	怡和行	11351	562
19041121	1015	广　济		天津	招商局	11351	562
19041122	1016	塘　沽		胶州	美最时行	11352	568
19041122	1016	山　西	晚	胶州·威海·烟台	太古公司	11352	568
19041123	1017	张家口		天津	太古公司	11353	576
19041124	1018	新　济		天津	招商局	11354	582
19041124	1018	张家口	晚	天津	太古公司	11354	582
19041125	1019	胶　州		胶州·烟台·天津	美最时行	11355	588
19041125	1019	顺　和	晚	胶州	怡和行	11355	588
19041126	1020	盛　京	晚	天津	太古公司	11356	596
19041128	1022	安　平		天津	招商局	11358	612
19041129	1023	美利大		仁川	禅臣行	11359	618
19041129	1023	塘　沽		胶州	美最时行	11359	618
19041129	1023	泰　顺		烟台·天津	招商局	11359	618
19041130	1024	飞　鲸		烟台	招商局	11360	624
19041130	1024	新　裕		烟台·天津	招商局	11360	624
19041130	1024	美利大		仁川	禅臣行	11360	624
19041201	1025	普　济		天津	招商局	11361	630
19041201	1025	飞　鲸		烟台	招商局	11361	630
19041202	1026	景　星		天津	怡和行	11362	636
19041202	1026	顺　和		胶州	怡和行	11362	636
19041202	1026	阜　利		胶州·烟台·天津	美最时行	11362	636
19041202	1026	新　丰		天津	招商局	11362	636
19041202	1026	广　济		天津	招商局	11362	636

阳　历	农历	船　名	时刻	航　行　地	公　司	申报号数	页数
19041202	1026	重　庆	晚	天津	太古公司	11362	636
19041202	1026	西　安	晚	胶州·烟台	太古公司	11362	636
19041203	1027	广　济		天津	招商局	11363	644
19041203	1027	景　星		天津	怡和行	11363	644
19041203	1027	重　庆	晚	天津	太古公司	11363	644
19041204	1028	公　平		烟台·天津	招商局	11364	650
19041205	1029	公　平		烟台·塘沽	招商局	11365	656
19041206	1030	塘　沽		胶州	美最时行	11366	662
19041206	1030	公　平		烟台·塘沽	招商局	11366	662
19041208	1102	图　南		烟台	招商局	11368	674
19041208	1102	盛　京	晚	威海·烟台	太古公司	11368	674
19041209	1103	青　岛		胶州·烟台·天津	美最时行	11369	680
19041209	1103	图　南		烟台	招商局	11369	680
19041212	1106	安　平		烟台	招商局	11372	698
19041213	1107	塘　沽		胶州	美最时行	11373	704
19041213	1107	安　平		烟台	招商局	11373	704
19041215	1109	美利大		仁川	禅臣行	11375	716
19041216	1110	胶　州		胶州·烟台·秦皇岛	美最时行	11376	722
19041216	1110	顺　和		胶州	怡和行	11376	722
19041216	1110	重　庆		威海·烟台	太古公司	11376	722
19041217	1111	重　庆	晚	威海·烟台	太古公司	11377	728
19041219	1113	武　昌	晚	青岛·烟台	太古公司	11379	740
19041219	1113	广　济		烟台	招商局	11379	740
19041220	1114	塘　沽		胶州	美最时行	11380	746
19041220	1114	武　昌	晚	胶州·烟台	太古公司	11380	746
19041220	1114	阜　利	晚	胶州	美最时行	11380	746
19041221	1115	盛　京		威海·烟台	太古公司	11381	752
19041222	1116	海　定		烟台	招商局	11382	760
19041222	1116	武　昌	晚	胶州·烟台	太古公司	11382	760
19041223	1117	青　岛	晚	胶州·烟台·秦皇岛	美最时行	11383	766
19041223	1117	顺　和	晚	胶州	怡和行	11383	766
19041223	1117	海　定		烟台	招商局	11383	766

（续表）

阳　历	农历	船　名	时刻	航　行　地	公　司	申报号数	页数
19041227	1121	塘　沽		胶州	美最时行	11387	792
19041229	1123	海　晏		烟台	招商局	11390	804
19041230	1124	美利大		仁川	禅臣行	11391	810
19041230	1124	阜　利		胶州·烟台·秦皇岛	美最时行	11391	810
19041230	1124	顺　和	晚	胶州	怡和行	11391	810
19041231	1125	武　昌	晚	威海·烟台	太古公司	11392	816

如表一，1904年9月到12月的3个月间，共有480只汽船航行于北洋航路。对于该表的分析将在下一节详细论述。

三、1904年9～12月上海到北洋海域间航行汽船的特征

根据表一的统计，按照航行地的不同整理各汽船会社的运营情况，作成表二。

表二　1904年9～12月上海出港北洋航路汽船一览（按公司名）

阳　历	农历	船　名	时刻	航　行　地	公　司	申报号数	页数
19040902	723	顺　和	晚	青岛	怡和行	11271	12
19040916	807	顺　和	晚	青岛	怡和行	11285	110
19040923	814	顺　和		青岛	怡和行	11292	158
19040930	821	顺　和	晚	青岛	怡和行	11299	202
19040906	727	定　生	晚	牛庄	怡和行	11275	42
19040907	728	定　生	晚	牛庄	怡和行	11276	50
19040914	805	乐　生	晚	牛庄	怡和行	11283	98
19040916	807	乐　生	晚	牛庄	怡和行	11285	110
19040917	808	乐　生	晚	牛庄	怡和行	11286	118
19041001	822	乐　生	晚	牛庄	怡和行	11300	208
19041003	824	乐　生	晚	牛庄	怡和行	11302	220
19041004	825	乐　生	晚	牛庄	怡和行	11303	228
19041016	908	益　生	晚	牛庄	怡和行	11315	308
19041017	909	益　生	晚	牛庄	怡和行	11316	314
19041019	911	益　生	晚	牛庄	怡和行	11318	330

清末上海的北洋汽船航路

阳　历	农历	船　名	时刻	航　行　地	公　司	申报号数	页数
19041022	914	益　生	晚	牛庄	怡和行	11321	350
19041110	1004	益　生	晚	牛庄	怡和行	11340	482
19041112	1006	益　生	晚	牛庄	怡和行	11342	496
19041031	923	景　星	晚	天津	怡和行	11330	412
19041202	1026	景　星		天津	怡和行	11362	636
19041203	1027	景　星		天津	怡和行	11363	644
19040921	812	益　生		烟台	怡和行	11290	144
19040922	813	益　生		烟台	怡和行	11291	152
19040923	814	益　生		烟台	怡和行	11292	158
19040922	813	连　升	晚	烟台·威海·天津	怡和行	11291	152
19040908	729	连　升	晚	烟台·天津	怡和行	11277	58
19040912	803	景　星	晚	烟台·天津	怡和行	11280	80
19040921	812	连　升	晚	烟台·天津	怡和行	11290	144
19040926	817	景　星	晚	烟台·天津	怡和行	11295	178
19040929	820	北直隶		烟台·天津	怡和行	11298	196
19041001	822	景　星	晚	烟台·天津	怡和行	11300	208
19041004	825	连　升		烟台·天津	怡和行	11303	228
19041014	906	景　星	晚	烟台·天津	怡和行	11313	294
19041016	908	连　升	晚	烟台·天津	怡和行	11315	308
19041017	909	运　升	晚	烟台·天津	怡和行	11316	314
19041029	921	连　升	晚	烟台·天津	怡和行	11328	396
19041101	924	连　升	晚	烟台·天津	怡和行	11331	418
19041103	926	连　升	晚	烟台·天津	怡和行	11333	434
19041114	1008	景　星	晚	烟台·天津	怡和行	11344	512
19041115	1009	景　星	晚	烟台·天津	怡和行	11345	518
19041119	1013	连　升	晚	烟台·天津	怡和行	11349	548
19041121	1015	连　升	晚	烟台·天津	怡和行	11351	562
19040909	730	顺　和	晚	胶州	怡和行	11278	64
19041007	828	顺　和	晚	胶州	怡和行	11306	246
19041014	906	顺　和	晚	胶州	怡和行	11313	294
19041028	920	顺　和	晚	胶州	怡和行	11327	390
19041104	927	顺　和	晚	胶州	怡和行	11334	442

阳 历	农历	船 名	时刻	航 行 地	公 司	申报号数	页数
19041111	1005	顺 和	晚	胶州	怡和行	11341	488
19041118	1012	顺 和	晚	胶州	怡和行	11348	542
19041119	1013	顺 和	晚	胶州	怡和行	11349	548
19041125	1019	顺 和	晚	胶州	怡和行	11355	588
19041202	1026	顺 和		胶州	怡和行	11362	636
19041216	1110	顺 和		胶州	怡和行	11376	722
19041223	1117	顺 和	晚	胶州	怡和行	11383	766
19041230	1124	顺 和	晚	胶州	怡和行	11391	810
19101021	913	顺 和	晚	胶州	怡和行	11320	342
19040905	726	北直隶	晚	胶州·烟台·天津	怡和行	11274	34
19040901	722	新 丰		天津	招商局	11270	4
19040902	723	新 丰		天津	招商局	11271	12
19040905	726	新 裕		天津	招商局	11274	34
19040910	801	广 济		天津	招商局	11279	72
19040912	803	新 济		天津	招商局	11280	80
19040920	811	广 济		天津	招商局	11289	138
19040921	812	广 济		天津	招商局	11290	144
19040926	817	新 裕		天津	招商局	11295	178
19040928	819	协 和		天津	招商局	11297	190
19040930	821	泰 顺		天津	招商局	11299	202
19041001	822	安 平		天津	招商局	11300	208
19041003	824	广 济		天津	招商局	11302	220
19041004	825	新 裕		天津	招商局	11303	228
19041012	904	泰 顺		天津	招商局	11311	278
19041013	905	遇 顺		天津	招商局	11312	286
19041015	907	广 济		天津	招商局	11314	300
19041018	910	新 济		天津	招商局	11317	322
19041024	916	安 平		天津	招商局	11323	364
19041025	917	安 平		天津	招商局	11324	370
19041027	919	广 济		天津	招商局	11326	384
19041028	920	广 济		天津	招商局	11327	390
19041029	921	新 济		天津	招商局	11328	396

阳　历	农历	船　名	时刻	航　行　地	公　司	申报号数	页数
19041031	923	新　裕		天津	招商局	11330	412
19041106	929	广　济		天津	招商局	11336	456
19041106	929	安　平		天津	招商局	11336	456
19041107	1001	广　济		天津	招商局	11337	462
19041107	1001	安　平		天津	招商局	11337	462
19041108	1002	泰　顺		天津	招商局	11338	468
19041108	1002	广　济		天津	招商局	11338	468
19041109	1003	广　济		天津	招商局	11339	476
19041110	1004	泰　顺		天津	招商局	11340	482
19041111	1005	泰　顺		天津	招商局	11341	488
19041111	1005	新　济		天津	招商局	11341	488
19041112	1006	安　平		天津	招商局	11342	496
19041117	1011	协　和		天津	招商局	11347	534
19041121	1015	广　济		天津	招商局	11351	562
19041124	1018	新　济		天津	招商局	11354	582
19041128	1022	安　平		天津	招商局	11358	612
19041201	1025	普　济		天津	招商局	11361	630
19041202	1026	新　丰		天津	招商局	11362	636
19041202	1026	广　济		天津	招商局	11362	636
19041203	1027	广　济		天津	招商局	11363	644
19041010	902	图　南		烟台	招商局	11309	264
19041011	903	图　南		烟台	招商局	11310	272
19041130	1024	飞　鲸		烟台	招商局	11360	624
19041201	1025	飞　鲸		烟台	招商局	11361	630
19041208	1102	图　南		烟台	招商局	11368	674
19041209	1103	图　南		烟台	招商局	11369	680
19041212	1106	安　平		烟台	招商局	11372	698
19041213	1107	安　平		烟台	招商局	11373	704
19041219	1113	广　济		烟台	招商局	11379	740
19041222	1116	海　定		烟台	招商局	11382	760
19041223	1117	海　定		烟台	招商局	11383	766
19041229	1123	海　晏		烟台	招商局	11390	804

阳　历	农历	船　名	时刻	航　行　地	公　司	申报号数	页数
19040908	729	泰　顺		烟台·天津	招商局	11277	58
19040909	730	安　平		烟台·天津	招商局	11278	64
19040909	730	泰　顺		烟台·天津	招商局	11278	64
19040910	801	安　平		烟台·天津	招商局	11279	72
19040912	803	遇　顺		烟台·天津	招商局	11280	80
19040914	805	协　和		烟台·天津	招商局	11283	98
19040915	806	新　裕	晚	烟台·天津	招商局	11284	104
19040919	810	泰　顺		烟台·天津	招商局	11288	132
19040920	811	安　平		烟台·天津	招商局	11289	138
19040922	813	新　济		烟台·天津	招商局	11291	152
19040927	818	协　和		烟台·天津	招商局	11296	184
19040929	820	遇　顺		烟台·天津	招商局	11298	196
19041003	824	新　济	晚	烟台·天津	招商局	11302	220
19041004	825	爱　仁		烟台·天津	招商局	11303	228
19041007	828	新　裕		烟台·天津	招商局	11306	246
19041008	829	飞　鲸		烟台·天津	招商局	11307	252
19041013	905	安　平		烟台·天津	招商局	11312	286
19041014	906	协　和		烟台·天津	招商局	11313	294
19041015	907	协　和		烟台·天津	招商局	11314	300
19041016	908	新　济		烟台·天津	招商局	11315	308
19041017	909	新　济		烟台·天津	招商局	11316	314
19041018	910	爱　仁		烟台·天津	招商局	11317	322
19041024	916	泰　顺		烟台·天津	招商局	11323	364
19041027	919	泰　顺		烟台·天津	招商局	11326	384
19041029	921	遇　顺		烟台·天津	招商局	11328	396
19041031	923	遇　顺		烟台·天津	招商局	11330	412
19041102	925	协　和		烟台·天津	招商局	11332	426
19041103	926	公　平		烟台·天津	招商局	11333	434
19041104	927	公　平		烟台·天津	招商局	11334	442
19041114	1008	新　裕		烟台·天津	招商局	11344	512
19041116	1010	飞　鲸		烟台·天津	招商局	11346	526
19041117	1011	飞　鲸		烟台·天津	招商局	11347	534

清末上海的北洋汽船航路

阳　历	农历	船　名	时刻	航　行　地	公　司	申报号数	页数
19041129	1023	泰　顺		烟台·天津	招商局	11359	618
19041130	1024	新　裕		烟台·天津	招商局	11360	624
19041204	1028	公　平		烟台·天津	招商局	11364	650
19040903	724	公　平		烟台·塘沽	招商局	11272	20
19040916	807	爱　仁		烟台·塘沽	招商局	11285	110
19041205	1029	公　平		烟台·塘沽	招商局	11365	656
19041206	1030	公　平		烟台·塘沽	招商局	11366	662
19040902	723	公　平		烟台·塘沽·天津	招商局	11271	12
19040910	801	鲤　门	晚	仁川	禅臣行	11279	72
19040912	803	鲤　门	晚	仁川	禅臣行	11280	80
19040929	820	鲤　门	晚	仁川	禅臣行	11298	196
19041003	824	龙　门	晚	仁川	禅臣行	11302	220
19041004	825	龙　门	晚	仁川	禅臣行	11303	228
19041019	911	鲤　门		仁川	禅臣行	11318	330
19041031	923	鲤　门		仁川	禅臣行	11330	412
19041101	924	鲤　门		仁川	禅臣行	11331	418
19041112	1006	美利大		仁川	禅臣行	11342	496
19041114	1008	美利大		仁川	禅臣行	11344	512
19041115	1009	美利大		仁川	禅臣行	11345	518
19041116	1010	美利大		仁川	禅臣行	11346	526
19041129	1023	美利大		仁川	禅臣行	11359	618
19041130	1024	美利大		仁川	禅臣行	11360	624
19041215	1109	美利大		仁川	禅臣行	11375	716
19041230	1124	美利大		仁川	禅臣行	11391	810
19041208	1102	盛　京	晚	威海·烟台	太古公司	11368	674
19041216	1110	重　庆		威海·烟台	太古公司	11376	722
19041217	1111	重　庆	晚	威海·烟台	太古公司	11377	728
19041221	1115	盛　京		威海·烟台	太古公司	11381	752
19041231	1125	武　昌	晚	威海·烟台	太古公司	11392	816
19040903	724	金　华	晚	威海·烟台·天津	太古公司	11272	20
19040907	728	张家口	晚	威海·烟台·天津	太古公司	11276	50
19040908	729	通　州	晚	威海·烟台·天津	太古公司	11277	58

阳　历	农历	船　　名	时刻	航　行　地	公　司	申报号数	页数
19040909	730	通　州	晚	威海·烟台·天津	太古公司	11278	64
19040910	801	通　州	晚	威海·烟台·天津	太古公司	11279	72
19040912	803	盛　京	晚	威海·烟台·天津	太古公司	11280	80
19040916	807	金　华	晚	威海·烟台·天津	太古公司	11285	110
19040920	811	通　州	晚	威海·烟台·天津	太古公司	11289	138
19040922	813	盛　京	晚	威海·烟台·天津	太古公司	11291	152
19040922	813	张家口	晚	威海·烟台·天津	太古公司	11291	152
19040923	814	盛　京	晚	威海·烟台·天津	太古公司	11292	158
19040929	820	金　华	晚	威海·烟台·天津	太古公司	11298	196
19040930	821	金　华	晚	威海·烟台·天津	太古公司	11299	202
19041003	824	盛　京	晚	威海·烟台·天津	太古公司	11302	220
19041008	829	张家口	晚	威海·烟台·天津	太古公司	11307	252
19041014	906	盛　京	晚	威海·烟台·天津	太古公司	11313	294
19041018	910	通　州	晚	威海·烟台·天津	太古公司	11317	322
19041019	911	通　州	晚	威海·烟台·天津	太古公司	11318	330
19041028	920	盛　京		威海·烟台·天津	太古公司	11327	390
19041101	924	安　徽		威海·烟台·天津	太古公司	11331	418
19041109	1003	镇　安	晚	威海·烟台·天津	太古公司	11339	476
19041112	1006	盛　京	晚	威海·烟台·天津	太古公司	11342	496
19040901	722	南　昌	晚	牛庄	太古公司	11270	4
19040905	726	镇　江	晚	牛庄	太古公司	11274	34
19040905	726	芝　罘	晚	牛庄	太古公司	11274	34
19040905	726	保　定	晚	牛庄	太古公司	11274	34
19040905	726	福　州	晚	牛庄	太古公司	11274	34
19040906	727	九　江	晚	牛庄	太古公司	11275	42
19040907	728	保　定	晚	牛庄	太古公司	11276	50
19040908	729	宜　昌	晚	牛庄	太古公司	11277	58
19040912	803	汉　阳	晚	牛庄	太古公司	11280	80
19040912	803	临　安	晚	牛庄	太古公司	11280	80
19040914	805	桂　林	晚	牛庄	太古公司	11283	98
19040919	810	漳　州		牛庄	太古公司	11288	132
19040926	817	湖　北	晚	牛庄	太古公司	11295	178

阳　历	农历	船　名	时刻	航　行　地	公　司	申报号数	页数
19040929	820	临　安		牛庄	太古公司	11298	196
19041003	824	重　庆	.	牛庄	太古公司	11302	220
19041010	902	嘉　兴	晚	牛庄	太古公司	11309	264
19041010	902	西　安	晚	牛庄	太古公司	11309	264
19041014	906	临　安	晚	牛庄	太古公司	11313	294
19041018	910	汉　阳	晚	牛庄	太古公司	11317	322
19041219	1113	武　昌	晚	青岛·烟台	太古公司	11379	740
19041004	825	安　徽	晚	青岛·烟台·天津	太古公司	11303	228
19041123	1017	张家口		天津	太古公司	11353	576
19041124	1018	张家口	晚	天津	太古公司	11354	582
19041126	1020	盛　京	晚	天津	太古公司	11356	596
19041202	1026	重　庆	晚	天津	太古公司	11362	636
19041203	1027	重　庆	晚	天津	太古公司	11363	644
19040930	821	临　安	晚	烟台·牛庄	太古公司	11299	202
19040905	726	嘉　兴	晚	烟台·天津	太古公司	11274	34
19040909	730	四　川	晚	烟台·天津	太古公司	11278	64
19040915	806	金　华	晚	烟台·天津	太古公司	11284	104
19040921	812	漳　州	晚	烟台·天津	太古公司	11290	144
19040926	817	湖　南	晚	烟台·天津	太古公司	11295	178
19041121	1015	张家口	晚	烟台·天津	太古公司	11351	562
19041122	1016	山　西	晚	胶州·威海·烟台	太古公司	11352	568
19041202	1026	西　安	晚	胶州·烟台	太古公司	11362	636
19041220	1114	武　昌	晚	胶州·烟台	太古公司	11380	746
19041222	1116	武　昌	晚	胶州·烟台	太古公司	11382	760
19040906	727	安　徽	晚	胶州·烟台·天津	太古公司	11275	42
19040913	804	镇　安	晚	胶州·烟台·天津	太古公司	11282	92
19040920	811	安　徽	晚	胶州·烟台·天津	太古公司	11289	138
19040927	818	镇　安	晚	胶州·烟台·天津	太古公司	11296	184
19041001	822	通　州	晚	胶州·烟台·天津	太古公司	11300	208
19041011	903	镇　安	晚	胶州·烟台·天津	太古公司	11310	272
19041018	910	安　徽		胶州·烟台·天津	太古公司	11317	322
19041025	917	镇　安	晚	胶州·烟台·天津	太古公司	11324	370

阳　历	农历	船　名	时刻	航　行　地	公　司	申报号数	页数
19041101	924	通　州	晚	胶州・烟台・天津	太古公司	11331	418
19041117	1011	通　州	晚	胶州・烟台・天津	太古公司	11347	534
19040908	729	达夫纳		牛庄	利康行	11277	58
19040910	801	达夫纳		牛庄	利康行	11279	72
19041115	1009	塘　沽		胶州	美最时行	11345	518
19041122	1016	塘　沽		胶州	美最时行	11352	568
19041129	1023	塘　沽		胶州	美最时行	11359	618
19041206	1030	塘　沽		胶州	美最时行	11366	662
19041213	1107	塘　沽		胶州	美最时行	11373	704
19041220	1114	塘　沽		胶州	美最时行	11380	746
19041220	1114	阜　利	晚	胶州	美最时行	11380	746
19041227	1121	塘　沽		胶州	美最时行	11387	792
19041216	1110	胶　州		胶州・烟台・秦皇岛	美最时行	11376	722
19041223	1117	青　岛	晚	胶州・烟台・秦皇岛	美最时行	11383	766
19041230	1124	阜　利		胶州・烟台・秦皇岛	美最时行	11391	810
19041118	1012	青　岛		胶州・烟台・天津	美最时行	11348	542
19041125	1019	胶　州		胶州・烟台・天津	美最时行	11355	588
19041202	1026	阜　利		胶州・烟台・天津	美最时行	11362	636
19041209	1103	青　岛		胶州・烟台・天津	美最时行	11369	680
19040906	727	塘　沽		胶州	美最时行	11275	42
19040913	804	塘　沽		胶州	美最时行	11282	92
19040920	811	塘　沽		胶州	美最时行	11289	138
19040927	818	塘　沽		胶州	美最时行	11296	184
19041004	825	塘　沽	晚	胶州	美最时行	11303	228
19041010	902	塘　沽	晚	胶州	美最时行	11309	264
19041014	906	阜　利		胶州	美最时行	11313	294
19041025	917	塘　沽		胶州	美最时行	11324	370
19041101	924	塘　沽		胶州	美最时行	11331	418
19041108	1002	塘　沽		胶州	美最时行	11338	468
19040902	723	阜　利		胶州・烟台・天津	美最时行	11271	12
19040908	729	胶　州		胶州・烟台・天津	美最时行	11277	58
19040915	806	青　岛		胶州・烟台・天津	美最时行	11284	104

阳　历	农历	船　名	时刻	航　行　地	公　司	申报号数	页数
19040916	807	青　岛		胶州·烟台·天津	美最时行	11285	110
19040923	814	胶　州		胶州·烟台·天津	美最时行	11292	158
19040930	821	阜　利		胶州·烟台·天津	美最时行	11299	202
19041007	828	青　岛		胶州·烟台·天津	美最时行	11306	246
19041014	906	胶　州		胶州·烟台·天津	美最时行	11313	294
19041104	927	胶　州		胶州·烟台·天津	美最时行	11334	442
19041111	1005	阜　利		胶州·烟台·天津	美最时行	11341	488
19101021	913	阜　利		胶州·烟台·天津	美最时行	11320	342
19041108	1002	礼　文		牛庄	裕和公华伦行	11338	468
19041101	924	罗垒生		牛庄	来赐洋行	11331	418

根据表二可以看出各社的汽船航运状况。

怡和行是怡和洋行（Jardin，Matheson & Co.，Ltd.）所设立的怡和轮船公司，英文名为：Indo-China Steam Navigation Co. Ltd.。怡和行使用顺和号，往青岛·胶州航路进行了18次航行。在往烟台、威海卫、天津等山东半岛北部航线上，使用景星、益生、北直隶、连升、运升等船，进行了22次航行，到渤海湾东部的牛庄航线，则使用定生、乐生、益生进行了14次航行。

招商局也就是众所周知的轮船招商局，使用新丰、新裕、新济、广济、协和、泰顺、安平、遇顺、普济等船，共进行96次航海活动。往烟台的主要是图南、飞鲸、安平、广济、海定、海晏6船，共航行12次，经由烟台到达天津或塘沽的航行共有40次，使用泰顺、安平、遇顺、协和、新裕、新济、爱仁、飞鲸、公平等船。在山东半岛海域，只有直行烟台或者在烟台中转的情况，没有在胶州和青岛入港以及中转的情况。

禅臣行也就是禅臣洋行，指禅臣公司也就是Simssen & Co.。鲤门、龙门和美利大3只汽船共航海16次，全部是前往朝鲜半岛西岸的仁川。当时上海到朝鲜半岛的航线，只有禅臣洋行的仁川航线。

太古公司也就是太古轮船公司（China Navigation Co.，Ltd.），是英国利物浦的公司John Swire & Sons Limited 1872年为了经营长江水运而设立的汽船公司。太古洋行的汽船由山东半岛北部的威海卫和烟台入港，停泊后驶往天津。这条航路上航行的汽船主要是盛京、重庆、武昌、张家口、通州、安徽、镇安、金华8艘汽船，共进行了27次航行。同时还经营在胶州中转到烟台和天津的航线，使用山西、西安、武昌、安徽、镇安、通州6艘汽船，进行了14次航行。往东北地区牛庄港，共有19次航行，使用汽船为宜昌、汉阳、西安、重庆、嘉兴、临安等。

利康行使用名为达夫纳的汽船往牛庄航行2次。

美最时行也就是美最时洋行（Melchers China），使用塘沽、阜利、青岛、胶州4只汽船进行了36次航行，主要利用的港口为胶州。

表三　1904 年 9～12 月上海北洋航路运航汽船只数（按公司分）

招商局	太古公司	怡和洋行	美最时洋行	禅臣行	其　他	合　计
96	74	62	36	16	4	288
33.4%	25.6%	21.5%	12.5%	5.6%	1.4%	100%

可见，从上海至北洋的航线上，轮船航行最多的是中国招商局。其次是英国的两大公司太古公司和怡和洋行（表三）。整理这些公司北洋航路的航行地可以探讨这些公司对哪些地区更为重视。这一时期，从上海始发的北洋航线比较重视的地区是山东烟台和华北的天津。表四是根据《申报》的"出船广告"按照航行目的地统计而成的，也包括中间的停靠港。

表四　1904 年 9～12 月上海北洋航路汽船只数（按目的地分）

青岛	胶州	烟台	威海卫	天津	塘沽	牛庄	仁川	合计
6	64	141	31	115	5	38	16	416
1.4%	15.5%	33.9%	7.5%	27.6%	1.2%	9.1%	3.8%	100%

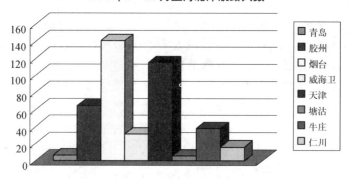

1904 年 9～12 月上海北洋航路只数

由此看出，1904 年 9～12 月，上海始发的北洋航路的汽船最大目的地是山东半岛的烟台，其次是天津。青岛由于尚处于发展之中，并非是上海始发的航线的必经之地。

山东烟台之前被称为芝罘，日本有一些关于芝罘的记录，以下是《官报》第2076 号，1890 年 6 月 3 日刊登的《芝罘商业习惯及例规》：

　　关于芝罘商业上的习惯和例规，当地帝国领事代理能势辰五郎在本年四月二十一日，作如下报告（外务省）。

　　芝罘港（芝罘最初是烟台租借对面的一座山岛，外国人叫此山岛为芝罘，清人称之为烟台），位于山东商省东北部。北纬三十七度三十五分五十六秒，东经一百二十四度二十二分三十三秒，与朝鲜国京畿道北部相对，寒暑酷烈。夏季需用帷子，冬季海港结冰。隶属于山东省登州府福山县，距今四十年前，还是海砂所形成的荒芜之地。仅仅是渔人居住和往来、篷船避风汲水临时停泊的地方。

道光末年，船舶交通，商工移民逐渐增多，到咸丰十年（万延元年），烟台开港，为了外国贸易而新设东海关税务局。同治二年（文久三年），由登莱青兵备道成为海关总督，改为登州府所治，内外人民纷纷到来，修建家园开设店铺，各种营业者逐渐增加，到今天，已经成为北洋三港（天津、牛庄、芝罘）的繁华之地。现在的人口，居住的清国人有三万六千人，一时停留的船员等四千人，合计四万人左右。

本港扩大了输出入货物的集散区域，但仅限于本省、南直隶、河南、山西的小部分，其贸易不如上海、天津、汉口诸港旺盛。但一年里通过海关的输出入额，有一千二三百万两，如果加上与菜船运输相关的沿海贸易额，最少也能达到二千万两上下。开港以来，当港的贸易都被外商掌握，现在清商也准备了数十万两资金，巧妙地运转商机，渐渐恢复了商权，总输出入额的十分之六已经回归到清国人手中。十余年前，有二十家外国商馆，逐年减少，现在只剩下七家。

（德国商宝兴洋行以五六万两的资本起家，长久以来从事当港贸易，得到充分的利益后解散公司回国，而后其余业没有继承者。与此相反，清商得势，兴起产业的人一年比一年多，还将人员派往清国各港及日本朝鲜，雇用外国汽船及帆船，运输货物和进行买卖，非常活跃，与外国人三十年前经营烟台的情况相同）。过去十五年以来，日本和芝罘之间的贸易从一年输入额仅十二万两到十六万两上下，一跃为四十二万四千四百五十九两。

然而从当港贸易情况的全体看，其额仍然甚少。日本与芝罘的贸易，由于有日本邮船会社的汽船进行定期航海，日本商人占有较多便利，但商权仍然未掌握在我商人手中，这对我商人充分投入资本从事当港贸易实属困难。我商权的扩张尚显不足。当前最应瞩目的是，三井物产会社支店必须积累与其他清国人竞争的实力和忍耐力。

山东省东北部的芝罘源于外国人的称呼，中国人称之为烟台，隶属于山东省登州府福山县，19世纪中期之前一直是渔民停靠渔船的港口。道光末年，船舶的往来逐渐增加。咸丰十年（1860年）随着烟台开港，与外国的贸易日益繁盛，新设了管辖山东沿海的税务局"东海关"。19世纪末，烟台港作为与天津、牛庄齐名的"北洋三港"之一受到世人瞩目。1890年，中国居民有36 000人，与此相对，短期居留的外国人达到4 000人。

从上文的表格可以看出芝罘与上海之间汽船往来的繁盛情况。

四、小　　结

综上所述，本文分析了1904年9月到12月的3个月间，上海驶往黄海、渤海等北洋海域汽船的航行情况。这一时期，垄断该地区汽船航运的主要是中国的轮船招商局和英国的太古公司及怡和洋行。他们的经营排挤了其他的汽船公司,创造了北洋航路百分之八十的经营业绩。此外,从汽船的航行情况看,20 世纪初上海始发的北洋航路其主要目的地是山东的烟台和天津,作为北洋三港之一的牛庄港地位逐渐下降,与此相对,德国占领下的青岛·胶州成为新的航行目的地,逐渐登上了北洋航运的舞台。

（翻译：杨蕾　关西大学文学研究科东洋史博士研究生）

The Steamship Line from Shanghai to the Northern Waters Late Qing Dynasties

Abstract：Steamer Line from Shanghai to Northern Waters is an important part of domestic routes in Late Qing. During the Russo-Japanese War，the line was mainly in the possession of China Merchants Steam Navigation Company of China，Swire Pacific of the United Kingdom and Jardine Matheson.

This paper referred to boats' voyage ads on Steamer Line from Shanghai to Northern waters in *Shen Bao* during september to december in 1904. It was found that China Merchants Steam Navigation Company，Swire Pacific of the United Kingdom and Jardine Matheson，freezing out other companies，mainly possessed the Steamer Line and played 80％ of business performance on the Line. It was also discovered that Yantai in Shandong province and Tianjin were the major destinations for boats sailing from Shanghai on Northern Waters. Niuzhuang' position as one of three important harbours in Northern Waters， decreased. On the contrary，Qingdao and Jiaozhou which was in the control of Germany，became new destinations and gradually ascended the northern shipping stage.

Keywords：Late Qing，from Shanghai to Northern Steamer Line，China Merchants Steam Navigation Co.，Swire Pacific of the United Kingdom， Jardine，Matheson & Co.

近代上海外滩城区的意象分析

武　强[*]

（河南开封　河南大学黄河文明与可持续发展研究中心　475001）

摘　要：近代上海是中国最大的城市、工商业经济的中心，其中以外滩城区最为发达，也是上海城市的中心区域。从上海开埠时起的近百年发展，外滩城区实现了由对外贸易中心区域，向商业中心区域的演变，在上海城市中占据了关键性地位，并在极大地影响着近代上海的城市规划。从城市意象的研究方法出发，可以发现外滩城区对边界、道路、区域、节点、标志物等五个意象元素的承担，对外滩城区地位的认知由精英分子的意象形成开始，逐渐普及到一般大众，最终确立了它在物质形态、精神层次两个方面对上海城市形象的代表。

关键词：城市意象　近代上海　外滩　中心区域

　　近代上海经过百余年的发展，几乎是奇迹式的由一个黄浦江边的县城一跃而成为中国最大的城市、经济中心。在这一过程中，伴随着日益发达的对外贸易，上海城市的重要地位最终形成，并由此带动了城市区域的迅速扩张：从1842年之前局限于城墙内的旧县城，发展成为1937年前后的国际化大都市。上海城市扩张的过程中，逐渐形成了自己新的城市中心。华界与租界经济地位的转换，使得老县城不断被边缘化，租界成为上海新的中心区域，其中表现最为明显的，是开埠初期上海最早的租界——外滩城区。这一片原本是泥泞沼泽的河滩，经过近百年的建设，成为上海的代表，观察上海的窗口。

　　虽然现代外滩的地位已经非常稳固，但在近代上海城市变迁的过程中，观察者们是如何看待这一新兴的城区，外滩在观察者的心目中的意象经历了怎样的变迁，外滩如何由一个荒凉的郊区进而转变为上海的城市中心，是值得考察的问题。城市的物质形态固然重要，但它与观察者的互动，形成了明确的意象结构和认知地图，才更能深刻地建构起自己的精神形态。这正是本文所运用的城市意象理论的长处。

---

[*] 作者简介：武强（1980—　），男，河南省西平县人，历史学博士，现为河南大学黄河文明与可持续发展研究中心讲师，主要研究方向：近代经济地理学、城市史。

一、绪　论

(一) 理论基础和研究现状

城市意象(the Image of the City)理论认为：人们通过与城市环境的双向交流，进而形成意象，并逐步认识城市本质；城市的总体形态，有其一定的结构，通过道路、边界、区域、节点和标志物等五项要素，可供人们观察城市并产生系统的城市意象。这一研究方法，即实证与辩证、定量与定性的统一。① 城市意象理论自凯文·林奇(Kevin Lynch)于 1960 年代提出后，得到了广泛的传播，被运用于城市规划、建筑学理论、园林与景观设计等各方面。虽然它大量运用心理学等跨学科的方法，是一种"非规范性"的研究范式，②但并无损于它在城市地理学研究中的地位。

林奇的工作中对意象要素的直觉鉴别方法也遭到不少批评，而且试图将许多不同背景不同经历的人的意象叠加在一起的合理性也受到质疑，但他的研究方法却被广泛采用，"并由此导出了一系列有关城市构造意象的讨论"。③ 综合看来，由于城市意象理论着重于定性分析，有相应的条件可应用于历史城市地理学研究。而当下对城市意象的实证研究，主要是关注精英们城市意象的叠加，因为他们有相似的经历和感受，这种方法则有其合理性。

在历史城市地理方面的研究成果也有不少，如对清末西北重镇的西安、近现代变迁下的老北京、西北边境城市乌鲁木齐，以及其他古代城市的研究等，④着重于按照五个基本元素，将完整的城市按理论分解为五个元素，是一种重新系统化的研究方式。虽然这是对理论的扩展运用，也取得了一定的成果，但尚须进一步深入理解该理论，进而更加灵活和有效地加以应用。对当代上海城市意象的研究相对较少，只有少数论文中有所提及，且仅见有一两篇关于这方面的毕业论文等。⑤ 可以说，对近代上海的城市意象研究，还是需要更加深入地加以拓展。

---

① ［美］凯文·林奇著，方益萍、何晓军译：《城市意象》，华夏出版社，2001 年，第 1 - 12 页；杨健、戴志中：《凯文·林奇城市意象研究方法辨析》，《重庆建筑大学学报》2007 年第 2 期。

② 许学强：《城市地理学》，高等教育出版社，1997 年，第 251 页。

③ 顾朝林、宋国臣：《北京城市意象空间及构成要素研究》，《地理学报》2001 年第 1 期。

④ 张伟然：《唐人心目中的文化区域及地理意象》，载李孝聪主编：《唐代地域结构与运作空间》，上海辞书出版社，2003 年；张晓虹：《旧秩序衰解前的内陆重镇——晚清西安城市意象解读》，《陕西师范大学学报》2010 年第 4 期；王长松：《18 世纪中叶至 20 世纪中叶乌鲁木齐城市与区域意象研究》，《干旱区资源与环境》2009 年第 6 期；李刚：《中古乐府诗中的城市意象》，《中国历史地理论丛》2005 年第 4 期；王均：《现象与意象：近现代时期北京城市的文学感知》，《中国历史地理论丛》2002 年第 2 期。

⑤ 丘晟、赵秀恒：《城市意象与城市结构(以上海的研究为例)——一种结构主义的城市观》，同济大学硕士论文，2000 年；沈福煦：《城市意象——城市形象及其情态语义》，《同济大学学报(社会科学版)》1999 年第 3 期，第 19 - 23 页。

通过对上古、近代的个案城市研究,可以发现它们所使用的分析方法,均是以整个城市为研究对象,以城市意象的五个要素为线索,分别讨论城市中这五个要素的结构。一般来说,城市的某一部分,往往仅被认为承担着一种元素类型。本文则从另一个角度,即选择上海城市中的重要组成部分——外滩为研究对象,将这一近代上海的中心城区单独列出,探讨它在上海城市发展过程中,同时承担五种元素的状况及演变过程,进而更深入理解近代上海城市发展的脉络与机理,为当下的上海城市发展提供参考。

(二)本文的研究对象和范围

本文的研究对象,集中于近代上海的外滩城区。主要原因在于,近代上海的城市范围变动很大,难以用整个上海来进行跨越百年的探讨,而外滩城区的范围比较固定,便于进行研究,进而也能够更加深入地运用城市意象理论,探讨它在上海城市发展中的代表性意义。

外滩城区位于英租界(后英租界与美租界合并,统称公共租界)的核心区域,经过四次扩张,英租界从仅仅局限于外滩城区,扩展了数十倍;英租界的管理者是工部局,最早是专门负责城市建设的"道路码头委员会",后为避免与中国政府在主权上发生矛盾,经改组后命名为工部局。但它的职权已经不仅仅负责城市建设,而是扩展至上海城市生活的各个方面,成为英租界的真正统治者。[①]

本文研究的时间范围,包括了自 1842 年上海开埠,到 1937 年抗日战争爆发,共计近百年的时间,这是近代上海发展的黄金时期,它直接奠定了当代上海城市的基础。1937 年后因为战争原因,城市建设等各方面受到较大的影响与破坏,无法进行正常的分析,故不再考虑在内。

二、近代外滩城区变迁略论

开埠之后的数十年时间内,英租界将自己的发展重心放在了外滩一带,主要的港区也在外滩,后逐渐由此向外转移。贸易的兴盛,导致租界尤其是外滩城区的不断发达;同时,由于国内形势的变化,大量中国人口涌入租界,也使得租界迅速成为上海新的经济中心。

(一)外滩城区发展与贸易的联系

外滩一带在开埠之前,"沿浦之地,多旧式船厂、木行,其后面皆稻田、棉花田,更后稍远处有一小村落","地面大多卑湿,不可即居","初为一片沮洳",[②]仍然一片农村郊野景象。截至 1856 年,"租界面积,从吴淞江(即苏州河)起至洋泾

---

① 武强:《近代上海港城关系研究(1842~1937)》,复旦大学博士毕业论文,2011 年。
② 胡祥翰编:《上海小志》卷一《上海开港事略》,上海古籍出版社,1989 年,第 1-2 页。

浜止,后面仅至江西路止",①可知虽然 1846 年 9 月 24 日,英租界已经开筑"边路"(今河南中路)为西界,②但真正的城市范围,仍然很小。不过,早在 1845 年,对于刚刚开埠的上海,已有时人已经开始指出它建设港口的条件:"吴淞河(此处指黄浦江)对岸皆是田地,尚未开放建筑。沿河地带,长一里半,已规划为外国商人建筑用地。该地带含市东北郊部分,距市区不到一里地。地点很好,空气新鲜,易于装船卸货"。③

以此为基础,外滩城区作为英租界的代表,因贸易的兴旺迅速扩张,并显现出自己的特点:"所有货物都要由苦力扛到船上,而苦力的报酬是根据其所行走的路程长短来计算的。这就可以理解,所有商人都愿意尽量靠河而居。商人的商业活动和生活都集中在英租界,因为英租界在法租界和美租界之间,所以它只能往内陆方向伸展,而这个方向也还有许多其他人的产业,由此造成坐落在河边的房子和宅基地价涨到不可理喻的程度,哪怕是最远处的街上的一栋房子,一年的房租起码要 6 000 塔勒,而要租新房子或买基地和地产,根本就没有可能性"。④

上海开埠初期,对外贸易仍为帆船贸易,由于货物不多,外滩作为港区是可以满足需求的;因此主要集中于外滩地带,"上海租界本身在各方面都出现明显的活跃和繁荣的迹象,每个关心其兴盛的人都必然对此感到满意。在营业时间内,浦江附近的马路上难得不听见外国车辆的隆隆响声,也难得不充满了肩挑重担的苦力们。在华商店铺和商号所在的较近的中心的马路上,始终是人来人往,摩肩接踵,还拥挤着坐轿子的和推独轮小车的忙碌的中国人,其拥挤现象可以同我们西方的一个拥有许多拥挤市场的城市的情形相媲美。通道上每一块可用的空地是如此的宝贵,以致人们普遍抱怨,尽管道路已宽达 25 到 50 尺,但对他们的需要来说还是太窄了。回想一些年之前在向第一批殖民者分配土地时,巴富尔领事曾因拒绝接受只要留出一条恰够装一包货物的马车通过的道路的意见,而被吵吵闹闹的抗议者所困扰的情形,两者形成了有趣的对比",⑤上海港城关系的紧密程度,可以与前述景观作对比。

租界外滩城区在开埠之初,市政(以马路为代表)建设,也是与港口码头建设相配合的:"夷场……修治车路甚平整,沿黄浦江一带口岸,用大木植桩,贯穿铁链,排到十余里,广数丈,其码头恰与轮船相当,可用马车径运货物至轮船,无须

---

①　胡祥翰编:《上海小志》卷一《上海开港事略》,上海古籍出版社,1989 年,第 1 页。
②　徐公肃、丘瑾璋:《上海公共租界制度》,载蒯世勋等编著:《上海公共租界史稿》,上海人民出版社,1980 年,第 7 页。
③　[英]施美夫著,温时幸译:《五口通商城市游记》,北京图书馆出版社,2007 年,第 110 页。
④　《1861:斯庇思(Gustav Spiess)游记中的上海》,载王维江、吕澍辑译:《另眼相看:晚清德语文献中的上海》,上海辞书出版社,2009 年,第 61－62 页。
⑤　《领事麦华陀 1868 年度上海港贸易报告》,载李必樟译编,张仲礼校订:《上海近代贸易经济发展概况:1854～1898 年英国驻上海领事贸易报告汇编》,上海社会科学院出版社,1993 年,第 181－182 页。

驳船也"。① 这使得租界的道路"向港性"表现得非常明显，1855 年的外滩由南而北，北京路、南京路、九江路、汉口路、福州路、广东路等等，在其临浦江的尽头，均有一两座码头，便于装卸货物。②

外滩的港区与城区，直到 1879 年前后，仍然是连在一起的，虽然城区的扩张，已经使居住区与商业区的外滩日益分离："凡是买得起房子的人在郊区买一幢别墅，每天到市区办公的生活方式，已愈来愈成为一种风尚。现在上海所有的贸易几乎都是在外滩或其附近的洋行里做成的。坐落在离黄浦江较远的街道上的大多数洋房已被拆毁并改建为中国人的店铺和住房。上海既没有许多漂亮的公共建筑，1879 年期间也没有新建的什么房屋可供我们夸耀。"③

1862 年 10 月，江海关河泊司已向工部局提出，由于"租界面貌的巨大变化，尤其较为突出的是在人口方面，西人和本地华人两者都在增长，以及在贸易方面更为令人振奋的发展"，但港口体系则有待完善，因为"当今上海有成为北部和中部贸易巨大商业中心的可能，显然早期居民的安排，尽管经常有所改进，但是完全不足以满足广泛而庞大的运输量增长的要求"，目前的码头体系，对日益增长的贸易说，是一个严重障碍，因此"我的注意力当然更多地引到过去和现在运送、装卸商品的安排状况和设备状况，总之被引到码头和运货船的整个体系"，根据上海的远景发展，他提出，"增加码头的数量仅能部分解决出现的弊端"，最好的解决办法则是，"外滩要向外扩充，使它的堤岸线伸入河道远至能使一切大小船只在堤岸外侧停泊，并在那里装卸货物"，这项建议"将构成一个核心，一切次要的实际的细节都将围绕它为中心，以完成这项事业的计划"，④对此，除了部分条款之外，工部局基本表示赞同。⑤

总之，到 1866 年前后，英租界经过第二次扩展后的近二十年发展，已经将原有的乡村面貌进行了彻底的改造，⑥外滩城区与港区并存的格局逐渐确立。

（二）外滩城区的改造和规划设想

上海开埠以来，外滩是进出口货物装卸的主要场所，随着外滩城区的发展，如何处理与港区的关系，便开始成为一个问题。尤其是在轮船航运出现之后，庞大的货物装卸量，直接影响到外滩一带的景观。

1865 年，位于洋泾浜北岸、公共租界外滩的南端的丰裕洋行，为了能使自己产业前的浦江码头停泊轮船，曾经向工部局提出，"本洋行要拥有专有权在上述新外滩停靠驳船，以便让靠岸轮船装卸货物；有权有新外滩外侧附近或前面铺设

---

① ［清］黄楙材：《沪游脞记》，上海书店，1984 年，第 559 页。
② 张伟等编著：《老上海地图》，上海画报出版社，2001 年，第 37 页。
③ 《副领事阿连璧 1879 年度上海贸易报告》，载李必樟译编，张仲礼校订：《上海近代贸易经济发展概况：1854～1898 年英国驻上海领事贸易报告汇编》，上海社会科学院出版社，1993 年，第 552 页。
④ 《工部局董事会会议录》第一册，1862 年 10 月 22 日，上海古籍出版社，2001 年，第 653 页。
⑤ 《工部局董事会会议录》第一册，1863 年 7 月 15 日，上海古籍出版社，2001 年，第 686 页。
⑥ 张伟等编著：《老上海地图》，上海画报出版社，2001 年，第 39 页。

有轨电车路线,并使有轨电车路线继续穿过外滩进入本洋行,以便将驳船上的货物运至仓库或将仓库内的货物运至驳船上;还有权将靠外滩前面的地段圈起来",工部局则决定,"不能完全同意这一观点,与出让外滩地皮这样一个重要的问题相比",其他方面并不是要考虑的什么大问题,"最好是保留外滩江岸线的所有权"。① 对于轮船停靠外滩的问题,虽然"货物一般在下午4点进行装卸,而这时外滩行人稀少……轮船对外滩的外观不会有损害",但工部局最终仍决定,"轮船停靠在外滩也许不会有什么损害,但认为应该谨慎对待此事。因为,外滩居民从窗口望出去,许多不愉快的景象会一目了然。此外,海员们的举止并非总是令人满意的,总的来说他们有一些很不体面的追随者。因此,他认为轮船停靠外滩是不可取的"。②

外滩一带不少的洋行,在建设自己的私有码头时,也提出要求,"可让公众使用,但不能为轮船、帆船、桅船所使用,总之,不能为任何对我们的临江土地造成堵塞的船只所使用",旗昌洋行并提出,"全部目的都是为公众的,我们考虑的目标并不是为了要从这条航道增加任何效益,而只是花点钱使公众避免乘坐小船通过江中急流,从而暴露于轮船航道的危险之中",减少驳船的危险。③

英租界真正开始认真注意到外滩城区职能的划分,是在1869年底,原工部局董事爱德华·金能亨离开上海时,对外滩的将来提出了自己的看法,即港口的发展应该远离外滩。当时公共租界外滩一段港区的情况,大体如下:"这一段堤岸长度约2 000英尺,其中550英尺系小船当作浮码头使用。如果对船码头的内侧进行恰当的布局使其能作为小船上客之用,仍需要将这一地段留出,分为9个空档,以便小船能在轮船的两端之间停靠","这样便留下1 450英尺可供轮船使用","这一长度可停靠2艘邮船和4或5艘轮船。鉴于上海的大部分商业均在几个繁忙的月份中进行,在这段时间内约有12或15艘轮船装货和卸货,十分明显,在现有的设施之外另行添加设备是非常不值得的"。④ 与其不能满足需要,不如放开对外滩作为港区的开发。

当时,有六分之五的商业机构不设在外滩,"考虑到对那些无法将他们的船只停靠在码头的商人和仍然要使用驳船的商人来说,即使有了附加的设施,他们仍还有很多的不便和麻烦,这样问题就显得更为清楚,即只能维持现状"。而港口和随之而来的航运,给一个城市所带来的,绝不仅仅是繁荣,还有与之相生的混乱,"当人们思考航运业被介绍到世界上他能记得起的任何港口的指定地点会引起什么样的后果时,他决不会怀疑对外滩的特征所引发的变化","航运业并不是商业的主要因素,它仅仅是其低等的附属行业之一,有点类似驮马和载重马车。交易所、银行、账房才是掌握商业的神经中枢,它们的所在总是商业从员大

① 《工部局董事会会议录》第四册,1866年1月18日,上海古籍出版社,2001年,第542 -
　543页。
② 《工部局董事会会议录》第四册,1866年1月18日,上海古籍出版社,2001年,第543页。
③ 《工部局董事会会议录》第三册,1868年6月23日,上海古籍出版社,2001年,第675页。
④ 《工部局董事会会议录》第四册,1870年2月11日,上海古籍出版社,2001年,第689页。

量集中的地点。航运业的出现带来了噪音和尘埃,吓跑了交易所、银行等机构,取而代之的是利物浦和纽约堆放它们粗加工产品的堆栈,整个街道满天灰尘,乌烟瘴气","外滩是上海的唯一风景点。由于那些业主在使用他们的产权时贪婪成性,将房子建造至沿街,边一寸土地间隙也不留,这样,外滩的腹地便变成糟糕的地方。外滩是居民在黄昏漫步时能从黄浦江中吸取清新空气的唯一场所,亦是租界内具有开阔景色的唯一地方……随着岁月的流逝,外滩将变得更加美丽。外滩很有可能在某一天能挽回上海是东方最没有引诱力地方的臭名声",因此,"没有人会为失去外滩而不深感遗憾的。如果大家都知道外滩这块愉快的散步场地即将失去,那末拟议中的计划也就根本得不到任何人的支持","所有居民都应团结一心来保持住外滩",而为了保全外滩的未来,他又提出"英租界的外滩是上海的眼睛和心脏,它有相当长一段沿江可以开放作娱乐和卫生事业之用,尤其是在它两岸有广阔的郊区,能为所有来黄浦江的船只提供方便",[1]这已经在说明,上海港的迁移,是不可避免的,由于同城区矛盾的存在,港区便向租界的郊区与浦东进发了。

这一提议改变了外滩的历史,从此外滩的努力方向就是成为上海的商业、金融中心;而上海的主要港区,就开始大规模向外扩张,目标就是虹口及浦东一带,甚至是向吴淞口进发。上海在后来历次的城市规划中,对外滩的定位亦大体如此。

(三) 近代上海城市规划中的外滩城区

近代之前乃至开埠之初,上海并没有全局性的城市规划;由于租界的一步步扩展,上海城市的发展逐渐被割裂,形成三方四区的格局。因此,城市的发展便呈现出一种部分有序整体无序的状态。

1846 年,英租界成立之后,"道路码头委员会"开始初步规划租界的建设,[2]之后 1854 年成立的工部局,开始全面主持英租界的城市规划。1855 年,英租界出版发行了《上海洋泾浜以北外国居留地(租界)平面图》,成为最早的英租界官方道路规划。[3]

1864 年,英租界与美租界合并为公共租界,工部局开始通盘两大区域的城市规划,但主要停留于城市道路的兴建,并形成近代上海城市规划的一个特征:路政带动市政。公共租界的扩展,至 1900 年,已经达到了非常大的范围,需要更详细的城市规划。1924 年 12 月,工部局成立交通委员会;1926 年 6 月,针对日益严重的交通阻塞等问题,该委员会向工部局提交报告,开始规划公共租界乃至整个上海的城市建设。交通委员会称:上海交通的阻塞,主要来自开埠以来未

---

① 《工部局董事会会议录》第四册,1870 年 2 月 11 日,上海古籍出版社,2001 年,第 689 页。
② 上海市档案馆:《上海英租界道路码头委员会史料》,《上海档案》1992 年第 5 期。
③ 孙平主编,《上海城市规划志》编纂委员会编:《上海城市规划志》,上海社会科学院出版社,1999 年,第 58 页。

能预测未来发展;初期外商不愿让出更多土地拓宽道路;工厂沿江、河发展而缺乏出江通道,使往返交通量增加。[①] 因此,该委员会主要针对上海的城市交通发展,拟定了一项城市规划,即《上海地区发展规划(1926年)》,将上海分为四个区域:港口区、工业区、商业区、居住区,而城市规划的范围,除公共租界之外,将法租界、南市、闸北、浦东等多个地区也包括在内,基本与1920年代的城市建成区相一致。[②]

1926年的《上海地区发展规划》,基本继承了上海港在近代以来的发展结果[③]:以租界城区为中心,将浦东沿江地区(除陆家嘴一带外),全部划入港口区;浦西地区吴淞江口至黄浦码头一段,也仍然作为港区规划;吴淞江以南沿浦至十六铺,也属港口区。但值得注意的是,由于外滩被划为商业区,加之南市一带沿浦岸线不断淤浅,上海的港区被迁移至美租界虹口和浦东一带沿浦岸线。

不过,这项规划并没有真正得到实施,因为在上海城市分裂发展的情况下,不可能做到完整的规划。但是,这并不影响外滩作为商业中心区的发展,以及到观察者对外滩城区意象的形成,相反的,随着外滩城区的内涵性扩张,其意象结构得到更明确的发展。

三、近代外滩城区的意象结构

外滩城区的意象变迁,始于中外城区物质形态的对比,进而逐步由被动认知形成意象,发展到有意识地建设意象。上文中,工部局对外滩城区的改造是一个显著的例子,但是物质形态的建设,同时也需要观察者在精神层面上的意象认可,才能更好地完成物质实体的价值实现。

(一) 外滩城区的边界意象:黄浦江与吴淞江

所谓边界,"是除道路以外的线性要素,它们通常是两个地区的边界,相互起侧面的参照作用","那些强大的边界,不但在视觉上占统治地位,而且在形式上也连续不可穿越"。[④] 黄浦江是上海城市中一条重要道路的同时,也是一个很明显的边界。"观察者能够沿着它移动,于是占主导地位的是其交通意象,这种元素通常被画成是道路,只是同时具有边界的特征"。[⑤]

边界最重要的表现特征,是两边景观的清晰转换与强烈对比。早在1845

① 孙平主编,《上海城市规划志》编纂委员会编:《上海城市规划志》,上海社会科学院出版社,1999年,第61页。
② 孙平主编,《上海城市规划志》编纂委员会编:《上海城市规划志》,上海社会科学院出版社,1999年,第62页。
③ 史梅定主编,《上海租界志》编纂委员会编:《上海租界志》,上海社会科学院出版社,2001年,第62页。
④ [美] 凯文·林奇著,方益萍、何晓军译:《城市意象》,华夏出版社,2001年,第47页。
⑤ [美] 凯文·林奇著,方益萍、何晓军译:《城市意象》,华夏出版社,2001年,第48页。

年,刚刚开埠的上海已开始出现了边界两方的对比:"(黄浦江)对岸皆是田地,尚未开放建筑。沿河地带,长一里半,已规划为外国商人建筑用地。该地带含市东北郊部分,距市区不到一里地。地点很好,空气新鲜,易于装船卸货"。①六十年后,再看观察者对黄浦江边外滩的"第一印象",已是"一座富丽堂皇的城市,被一条宽阔而拥挤的大河所环绕,虽然其华丽只是表面的,因为上海所有美丽而坚固的建筑全都集中在沿河一带"。②

"如果在远处能够从侧面看得见边界以及清晰连接的两个相邻地区,那么边界就会成为区域特征变化的明显标志,其意义也就得到了加强"。③作为边界的黄浦江,能够清晰地表现出来,除了浦西与浦东两边的差别之外,还有港口的陆域与水域的不同:"上海在望了。大小的船只、豪华的欧式建筑、辉煌的庙宇、新教教堂、花园——暂时还是一片模糊,轮廓不清,看上去教堂似乎立于水中,海船倒像泊于街上"。④1880年代,也有中国的观察者看到外滩一带,"洋行逼江立,大小高低,连十余里不断……洋灯排岸,如夜星落水,炫人目睛",⑤于是,在华灯初上的上海,沿着黄浦江很清晰地勾勒出了外滩城区的边界。同时,位于外滩城区最北端的吴淞江(苏州河),是另外一条显著的边界,"在直通苏州河边的那块旧有的奢侈的空地上,就是英国领事馆",然后,观察者们往往会在这里停住脚步,不再向吴淞江对岸的美租界走过去,"没有跨过那顶通到虹口去的铁桥",因为吴淞江里只有"乱杂杂的菜船和敞篷的舢板",河对面也只有几幢使人产生显著意象的建筑,"现代化的百老汇大厦、老的礼查饭店和俄国领事馆",⑥这也显现出吴淞江的边界意象,对建构外滩城区意象的重要意义。

当然,外滩城区向西,一直是属于英租界管辖范围,并没有十分明确的边界,但在英租界扩展过程中,最早修筑的"界路"(今河南中路),⑦却一直是一条可以作为外滩城区西部边界的道路。外滩城区的南界,紧临洋泾浜(今延安东路),与法租界相毗邻,也是十分明显的分界线。城市的居民在日常生活中,"或者穿过那条名叫'洋泾浜'的水道进入法租界,那里的标牌上用汉字写着'法兰西';或者去往另一方向,穿过礼查饭店旁的花园桥……再穿过美租界(当地人称其为虹口)"。⑧明确地以洋泾浜和吴淞江作为外滩城区的南北界线。

① [英]施美夫著,温时幸译:《五口通商城市游记》,北京图书馆出版社,2007年,第110页。
② [美]威廉·埃德加·盖洛著,晏奎、孟凡君、孙继成译,沈弘、李宪堂审校:《扬子江上的美国人——从上海经华中到缅甸的旅行记录(1903)》,山东画报出版社,2008年,第5页。
③ [美]凯文·林奇著,方益萍、何晓军译:《城市意象》,华夏出版社,2001年,第76页。
④ [俄]伊·冈察洛夫著,叶予译:《巴拉达号三桅战舰》,黑龙江人民出版社,1982年,第422页。
⑤ 丁树诚著:《丁治棠纪行四种》,四川人民出版社,1984年,第33页。
⑥ [美]霍塞著,纪明译:《出卖的上海滩》,商务印书馆,1962年,第180-181页。
⑦ 徐公肃、丘瑾璋:《上海公共租界制度》,载蒯世勋等编著:《上海公共租界史稿》,上海人民出版社,1980年,第7页。
⑧ [美]威廉·埃德加·盖洛著,晏奎、孟凡君、孙继成译,沈弘、李宪堂审校:《扬子江上的美国人——从上海经华中到缅甸的旅行记录(1903)》,山东画报出版社,2008年,第5-6页。

总之,外滩城区作为一个整体意象单元,有着比较明确的边界,是一个完整的意象单位。因此也会给人带来较为全面的意象,加深对其更明确的感觉。

(二) 外滩城区的道路意象:外滩大道

"道路是观察者习惯、偶然或是潜在的移动通道,……对许多人来说,它是意象中的主导元素。人们正是在道路上移动的同时观察着城市,其他的环境元素也是沿着道路展开而已,因此与之密切相关的。"① "在大多数人体验环境的过程中,道路具有的视觉主导地位和作为网络的重要影响力。"② 因此,道路意象的最重要作用,是观察城市景观,从而更好地利用其他元素种类意象的形成。

同时,"特定的道路可以通过许多种方法变成重要的意象特征",其中,"经常穿行的道路当然具有最强的影响力",而且,"典型的空间特性能够强化特定道路的意象","特殊的立面特征同样对于形成道路特征具有重要作用"。③ 同时,"起点和终点都清晰而且知名的道路具有更强的可识别性,能够将城市联结为一个整体,使观察者无论何时经过都能清楚自己的方位"。④ 作为外滩城区意象中一个最重要的组成部分,外滩大道即在担任道路的元素过程中,成为观察外滩乃至上海城市的窗口。

上海开埠之初,外滩一带是港区与城区一体的格局,观察者们会看到:"码头就是上海的主要街道"。⑤ 1860 年代的外滩意象,就非常明显地展现了一个港口城区的面貌,在这里不时地"能碰到成队的苦力,每人肩挑一根忽悠悠的竹子,两头各挂着一个大丝包",准备运至江边装船;"江边上大群外国的和扎着辫子的水手吵吵嚷嚷……居住区前停着各种船只:图画一般的中国帆船,外国汽轮,外国帆船;眺望远处,江下游还有很大的战舰和商船……几百个大丝包储存在江边——每包要值 1 000 元,等着船期托运"。⑥

直到轮船航运兴起之后,外滩一带港区由于其水文条件,逐渐不能停靠大型轮船,港区逐渐向虹口、浦东一带转移。于是,外滩的意象也随之开始发生一定的变化,逐渐成为一个新兴的干净、整洁的城区,脱离了嘈杂的港区意象,外滩大道也以其漂亮程度而出现在不同的观察者的意象中。它"距黄浦江约 40 英尺,与江岸平行。在外滩和黄浦江之间,是两排绿树和一片美丽的草地,它们总是保持得非常漂亮"。⑦ 1888 年再看,"与美租界一条苏州河相隔的是英国租界,它是

---

① [美]凯文·林奇著,方益萍、何晓军译:《城市意象》,华夏出版社,2001 年,第 35 页。
② [美]凯文·林奇著,方益萍、何晓军译:《城市意象》,华夏出版社,2001 年,第 34 页。
③ [美]凯文·林奇著,方益萍、何晓军译:《城市意象》,华夏出版社,2001 年,第 38 页。
④ [美]凯文·林奇著,方益萍、何晓军译:《城市意象》,华夏出版社,2001 年,第 41 页。
⑤ 《1861:随船牧师柯艾雅(Kreyher)日记中的上海》,载王维江、吕澍辑译:《另眼相看:晚清德语文献中的上海》,上海辞书出版社,2009 年,第 68 页。
⑥ 《1861:普鲁士外交特使团报告中的上海》,载王维江、吕澍辑译:《另眼相看:晚清德语文献中的上海》,上海辞书出版社,2009 年,第 6-7 页。
⑦ 《1886 年的上海:租界见闻》,载郑曦原编:《帝国的回忆:〈纽约时报〉晚清观察记(1854～1911)》,当代中国出版社,2007 年,第 59 页。

上海的贸易中心。……上海最重要的景观是外滩,它美丽而雄伟,堪称上海的骄傲。这条港口大街上的建筑让所有经过这里的人感到震撼"。① 甚至中国的观察者,也会将外滩大道与其他中国港口城市相对比,体现其独特的魅力:"长堤如矢斯直,种柳成行。填石渣,晴雨无尘泥。式同汉镇(指汉口),长阔明净过之。堤上马车人辇,辘辘往来",②完全是一副新型城区的模样。至于外滩大道的具体格局,也有观察者细致地加以描述,"先是绿色的草坪,再是铺了柏油的宽宽的人行道,道边绿树成荫,然后才是与人行道等宽的车道,最后在建筑物边上又是一条人行道,又是一排树木","这是一条由四条道路组成的大街"。③

1936年,更有观察者详细地描述了从外滩大道来观察到的外滩意象:

> 从它同法租界外滩接壤的南端开始,那里一排巍峨的前沿房屋持重地越过你的眼前。领头的是爱多亚路转角处的亚细亚火油公司大厦。其次是设有世界上最长酒吧的庞大而庄严的上海总会。再次是日清轮船公司,英国大英银行;中国通商银行和招商局,两者都是华商的。然后是门面威严的盖有巨大的白色圆顶的汇丰银行,这是权力的具体表现。
>
> "汇丰银行"的左肩几乎和高耸的海关大厦相接,……你可以看到交通银行和中国中央银行的旧式和庄重的面貌……其次是胸部窄狭的"外滩老太婆"——大班的最卓越的报纸《字林西报》的馆址,以及权力和影响仅次于圆顶的"汇丰银行"的英国麦加利银行。在南京路的转角上,你看到了外表舒适的汇中饭店。
>
> ……
>
> 顺着沙逊大厦的高耸的建筑往上看,这是具有现代建筑艺术的上海最高的房屋,门楣上标有华懋饭店几个大字。你在这座大厦的四周漫步,看看它的精美店铺的橱窗。其次是德国总会的旧址,现在是宋子文的中国银行的新址。再次是日本的横滨正金银行和意大利的意国邮船公司。这里还设立着老怡和洋行和昌兴轮船公司的航运办事处的著名的怡和大厦。再下面去是怡泰大厦、法国东方汇理银行、日本邮船会社。在直通苏州河边的那块旧有的奢侈的空地上,就是英国领事馆。④

通过对外滩城区面向港口的立面的详细描绘,观察者塑造了一种强烈意象,甚至可以以外滩为中心,建构起上海整个城市繁荣与否的非空间性意象。

刚刚开埠的上海,就是为了进出口贸易而生的,在这个意义上,整个上海租

---

① 《1888:恩司诺(Exner)经济报告中的上海》,载王维江、吕澍辑译:《另眼相看:晚清德语文献中的上海》,上海辞书出版社,2009年,第102页。

② 丁树诚著:《丁治棠纪行四种》,四川人民出版社,1984年,第33-34页。

③ 《1898:记者高德满(Goldmann)眼中的上海》,载王维江、吕澍辑译:《另眼相看:晚清德语文献中的上海》,上海辞书出版社,2009年,第161页。

④ [美]霍塞著,纪明译:《出卖的上海滩》,商务印书馆,1962年,第180-181页。

界就是一个大码头。外滩一带的道路建设,"向港性"的明显,也使得其在城市意象的形成过程中,凸显出道路的特点:从外滩沿江向西,"可以眺望布满了私人宅邸的宽阔整洁的街道,从码头一直延伸到边界线"①,即是由道路与港区的联系,而构建出对区域标志的看法。

总之,外滩大道是外滩城区的主要道路,观察者在构建道路的意象时,也以它为中心。虽然还同时有包括南京路、福州路在内的其他主要道路,但均不及外滩大道所能带给观察者的深入而持久的意象能力。

(三) 外滩城区的区域和节点意象

区域是城市内中等以上的分区,"是二维平面,观察者从心理上有'进入'其中的感觉,因为具有某些共同的能够被识别的特征。这些特征通常从内部可以确认,从外部也能看到并可以用来作为参照"。② 外滩城区在上海开埠之初,范围很小,比较容易从整体上加以把握,随着租界的不断扩展,外滩城区也逐渐增大,加之集中了上海城市中的精华,每一处均可形成相当明显的意象,如此反倒使外滩城区的区域意象不太容易突显。因此,有研究即认为,区域是意象图中唯一的二维概念,"是意象形成的高级阶段,市民也不易表达出来"。③

凯文·林奇认为,"一个区域如果具有简单的形状,一致的建筑式样和功能,明确的边界,并且在城市中独一无二,与周围区域连接清晰,在视觉上突出,那么这个区域的存在一定不容置疑"。④ 从这一方面来看,外滩城区能够在意象中被感觉到,是理所当然的事情。不过,外滩一带历来被认为是"万国建筑博物馆",虽然不同的建筑在样式上有所不同,但与附近的华界城区相比,这种西洋式的建筑还是有着相当大的一致性。

因此,外滩城区的存在是不容置疑的,各种阶层均可以或多或少地感受到外滩城区的区域性,但还是由精英首先将其表达出来,再普及至大众。这一基本情况,在二十多年后的 1898 年,仍没有太大改变,常常有观察者认为,"英租界(指外滩城区)才是真正的城市,是做生意和居住的城市";⑤"法租界尽管紧靠着英租界,但政治上它是一个独立区域,是另一座城市"。⑥ 这种明显的区别,建构了外滩城区的区域意象。中国的观察者,也会注意到外滩城区的区域性,1876 年前后的葛元熙曾提及:"三国租界,英居中,地广人繁,洋行货栈十居七八,其气象尤为蕃盛;法附城东北隅,人烟凑密,惟街道稍觉狭小,迤东为闽、广帮

① [英]伊莎贝拉·伯德著,卓廉士、黄刚译:《1898:一个英国女人眼中的中国》,湖北人民出版社,2007 年,第 26 页。
② [美]凯文·林奇著,方益萍、何晓军译:《城市意象》,华夏出版社,2001 年,第 36 页。
③ 李郇、许国强:《广州市城市意象空间分析》,《人文地理》1993 年第 3 期。
④ [美]凯文·林奇著,方益萍、何晓军译:《城市意象》,华夏出版社,2001 年,第 83 页。
⑤ 《1898:记者高德满(Goldmann)眼中的上海》,载王维江、吕澍辑译:《另眼相看:晚清德语文献中的上海》,上海辞书出版社,2009 年,第 167 页。
⑥ 《1898:记者高德满(Goldmann)眼中的上海》,载王维江、吕澍辑译:《另眼相看:晚清德语文献中的上海》,上海辞书出版社,2009 年,第 170 页。

聚市处；美只沿江数里，皆船厂、货栈、轮舟码头、洋商住宅，粤东、宁波人在此计工度日者甚众"。①

但即使外滩再如此具备西方城市的格局，上海仍然是"一座中国城市，这是无可怀疑的"，"白人和中国人甚至对于租界中心的街道和建筑物都有不同的名称"，在外国居民的上海地图上，不会找到中国居民意象中的"抛球场"、"棋盘街"、"打狗桥"和"偷鸡桥"、"铁马路"、"大马路"或"日升楼"。② 这已不仅仅是精英与一般民众对外滩区域意象的不同，更是中外观察者所产生的不同区域意象。

与区域意象相似的是，节点也是在城市中观察者能够进入的，但它是具有战略意义的点，"是人们往来行程的集中焦点"。它们首先是连接点，道路的交叉或汇聚点，从一种结构向另一种结构的转换处，也可能只是简单的聚集点，"某些集中节点为一个区域的中心和缩影，其影响由此向外辐射，它们因此成为区域的象征，被称为核心"，节点具有连接和集中两种特征，既与道路的概念相互关联，也与区域的概念相关，"因为典型的核心是区域的集中焦点，和集结的中心"，而且"无论如何，在每个意象中几乎都能找到一些节点，它们有时甚至可能成为占主导地位的特征"。③

节点的重要性"在于它是一个独特的、难忘的'场所'，不会与别的地方发生混淆"，④功能使用的强度当然能够加强节点的特征，几个城区的不同，也加强了它们的对比和节点的不同。与区域意象相似的是，节点同样可以放大到某一个区域，将其作为一个整体而产生节点的意象。英、美、法三国租界，是港区沿线的几个重要节点，它们各有各的特色，并与华界城区有很大的不同。尤其是外滩面向港口的立面，带给人的一种强烈意象，以外滩为中心，建构起上海整个城市的意象。上文中，曾经提及沿着外滩大道观察到的建筑立面，其实每一个外滩的建筑，都是一个可以进入的节点；这些小的节点一起又共同构成了外滩城区的节点意象。

（四）外滩作为上海城市的标志物

按照城市意象的理论，"标志物是另一类型的点状参照物，观察者只是位于其外部，而并未进入其中。标志物通常是一个定义简单的有形物体"，"也就是在许多可能元素中挑选出一个突出元素"。⑤ 标志物经常被用作确定身份或结构的线索，随着人们对旅程的逐渐熟悉，对标志物的依赖程度也似乎越来越高。但与此同时，"标志物是观察者的外部观察参考点，有可能是在尺度上变化多端的简单物质元素"，因为"如果标志物有清晰的形式，要么与背景形成对比，要么占据突出的空间位置，它就会更容易被识别，被当作是重要事物"。⑥ 外滩城区便

① ［清］葛元熙撰，郑祖安标点：《沪游杂记》卷一《租界》，上海书店出版社，2006 年，第 2 页。
② ［美］霍塞著，纪明译：《出卖的上海滩》，商务印书馆，1962 年，第 186 页。
③ ［美］凯文·林奇著，方益萍、何晓军译：《城市意象》，华夏出版社，2001 年，第 36 页。
④ ［美］凯文·林奇著，方益萍、何晓军译：《城市意象》，华夏出版社，2001 年，第 78 页。
⑤ ［美］凯文·林奇著，方益萍、何晓军译：《城市意象》，华夏出版社，2001 年，第 36 页。
⑥ ［美］凯文·林奇著，方益萍、何晓军译：《城市意象》，华夏出版社，2001 年，第 60 页。

是这样一个在大的尺度上,得以实现自己作为标志物的地位的。

作为上海城市的最重要的城区,外滩的形成有其特殊的历史机缘。上文已经提及,工部局很早就开始考虑外滩城区的规划,最后的结果是"江边没有大的码头",因为"工部局反对航运公司在外滩前沿建筑码头的一切企图。大班们不喜欢那种损坏他们江边美景的想法",于是,"没有大码头,当货物搬离江口外面的轮船时,沙船就把它运到外滩来","外滩的流着汗的码头工人,整天都在唱着他们忧郁的调子。他们整天在唱着同样的歌曲——嗨唷、嗨唷······把货载从沙船搬到江边或从江边搬到沙船","而唱着歌的苦力再把包、篓、桶等从沙船搬到江边"。①

这种港区的劳动场景,是很多观察者们印象深刻的意象,据此来认定上海港的繁盛程度,并将港区与城区作为一体的区域来看待,"苦力们背负重物跑来跑去,嘴里不断喊着:'嗨!呵!'"。② 这是上海给人们带来的和贸易联系紧密的意象,"街道上到处是脏兮兮的人,喊着号子,背着重物",③在数十年内没有什么变化,更加促进了上海作为一个港口城市的意象程度。

1895 年后,上海的城市面貌已经发生了变化,虽然港口繁华依旧,但外滩地区已经完成了从港区向城区的转化:

> 令人惊异,是恰如其分的词汇。我曾经把上海设想为如同香港那样热热闹闹、吵吵嚷嚷、中国式肮脏的贸易中心类的商业城市。但当我第一次散步在上海的外滩时,觉得像是到了欧洲的海滨休假地,比如像尼斯。上海的河边看起来完全像欧洲一样,那么优雅、那么美丽。沿着河岸两公里长的外滩,有高大的落叶木撒下满地绿荫,还有整洁的大马路和两边漂亮的人行道。在马路与河岸之间有一带宽阔的草坪、树林,以及前面提到过的城市公园,另一边沿马路是一带面朝黄浦江、高耸着的贸易宫殿。······第一回在上海所逗留的十四天里,我每天都在外滩来回走好几次,却一次也没有在这条引人瞩目的马路上看见过哪怕是一卷货物、一个码头工人、一辆货车。可是每年千百万吨货物在这里倒手,每周从这里有大量轮船驶向印度、日本、菲律宾和巽他群岛,驶向欧洲和美洲,驶向中国北方、朝鲜、东西伯利亚,沿扬子江而上,向几千英里之外,直到接近西藏。一切都在这里,在静悄悄之中顺利进行着。④

在工部局的努力之下,外滩不再成为繁忙与肮脏的象征,而是上海城市的标

---

① [美]霍塞著,纪明译:《出卖的上海滩》,商务印书馆,1962 年,第 184 - 185 页。
② 《1861:随船牧师柯艾雅(Kreyher)日记中的上海》,载王维江、吕澍辑译:《另眼相看:晚清德语文献中的上海》,上海辞书出版社,2009 年,第 68 页。
③ 《1862~1864:拉度维茨(Joseph Maria von Radowitz)书信中的上海》,载王维江、吕澍辑译:《另眼相看:晚清德语文献中的上海》,上海辞书出版社,2009 年,第 80 页。
④ 《1894:海司(Ernst von Hesse-Wartegg)文章中的上海》,载王维江、吕澍辑译:《另眼相看:晚清德语文献中的上海》,上海辞书出版社,2009 年,第 152 页。

志物。但是上海的繁荣并没有减弱，外滩城区通过转移港口区域，使美租界的虹口城区承担了嘈杂喧闹的标志物，也无法如外滩城区得到更高质量的发展："沿着船厂延伸出去的地方，实际上是上海的港口区，有很多海员酒馆，卖海员装备和用品的小店，还有一些航海发达的国家的领馆，如瑞典、挪威、丹麦，等等。主要街道当然是叫'Broadway'，也确实挺宽的，但是房子大多破旧而难看。"①

作为一个整体，外滩在观察者的意象中，逐步从一个港口区的意象，转化为漂亮整洁的商业办公区，完成这种华丽的蜕变后，它便真正建立起自己的物质形态、精神层次的双重中心地位，成为上海城市最华丽的标志物。

四、小　结

外滩的形成，是历史变迁的结果，在通过条约的规定而向外开放后，外滩获得了得天独厚首先发展的机遇。它集中了上海港进出口贸易的精华，港口的繁荣促使外滩成为港城一体化的城区，虽然之后上海港区不断向外迁移到虹口、浦东一带，但港口给外滩带来的繁荣的结果却一直得以保留。同时，外滩城区在工部局的规划和建设下，逐步成为上海的商业中心，并奠定了它在近代上海城市中的地位。当然，租界特殊的政治制度，也更加促进了经济资源向外滩城区聚集，使得外滩不但在数量上，更在质量上成为上海城市的精华。可以说，外滩的兴盛与繁华，是中外各种因素共同作用的结果。

外滩的城区意象，在上海城市意象中占据非常重要的地位。在五个元素中，均有各自的突显，"道路展现并造就了区域，同时连接了不同的节点，节点连接并划分了不同的道路，边界围合了区域，标志物指示了区域的核心。"②通过这几个元素的相互关系，观察者将外滩城区进行认知的重构，最终得到对其新的认识。以黄浦江、吴淞江、洋泾浜等河流为界线，外滩的区域意象得到完整的呈现；而以外滩大道为主要道路元素，观察者们更加方便地体会到外滩城区的区域意象；与区域意象相似，节点同样能够在外滩城区的整体中得到反映；最终，外滩城区整体作为一个重要的标志物，得到了其应有的价值意义。外滩成为上海的代表，既是必然，也是城市意象不断重复作用的结果。来到上海的外地人印象最深刻的，当属英租界沿江的外滩一带。可以说，通过这种不断重复叠加的城区意象，在中外各种各样观察者的心目中，外滩具备了特殊的重要意义，它就是上海的眼睛。③

本文所提及的几幅地图，也在一定程度上体现了制图者们对外滩的意象结

---

① 《1898：记者高德满(Goldmann)眼中的上海》，载王维江、吕澍辑译：《另眼相看：晚清德语文献中的上海》，上海辞书出版社，2009年，第172页。

② ［美］凯文·林奇著，方益萍、何晓军译：《城市意象》，华夏出版社，2001年，第83页。

③ 罗苏文：《外滩：上海的眼睛》，《档案与史学》2002年第4期。

果,因为"对物质形式活力的兴趣表明,地图为各种表示方法的一种,坚持现实世界并不优先于主观",一幅地图就像是一幅画,不仅仅是一项记录,而且"也是地图制作者为基本形式直接感觉的产物。地图的绘制涉及将外在的详细状况变成内心的感觉,也就是一种'心理景观'(mindscape)。所以地图不仅表示自然的外貌,而且也反映地图制作者的记忆和见解","它不仅是获得有关现实世界知识的一种手段,而且也是增强个人主观世界或情感经验的一种手段"。①

总之,通过主观意象的构建与客观物质形态的建设,外滩在上海开埠后的数十年时间内,逐渐确立了它在上海的重要地位,最终成为上海城市的代表。因此,对上海城市史的研究,需要更加深入地考察城市意象理论的作用和意义。"

---

① ［美］余定国著,姜道章译:《中国地图学史》,北京大学出版社,2006 年,第 188 页。

The Analysis of the Bund Area
Image in Modern Shanghai City

Abstract: Shanghai was the largest city and the center of industrial and commercial economic in modern China. The Bund area was the most developed center area of Shanghai. From 1842 to 1936, the Bund completed the evolution from trade center to the commercial center of Shanghai, and affected the city planning. This essay takes advantage of the image of the city, analyzing the five elements of boundary, road, area, node and landmark of the Bund, and making use of some maps, shows the Bund was the symbol Shanghai in material form and mind level, especially from the elite to the public.

Keywords: the Image of the City, Modern Shanghai, the Bund, the Center Area

康雍乾时期的中西交通——
以"领票传教"为中心

武世刚*

（上海　上海中国航海博物馆　201306）

摘　要： 在明清时期的中西交通史上，传教士充当着一个非常重要的角色。中西礼仪之争，中国和西方两种不同形态的"人文主义"发生了长达百年的冲撞，最终导致了西方教士第三次来华传教以来开创的大好局面的终结，从康熙年间的限制传教到雍乾时候的全面禁教，传教成为非法行为转入地下，只有京畿地区数量有限的"技艺之士"因服务宫廷而得以保留。康熙四十五年颁发了"传教信票"，规定"持有此票，方准传教"，本文即从这一方小小"信票"管窥康雍乾时期中西交通中的传教情形。

关键词： 中西交通　信票　耶稣会士　传教

中西礼仪之争后，康熙四十五年（1706 年）颁行了"领票传教"令：凡在华传教士均须领取朝廷的信票，声明永不返回欧洲，遵守利玛窦的规矩，顺从中国礼仪，方可留居中国。"凡遵守中国法度的，可领取内务府准予传教的印票"，否则"断不准在中国住，必逐回去"。① 萧若瑟讲到"康熙皇上念各省传教神父，为数不少，难免无从新说之人，下令：命各省神父，其不从新说者，各领印票一张……执有此票，方准传教。"这里的"新说"即指"以跪拜孔子亡人等事为异端者"，② 也就是 1704 年教皇的禁令。又传谕广东督抚："见有新到西洋人若无学问只传教者，暂留广东，不必往别省去。许他去的时节，另有旨意。若西洋人内有技艺巧思或系内外科大夫者，急速着督抚差家人送来。"③

这是朝廷向传教士发放的"绿卡"，当然也并不是所有传教士都可以获得，其规定条件是：声明遵守利玛窦的规矩，顺从中国礼仪，遵守中国法度，永不返回

---

* 作者简介：武世刚（1981—　），男，山西祁县人，任职于中国航海博物馆，关注于社会史、航海史及文博考古等领域的研究。

① 陈垣：《康熙与罗马使节关系文书》，故宫博物院，1932 年，转引自王庆成：《清代西教在华之环境》，《历史研究》1997 年 6 期。

② 萧若瑟、徐宗泽：《天主教传行中国考》，《民国丛书》第一编（11），上海书店，1931 年，第336 页。

③ 中国第一历史档案馆：《康熙朝汉文朱批奏折汇编》第 1 册第 234 条，档案出版社，1984 年。

西方。还有一条，由于当时西方传教士在满族上层的影响及清政权在历法、测绘、外交、医学、火器制作等领域对传教士的倚重，所以非常希望留下来的西方人有一技之长。甚至到禁教更严厉的雍正时，也会让通晓技艺的留京效力，其余遣往广州或澳门。另外，这个信票也是为了限制反对耶稣会的传教士来华，[1]并不是一棍子打死。

信票，又称印票，用满汉两种文字书写，"票上写：西洋某国人，年若干，在某会，来中国若干年，永不回复西洋，已经来京朝觐陛见。为此给票"。康熙为传教士留下了一千张（人）的名额，发票的顺序是按《千字文》"天地玄黄，宇宙洪荒……"排列的，由内务府发放，表示康熙视其为家臣。康熙对他们解释说，"尔等有凭据，地方官晓得你们来历，百姓自然喜欢入教"。"永不复回西洋"，类似现代意义的入中国国籍，也可解释为将中国教会脱离罗马，建立自主教会。按原计划，传教士一定要来京陛见，康熙亲自过问他们后，当面宣誓，才发给印票，但或因来京不便，或因内部意见分歧，大多只是北京及其周围地区的耶稣会士来宫廷领了票。第二年，康熙南巡中又在杭州、扬州召见了各省教士 22 人，盛宴款待，赏赐礼品，然后发给传教印票，意在拉拢收买。[2]

然而貌似皇恩浩荡的信票令，并不是所有传教士都买账，大清有它的天朝国威，传教士也有自己的执着信仰。据巴黎法国国家图书馆藏中文《传教笔记》稿本，到康熙五十四年（1715 年）为止，全国领票"具结"的传教士名单，耶稣会士 38 人，方济各会士 10 人，另有在北京的各会传教士 20 人，都按规定领了票，未领票的 13 人，都被赶往广州。[3] 另据中国第一档案馆馆藏的内务府康熙四十七年满文档案，到 1708 年时，共有 48 名传教士领取了印票，其中耶稣会 39 人（意大利 6 人、葡萄牙 12 人、法国 18 人，其余国家 3 人），方济各会 9 人（意大利 4 人、西班牙 5 人）；此外还有 5 名葡萄牙人未发印票，也不准传教。被驱逐的，法国 3 人、西班牙 8 人、意大利 2 人。[4] 对照看来，两份数据相差不大。

那么，"领票传教"令颁行之后，留在中国的教士们传教情形如何呢，他们又都做了些什么，这些信票是否真正起到了原先设想的作用呢？我们无法将所有传教士的资料一一找全来说明这个问题，只能资料所及，管窥一斑。这里笔者只关注领有印票的在华传教士，不分教派所属，只按康熙禁教前后来华分为两类。领取印票继续留华的有冯秉正、艾若瑟、艾斯汀、白晋、巴多明、傅圣泽等，[5]1716年以后来华的有宋君荣、王致诚、郎世宁、蒋友仁、钱德明等。[6]

---

① 张维华：《明清之际中西关系简史》，齐鲁书社，1987 年，第 148 页。
② 见黄伯禄：《正教奉褒》，"康熙四十五年"，上海慈母堂，光绪甲申（1884 年）年。转引自李天纲：《"中国礼仪之争"：历史、文献和意义》，上海古籍出版社，1998 年，第 71 页。
③ 李天纲：《"中国礼仪之争"：历史、文献和意义》，上海古籍出版社，1998 年，第 72 页。
④ 安希孟：《对礼仪之争的文化反思》，《维真学刊》2004 年 6 月。
⑤ 据巴黎法国国家图书馆藏某耶稣会士的《传教笔记》手稿，转引自李天纲：《"中国礼仪之争"：历史、文献和意义》，上海古籍出版社，1998 年，第 83 页。
⑥ 据《耶稣会士名录》，转引自李天纲：《"中国礼仪之争"：历史、文献和意义》，第 120 - 121 页。

国家航海　第二辑
National
Maritime Research

康雍乾时期的中西交通——
以「领票传教」为中心

103

　　事实上，领票之后的传教士也并不是"永不复回西洋"的。傅圣泽于 1707 年 8 月前往北京领票，11 月 19 日受到皇长子的接见，并被引见康熙皇帝，次日领了票，一周后返回江西传教。1711 年以后，经白晋推荐，于 8 月抵京开始为康熙服务。但由于和其他耶稣会士的意见不合，行动上受到了限制，于是于 1716 年致函罗马要求返回欧洲，1720 年接到回信，同年 11 月 5 日离京赶往广东，在广州停留了将近一年，于 1722 年 1 月启程回欧。马国贤也于 1723 年请回意大利，获得雍正恩准并"赏赐甚厚"，并且还把 5 名中国信徒带回了欧洲。①

　　再如 1716 年以后来华的戴进贤，虽受到皇帝信任，地位荣显，但只能专注于天文历算，为皇帝服务，至于传教，也不得不秘密进行。他与徐懋德合著《睿鉴录》宣传教义，书的撰写、刻印都是秘密进行的，后来河南巡抚雅尔图在河南禁查天主教书籍时，才发现了这本书，并上奏朝廷，建议缴销。②

　　再看看宫廷画家郎世宁、王致诚，为了传教而默默忍受单调清苦的画师生活，"余抵华后，皇上招用，礼遇甚隆，异于通常传教之士。中国人皆以为逾格之宠，而余则淡然默然。余之来中国，实非为绘事，余又不忍西归，亦非恋恋于绘事，惟从神之道、神之意而已。终日虽供职内廷，实不啻囚禁其中，每当礼日庆辰，亦几无祈祷之暇，不得勤行圣事之机"。③ 对于雍乾时的种种禁教、排教事件，刚开始还可以不失时机地求情诉苦，但最终还是无力回天，即使主教仍然会被处死。正如朱维铮所指出的："康熙的接班人，乃子雍正帝和乃孙乾隆帝，对西教的政策，一个比一个严厉，直至将传教士变成宫廷弄臣而宣称西学均属异端邪说。"④

　　终康熙朝并没有实行严格的禁教政策。清廷所驱逐的还只是未领票的传教士，不过即使领有印票的传教士也不像以前那样受尊重，有的地方教堂、教产被没收，传教活动受限制，而有些地方官吏担心传教士会重新得宠，没有认真执行禁教令，传教活动仍在暗中进行。尤其在京的传教士仍然得到康熙的信任和重用，康熙甚至多次声明自己的态度和立场，如他对耶稣会士苏霖、巴多明说："尔等放心，并非禁天主教，惟禁不曾领票的西洋人，与有票的人无关。若地方官一概禁止，即将朕给的票交看，就是传教的凭证。你们放心去，若禁止有票的人，再来启奏。"⑤这显然是一种现实的态度和宽容的作法。

　　并且康熙禁教之后，还是不断有会士来华传教，渠道并未完全堵塞，尤其是在京城。据后来统计的来华耶稣会士名录，从康熙禁令开始，到耶稣会解散后的

---

① 顾卫民：《中国天主教编年史》，上海书店，2003 年，第 262 页。
② 以上材料据许明龙：《中西文化交流先驱》，东方出版社，1993 年，第 221、222、243 页。
③ 石田幹之助著，贺昌群译：《郎世宁传考略》，《国立北平图书馆馆刊》第七卷第三、四号，1933 年，转引自许明龙：《中西文化交流先驱》，东方出版社，1993 年，第 251 页。
④ 朱维铮：《基督教与近代文化》，上海人民出版社，1994 年，第 8 页。
⑤ 据《正教奉褒》，转引自李宽淑：《中国基督教史略》，社会科学文献出版社，1998 年，第 119 页。

72 年(1707～1779 年)里,来华耶稣会士共有 166 位。① 如 1711 年,马国贤等"技巧三人"被康熙特许入境,并接受了跪拜天子的礼仪,领取了印票。这点白新良利用康熙朝的奏折再次得到了印证②。在翻译出版的《清廷十三年》中,给我们详细描述了马国贤在广东到北京的途中如何小心传教,甚至在陪康熙去热河的途中都抽空逗留古北口,给 199 人作告解,给 167 人作了圣礼,还给 54 人授了洗礼,这从一个侧面反映出地方上的传教受到了严格限制,传教士受到打击,以致地方有很多信徒,却没有神父来为他们定期作仪式,或者有神父也不敢再公开传教,而宫廷神父却有着皇权的庇护享有这个特权,虽然也只是一种"荣誉性的苦工"。③ 康熙对于礼仪之争的两伤结局并不甘心,为挽回局面,康熙五十五年(1716 年)他命官员将一项兼用满、汉、西洋文字刊印,盖有广东巡抚印的"红票"共一百五十份,散给各天主教堂居住的西洋人以及外国洋船上的西洋人,让他们带往西洋,交给教宗。"红票"上有部分在华耶稣会士的签名,再次阐明自己对礼仪问题的看法。④

　　直到康熙五十九年嘉乐使华,使得康熙帝对待来华西方传教士的政策急转直下,由原先的部分传教转为全面禁教,从此,在华传教由合法转为非法。其实,无论哪一代皇帝都希望他的子民心目中至高无上的就是皇帝,而不是耶稣基督之类,所以皇帝利用的始终是传教士们的西学技巧,而其真正目的——传教,却多有限制,只不过到了雍乾的时候禁教比康熙来得更严厉彻底。⑤

　　到了雍正朝,或因于雍正个人的信仰好恶,或因于苏努案的牵连,或出于政治的动机,雍正对天主教的打击力度更强。当时有"浙江制府满公上言其恶",请驱逐传教士,雍正马上下旨,让礼部议复:

　　　　奉旨,西洋人除留京办事人员外,其散处直隶各省者,应通行各该督抚转饬各地方官。查明果系精通天文及有技能者,起送至京效用,余俱遣至澳门安插。其从前曾经内务府给有印票者,尽行查送内务府销毁。其所送天主堂,令皆改为公所。凡误入其教者,严为禁谕,令其改行。如有仍前,聚众诵经者,从重治罪。地方官若不实心禁饬,或容隐不报,如之。⑥

　　据耶稣会士书简记载,似乎康熙时候颁发的"传教信票"并没有发挥多大的特权效用,雍正禁教开始后,当京城教士拿着视如救命稻草的"信票"向十三亲王

① 据 1867 年土山湾印书馆:《耶稣会士名录》(TABLE CHRONO LOGIQUE),转引自李天纲:《"中国礼仪之争":历史、文献和意义》,上海古籍出版社,1998 年,第 90 页。

② 白新良:《康熙朝奏折和来华西方传教士》,《南开学报(哲学社会科学版)》2003 年第 1 期。

③ 马国贤著,李天纲译:《清廷十三年》,上海古籍出版社,2004 年,第 39、77、82、98 页。

④ 顾卫民:《中国天主教编年史》,上海书店,2003 年,第 243 页。

⑤ 朱静:《康熙皇帝和他身边的法国耶稣会士》,《复旦学报(社会科学版)》1994 年第 3 期。

⑥ 梁章钜著,刘叶秋、苑育新校注:《浪迹丛谈·天主教》,福建人民出版社,1983 年,第 66 页。

国家航海　第二辑

National
Maritime Research

康雍乾时期的中西交通——
以「领票传教」为中心

105

允祥求助时,他居然惊讶于"永不返回欧洲"的规定条款,可见京城的王公大臣们很不熟悉教士们的"信票",更不用说地方官吏。允祥的"答应尽量帮忙"只是敷衍,最后补充的一句却是实情"这种票在外省无任何作用"。① 果然,福安教案,导致了雍正朝的全面禁教,驱逐传教士的运动便由此在全国展开,销毁传教印票,不承认乃父发给传教士们的"免死金牌"。自此中国的天主教被禁止达一百余年,史称"百年禁教"。

《清代西人见闻录》中收录有法国耶稣会士宋君荣《有关雍正与天主教的几封信》,谈到 1727 年 7 月 21 日雍正接见了苏霖、戴进贤、雷孝思、巴多明、宋君荣、郎世宁等耶稣会士,用李天纲的话讲,"雍正公开批评并表示'憎恶'其父亲任用西方人"。② 1726 年 8 月雍正绞死穆经远神父,上行下效,各地官吏逢迎上意,更加积极地驱逐教士,拆改教堂,1732 年 8 月两广总督驱逐留居广州的 35 位教士至澳门,这些人求救于刚被雍正敕命为礼部侍郎的钦天监监正戴进贤,戴于翌年一月上书陈情,为教士申冤,结果换来的是雍正的一顿训斥加威胁:"汝辈西洋人何裨于我中国,彼寄居广州,被逐出境,乃理之当然,又何词之有? 即汝辈在京,亦岂能久耶?"③雍正之仇教可见一斑。

雍正乾隆时期的西方传教士,京畿地区可能稍好些,在朝廷监控下可以进行宫廷需要的活动,管理钦天监、画西洋画、参与设计建造圆明园等,也和士大夫们保持着一定的来往,但仅仅是作为"技巧之士"的弄臣充于宫廷为皇帝服务。宋君荣在 1741 年 10 月 29 日的信中讲到:在直隶,传教士不能出北京,仅有的几个神父只能小心翼翼地进行传教。④ 钱鸣旦也说,乾隆器重西艺,为了留其在宫廷服务而迁就西士,故北京传教稍好些,据统计,至 1743 年,北京有教徒 4 万人。⑤ 而地方教会有的被抄家分财,也在开明地方官员睁一只眼闭一只眼的庇护下得以苟延残喘,不过都转为地下状态。北京教士不能随便出京,澳门教士更不能自由出入,但仍有带着无比传教热情的教士们偷渡来华,辗转于内地,冒着生命危险秘密传教,直到 19 世纪。

嘉庆帝《仁宗实录》的一段文字,或许可以作为传教士们在这段时期惨淡经

---

① 杜赫德编,郑德弟译:《耶稣会士中国书简集》(Ⅱ),大象出版社,2001 年,第 328 页。
② 宋君荣:《有关雍正与天主教的几封信》,载杜文凯:《清代西人见闻录》,中国人民大学出版社,1985 年,第 145 页。"汉明帝任用印度僧人,唐太宗任用西藏喇嘛,这两位君主因此受到了中国人的憎恶。先皇让尔等在各省建立教堂,亦有损圣誉。对此,朕作为一个满洲人,曾竭力反对。朕岂能容许这些有损先皇声誉的教堂存在? 岂能像他人一样让此种教义得以推广? 喇嘛教最接近尔等的教,而儒教则与尔等之教相距甚远。尔等错了。尔等人众不过二十,却要攻击其他一切教义。须知尔等所具有的好的东西,中国人的身上也都具有。然尔等也有和中国各种教派一样的荒唐可笑之处。尔等称天为天主,其实这是一回事。在回民居住的最小村庄里,都存一个敬天的'爸爸',他们也说他们的教义是最好的。和我们一样,尔等有十诫,这是好的。可是尔等却有一个成为人的神,还有什么永恒的苦和永恒的乐,这是神话,是再荒唐不过的了。"
③ 徐宗泽:《中国天主教传教史概论》,上海书店,1990 年,第 259 页。
④ 顾裕禄:《中国天主教》,上海社会科学出版社,2005 年,第 75 页。
⑤ 孙尚扬、钱鸣旦:《一八四〇年前的中国基督教》,学苑出版社,2004 年,第 419 页。

营的一个注脚：

在京者共十一人，福文高、李拱辰、高守谦三人现任钦天监监正、监副，南弥德在内阁充当翻译差使，又毕学源一人通晓算法，留备叙补，贺清泰、吉德明二人均年老多病不能归国；此外，学艺未精之高临渊等四人俱已饬令回国。现在西洋人之留京者只有七人，此七人中有官职差使者，出入往来俱有在官人役随地稽查，不能与旗民人等私相交接；其老病者，不过听其终老，不准擅出西洋堂，外人亦不准擅入，管理大臣及官员弁兵巡逻严密，谅不至听有传教惑众之事。至外省地方，本无需用西洋人之处，即不应有西洋人在境潜住。①

---

① 《仁宗实录》卷二百四十六。

国家航海　第二辑
National
Maritime Research

107

康雍乾时期的中西交通——
以「领票传教」为中心

Communication between China and the West during KangXi, YongZheng and QianLong Period in Qing Dynasty: Research on XinPiao

Abstract: In the history of the communication between China and the West in Ming and Qing Dynasty, missionaries played a very important role. Two different humanisms collided between China and the West which had lasted for one hundred years. Chinese rites controversy directly resulted in the decline of the third missionary peak. The missionary work was limited during KangXi period, but it was totally forbidden during YongZheng and QianLong period in Qing dynasty. Only limited numbers of so-called artificers stayed for royal service in Beijing. KangXi promulgated missionary credence in 1706 A. D, which was called "XinPiao", and it prescribed that one holding the XinPiao was allowed to do missionary work. From the development of "XinPiao", the article tries to make one historical reconstruction of the communication between China and the West.

Keywords: Communication between China and the West, XinPiao, Jesuits, Missionize

虞洽卿及其民族航运企业述论

袁晖*　　顾宇辉**

（*上海　东华大学人文学院　200051）

（**上海　上海中国航海博物馆　201306）

摘　要：作为近代中国著名的民族航运企业家和社会活动家，虞洽卿一生先后创办过宁绍轮船公司、三北轮埠股份有限公司、鸿安商轮公司以及后来合并成立的三北航业集团。在其经营和管理下，三北集团成为全面抗战前中国实力最大的民营轮运企业。同时，虞洽卿及其民族航运企业的艰难发展历程，亦深深烙上了近代中国特殊经济社会演变的印记。

关键词：虞洽卿　三北　近代　航运业

图一　虞洽卿肖像

作为近代中国最大的民营轮船公司，[①]三北公司经历了一个从无到有，不断发展壮大的艰难历程——从最早的小三北公司到三北轮埠公司，再到由三北轮埠公司、鸿安商轮公司、宁兴轮船公司合并组成的航业集团。在中外轮运企业双重压力下，三北公司在虞洽卿（图一）掌舵下艰难发展，并成为近代典型的民营航运企业。三北公司的发展演进历史，亦是近代中国民营航运业发展演进的缩影，因而，对其进行考察对于研究近代航运业也就显得非常重要。目前学界对虞洽卿及其航运企业进行的研究已取得不少的成果。[②]本文拟在前人研究的

＊　　作者简介：袁晖（1990—　），男，上海东华大学人文学院中国近现代史研究生，研究方向：中国近现代社会经济史。

＊＊　作者简介：顾宇辉（1984—　），男，历史学硕士，供职于上海中国航海博物馆学术研究部，研究方向：中国近代航海（航运）史，近代经济史。

①　据《虞洽卿事略》（上海市工商业联合会档案室史料，卷一六七）和三北轮埠公司在1949年填写的《航运事业调查表》（上海市工商业联合会档案室轮船业档案，卷二），抗战前三北轮埠公司共有大小船舶65只，9万多总吨位，位居民营公司第一。

②　到目前，有关虞洽卿及三北公司的研究主要有丁日初、杜恂诚的《虞洽卿简论》（《历史研究》1981年第3期），王泰栋的《阿德哥与上海滩》（中国文史出版社，1989年），张仲礼的《太古集团在旧中国》（上海人民出版社，1991年），江天凤的《长江航运史·近代（转下页）

基础上，依据新近发掘的档案等史料，力图对这一研究作进一步的考察。

一、初建宁绍轮船公司

虞洽卿(1867～1945年)，名和德，字洽卿，浙江镇海龙山人，近代上海工商界的"闻人"。虞洽卿幼年时家庭寒微，十五岁由族人虞鹏九介绍进上海瑞康颜料店做学徒。由于他刻苦勤劳且颇有经商头脑，受到经理赏识，"当年经过由他经手的买卖，即赚钱两万余两，所以就极为经理所器重"，虞洽卿在进入瑞康颜料店的第二年就拿到了瑞康的20%的股份，[①]后来他将自己的二百余两入股瑞康成为股东。之后，虞洽卿的商业活动范围逐渐扩大，开始在上海滩的商业活动领域中崭露头角。

发达的交通运输业是近代实业建设的重要前提，同时交通优势也对近代城市与经济发展起着巨大的促进作用。当时的虞洽卿看到轮船航运业对经济社会发展的作用，他认为"商务之发达端赖交通便利，而船运业盛衰尤关国势"。[②] 在当时铁路、公路等不甚发达的情况下，航运业的发展对商货运输就显得尤为重要，当时的航运业"实为振兴实业之枢纽"。[③] 同时外商航运企业的丰厚利润，也刺激了有心投资航运企业的中国人。凡此种种，均为虞洽卿准备全力投资近代轮船航运业做了铺垫和准备。

上海自进入近代以来就一跃成为远东的重要港口。外国资本势力在上海港发展的伊始已深深扎根，鸦片战争以后外国与清政府先后签订了4个长江通商章程条约，分别是1861年3月，清政府江西布政使张集馨与英国参赞巴夏礼于九江签订的《长江各口通商暂订章程》；1862年中英之间签订的第二个章程，即《长江各口通商暂订章程》；同一天清政府与各国按照中英商定的新章模式，在文字有所精减的基础上签订的《通商各口通共章程》；1862年11月，清政府与外国签订的《长江收税章程》(亦称《长江通商统共章程》)。其中最后一个《长江通商统共章程》一直持续实行达35年之久，直到1898年才重新修订。[④] 甲午战争

(接上页)部分》(人民交通出版社，1991年)，方凡人的《海上闻人虞洽卿》(宁波出版社，1996年)，冯筱才的《虞洽卿与中国近代轮运业》(载于《虞洽卿研究》，宁波出版社，1997年)，樊百川的《中国轮船航运业的兴起》(中国社会科学出版社，2007年)，王凤山等的《近代名商虞洽卿》(中国社会科学出版社，2010年)，王志刚的《赤脚财神：民国第一大亨虞洽卿传奇》(外文出版社，2010年)，汪仁泽、姚伟琴的《虞洽卿商旅传奇：海派实业第一人》(团结出版社，2011年)，刘夏的《超级大亨虞洽卿》(中国城市出版社，2011年)等论著，这些论著对虞洽卿或三北公司都做了比较深入的探讨。

① 刘涛天：《航业家虞洽卿先生传略》，《教育与职业》1937年第3期，第233-241页。
② 《补录宁绍轮公司呈请立案文》，《申报》1909年5月3日。
③ 交通部交通史编纂委员会、铁道部交通史编纂委员会编：《交通史航政篇》第一册，交通部总务处，1931年，第1064页。
④ 上海长江航运史志编纂委员会：《上海长江航运志》，上海社会科学院出版社，1997年，第63页。

后,清政府在外交上屡屡受挫退让,1898 年清政府议定、颁行《修订长江通商章程》和《内港行船章程》。1902 年 9 月 5 日,清政府与英国签订《续议通商行船条约》(亦称《马凯条约》),1903 年 10 月 8 日与美国签订《通商行船续订条约》,同日与日本签订《通商行船续约》。这一系列条约的签订使"我国全国航路,遂变成万国共有性质"。[①] 当时中国的航运权主要被中外的几个大的航运集团所垄断,如国营轮船招商局,英商怡和轮船公司、太古轮船公司,美国旗昌轮船公司等,之后更有日本日清汽船株式会社的加入。这些航运势力特别是外国垄断集团占据着中国内河和沿海航运的大部分份额(表一)。

表一　外国在中国航运中使用轮船数目估计表(1911 年)

国别	总　　计			远洋及近海国际航线			国　内　航　线		
	只数	吨数(千吨)	%	只数	吨数(千吨)	%	只数	吨数(千吨)	%
英国	291	1121	44.2	171	895	41.9	120	226	56.4
日本	126	445	17.6	87	390	18.3	39	55	13.7
德国	101	348	17.6	68	305	14.3	33	43	10.7
美国	22	210	8.3	22	210	9.8	——	——	——
法国	22	91	3.6	15	82	3.8	7	9	2.2

资料来源：樊百川：《中国轮船航运业的兴起》,中国社会科学出版社,2007 年,第 293 页。

由表一观之,英国、日本、德国三个国家合计,无论是在国内航线还是沿海及远洋航线上,都占有绝对优势。可见,当时中国的航运业基本都置于他们控制之下。这种状况同样表现在当时中国轮运业主要定期航线之一的沪甬线上。1869 年美国旗昌轮船公司开辟沪甬定期航线,[②]1877 年招商局收购旗昌轮船公司,接手沪甬航线,同年太古洋行也介入该航线,[③]至 1908 年,法商东方公司也加入这一航线中共享航运利益。[④] 沪甬线上定期班轮就有英商太古轮船公司、法商东方公司和招商局三家。早在 1906 年太古和轮船招商局在沪甬线上就有联营协议,[⑤]垄断了这一航线上的业务。当航线上出现三家公司时,航运竞价尤为激烈,然而最终竞价的结果是三家公司经过协商,都将票价定为一元,同时使运货水脚提价,造成"宁绍两府损失不啻一百万元",[⑥]这引起宁波商民的不满。此时在商界已颇负盛名的虞洽卿便代表宁波商民向三公司接洽要求减价。要求遭到拒

① 漆树芬：《经济侵略下之中国》,上海书店出版社,1989 年,第 114 页。
② 茅百科主编：《上海港史》(古近代部分),人民交通出版社,1990 年,第 163 页。
③ 张仲礼：《太古集团在旧中国》,上海人民出版社,1991 年,第 64 页。
④ 交通部交通史编纂委员会、铁道部交通史编纂委员会编：《交通史航政篇》第一册,交通部总务处,1931 年,第 375 页。
⑤ 张仲礼：《太古集团在旧中国》,上海人民出版社,1991 年,第 97 页。
⑥ 《虞洽卿通告宁绍公司股东》,《时报》1917 年 5 月 14 日。

绝后,虞洽卿等人于1908年自行筹划组织轮船公司——宁绍商轮股份有限公司。

公司成立于1908年,额定资本总数为一百万元,每股五元,计二十万股,总公司设在上海,在宁波设立分行。宁波股份有限公司于9月17日召开正式股东大会,公举虞洽卿为总理,严义彬、方舜年为协理。宁绍公司开业之后便向福州船政局的马尾船厂买了一艘轮船,命名为"宁绍"轮。又经虞洽卿多方奔走,在张謇的帮助下租得上海十六铺码头,建造堆栈,并在宁绍轮舱口竖一"立永洋五角"木牌,表示永不加价。宁绍公司运营后,沪甬线上的业务日趋繁忙,添置"甬兴"一船加入航线。"甬兴"轮原是宁绍公司打算在"沪甬两埠货客稍形减少之际","拟随时抽调驶行别埠"来扩大公司的业务范围的。然而,以太古为首的轮船公司,并不希望宁绍公司发展壮大。于是新一轮的竞价竞争开始,他们将票价压至原来的20%。由于宁绍公司的实力远远不如其他三家航运公司,竞争使得公司连年亏损甚多。在此情况下,一方面宁绍公司与四明公所相继在《申报》上大力宣传,恳请宁绍同乡不要因小利而失大利,帮助宁绍渡过难关,为宁绍争气;[1]另一方面成立"宁绍航业维持会",大力劝募经费,由维持会补贴宁绍票价差额损失。同时,虞洽卿还利用自己银行买办的身份说服了宁绍商界,获得沪浙间货物的运输权。经过两年的斗争,宁绍轮船公司终于在强大的对手竞争之下站稳了脚跟,并于1914年添置了"新宁绍"轮,将航线延伸至沪汉线,参与长江航运的角逐。宁绍轮船公司的崛起预示着中国民营资本轮运企业的兴起,中国的民营资本企业已成为列强航运企业一个不容忽视的对手。

1915年"甬兴"轮在崇明岛附近海域触礁搁浅,拖回上海维修后业绩不佳,宁绍公司董事会主张将其出售。虞洽卿以独特的商业眼光承购了该轮,并出租外商获利颇丰,引起公司董事会大为不满。"甬兴"轮事件后,虞洽卿与宁绍公司董事会产生矛盾,便辞去宁绍公司的总经理职务,专心投入其独资创办的三北轮埠公司的经营之中。

二、独资创办三北轮埠公司

早在三北轮埠公司建立之前,虞洽卿就于1913年在家乡创立了三北轮船公司,其最初目的是为了服务家乡人民。"恰老以欲任天下事,必自本乡起,乃开设轮埠建筑海滩,以泊轮船,又设轻便铁道,以利陆道,置轮三艘,以慈北、姚北二轮,往来穿山、舟山、沈家门等埠,以镇北一轮,行驶甬江,与沪甬轮船相衔接,先后投资,不下数十万。"[2](表二)三北轮船公司为虞洽卿的航运事业奠定了基础,同时也是近代最大的民族轮运企业三北航业集团的萌芽。

① 《宁绍商轮股份有限公司劝告宁绍同乡之言》、《宁波同乡往返趁船争口气》,《申报》1913年7月19日、29日。
② 汪北平、郑大慈编:《虞洽卿先生》,上海宁波文物社,1946年。

表二　三北公司初创时期已有船只情况

船　名	吨位（吨）	船资（元）	航　　　线
慈　北	120	20 000	宁波至沈家门一带
姚　北	97	—	宁波至舟山、穿山
镇　北	90	租用	宁波至龙山
升　孚	1 320	1 000 000	外海和南洋各岛

资料来源：《三北轮埠公司史料选辑》，《档案与史学》1996 年第 5 期，第 3－6 页。

1915 年 6 月，虞洽卿将三北轮船公司加以扩充，正式创办三北轮埠股份有限公司。设总公司于上海广东路 93 号，设分公司于宁波、镇海、龙山、舟山、沈家门（按：二年前先在宁波、镇海、龙山、舟山、沈家门通航）。该公司主要创办人如下：①虞和德，镇海人，住龙山镇；虞顺恩，镇海人，住龙山镇；虞顺懋，镇海人，住龙山镇；虞顺慰，镇海人，住龙山镇；虞祥舜，镇海人，住龙山镇；郑继耀，镇海人，住龙山镇；陈达章，镇海人，住龙山镇；刘缓荪，镇海人，住龙山镇。

其中，虞顺恩、虞顺懋、虞顺慰都是虞洽卿的儿子，加上他自己的股份，三北公司 95.5％的股份都为虞洽卿所拥有，②三北公司基本为虞洽卿独资创办。

公司刚刚创办之时，仅有两小轮行驶宁波、镇海、沥江、龙山一线，1916 年 6 月，公司购入"姚北"轮，投入上述航线，同宁绍公司的沪甬线相衔接。1917 年，虞洽卿向荷兰轮船公司购买一艘原名"彭登姗"轮船，后改名"升孚"，并租与开滦煤矿局。1918 年 5 月，公司又连续购入"升有"、"敏顺"、"惠顺"3 艘轮船。9 月，购入"利泰"轮，并将"升孚"收回自用。此时，三北公司各轮注册营业航线已包括长江及南北洋各主要航线：③

1. 上海长江一带；

2. 上海至宁波、温州、台州、兴化、泉州、福州、厦门、汕头、广东、香港、南洋；

3. 上海至海州、青岛、威海卫、秦皇岛、烟台、牛庄、安东、大连、海参崴、日本；

4. 宁波至镇海、穿山、沥江、龙山、普陀、岱山。

三北轮埠公司创建时正值第一次世界大战爆发，外商轮船大量被调回国，货多船少，运价大涨。虞洽卿不惜变卖自己在沪所有的不动产，再添资本，大力扩充三北轮埠公司业务。1918 年后，三北轮埠公司逐渐壮大发展成了三北航业集团。

---

① 根据《三北轮埠公司史料选辑》（该文系根据藏于长江航运公司的三北轮埠公司档案史料，载于《档案与史学》1996 年第 5 期第 3－6 页）内云，该公司："股份为二十万元，每股一万元，计二千股。"似有误。

② 冯筱才：《虞洽卿与中国近代轮运业》，载于金普森编：《虞洽卿研究》，宁波出版社，1997 年，第 224－252 页。

③ 交通部交通史编纂委员会、铁道部交通史编纂委员会编：《交通史航政篇》第一册，交通部总务处，1931 年，第 391 页。

三、三北航业集团形成壮大

　　三北航业集团包括三北轮埠公司、鸿安商轮公司、宁兴轮船公司和鸿升码头堆栈公司。1918年,虞洽卿将公司部分利润和变卖部分房产所得资本共同注入企业,扩充三北轮埠公司业务,将资本扩充至一百万元。公司新购"升有"、"敏顺"、"惠顺"等3只1 500吨以上轮船,将航线扩展至长江及南北沿海和外洋,北至天津、海参崴,南至广东、新加坡,东至日本,溯江而至汉口。1919年三北公司再增资为两百万元,又连续购置"升平"、"升安"、"升利"等轮船。

　　1918年,虞洽卿投资四十五万元收购英商鸿安轮船公司,其原为叶澄衷、徐子静、何丹书等人1889年创办。由于当时清政府对民族航运企业大力打压,同时给予招商局漕运专利[1],他们只得采取"诡寄洋商"的方式托庇于洋商。在1890年年底,英商鸿安轮船公司有11艘轮船,净吨数7 000余吨。[2] 1904年公司营业锐落,在长江航行的只有4艘轮船,总吨位4 480吨,虽经改组,但迫于内外航运势力的煎熬下于1908年5月停业。[3]虞洽卿联合招商局、太古、怡和三公司的买办及有关人士,将其承买,才得继续开业。1918年年底,虞洽卿等将英商股份悉数收回。1919年,虞洽卿将购买的"英商鸿安轮船公司"改名为"鸿安轮船公司","是年6月呈交通部注册,资本共为四十五万元,每股一百五十元,计三千股"。[4]虞洽卿后为鸿安商轮增加资本一百万元,先后添置"武林"、"之江"、"华盛"等轮船,连同原来剩下的"长安"、"德兴"两轮,吨位共计5 604吨,主要营运长江航线。

　　1917年,虞洽卿为方便集团内的资金调度和银行间贷款,投资二十万创立了"宁兴轮船公司",由其长子虞顺恩创设。宁兴轮船公司有"宁兴"轮一艘(图二),航线为沪甬航线。后增资到一百万元,购置"升有"、"敏

图二　三北轮埠公司"宁兴"轮

---

[1]　招商局成立伊始,李鸿章便为它奏请运漕专利权,认为"必准其兼运漕粮,方有专门生意,不至为洋商排挤"(《李文忠公全集》,奏稿,卷一九,第49页)。相比其他民族航运企业,清政府各级官僚基本持打压态度,具体参照樊百川的《中国轮船航运业的兴起》(中国社会科学出版社,2001年),第184页-210页。这种情况下,在19世纪七八十年代这一期间内中国民族航运业基本是采取"诡寄洋商",以华商附股的方式艰难生存。

[2]　樊百川:《中国轮船航运业的兴起》,中国社会科学出版社,2007年,第209页。

[3]　樊百川:《中国轮船航运业的兴起》,中国社会科学出版社,2007年,第310页。

[4]　交通部交通史编纂委员会、铁道部交通史编纂委员会编:《交通史航政篇》第一册,交通部总务处,1931年,第397页。

顺"等轮。实际上,宁兴轮船公司所有船舶均由三北轮埠公司经营,收支也由三北轮埠公司核算。这个公司基本为空壳公司,设立的主要目的是为了集团公司内资金调度和贷款时,可相互作为担保人,不必求助于他人。

此时,由三北轮埠公司、鸿安商轮公司、宁兴轮船公司加上上海鸿升码头堆栈公司组成的三北航业集团(表三),一跃成为当时全国性的大航运企业。

表三　三北航业集团旗下公司资本和轮船概况(1921年)

公 司 名 称	资本(元)	轮船只数	总吨位	主要航线概况
三北轮埠集团	2 000 000	12	11 134	1. 长江航线5只;
鸿安商轮公司	1 000 000	5	5 604	2. 上海天津线3只;
宁兴轮船公司	20 000	1	3 439	3. 大连福州线5只; 4. 上海广州线4只;
总　　计	3 200 000	18	20 177	5. 上海福州线1只。①

资料来源:樊百川:《中国轮船航运业的兴起》,中国社会科学出版社,2007年,第478页;交通部交通史编纂委员会、铁道部交通史编纂委员会编:《交通史航政篇》第一册,交通部总务处,1931年,第397页;《记三北公司航业之现状》,《申报》1921年3月5日。

一战期间,近代中国民族资本主义的发展出现了"短暂春天",然而,即使在这一时期,三北公司仍然遭受到外国资本的打压和牵制。1918年,虞洽卿因购买日本"升平"轮,四处奔走才将轮船过籍成功。② 第一次世界大战停止后,三北公司因为"运价暴落,战时高价,所购各轮,利无所出,亏至数百万"。③ 虞洽卿一方面"持以镇静,勉力支撑",另一方面"力持整顿,将公司各船去窳更新",艰难地维持着三北航业集团的局面。而当帝国主义结束战争,将目光重新转回中国的时候,加上日本在华资本加剧扩张等新因素,中国的航运企业陷入更为艰难的处境,三北航业集团自不能免遭此等厄运。

是时,战后被征召回国的外国航运公司纷纷重新回到上海,且来势更加汹涌。此间,太古、怡和等大轮船公司纷纷恢复并扩大在中国的份额,至1920年英国在中国的沿海航运上就超过了1913年的吨数,在长江航运上则始终占据着中外轮船进出吨数的45%之上并且在战争中还有所增长。日本则趁欧战之机大肆扩张其在中国资本,在日本政府的精心策划和大力补助之下,以日本邮船会社、大阪商船会社、大连汽船会社和日清汽船会社等几个大的垄断企业为中心,在中国编织成一个巨大的航线网。至1921年,日本已有近40家企业约140余万吨的总吨位,与英国在中国航运上形成争霸局面。作为一战的最大获利者,美国在战后也开始展开对中国航运的疯狂扩张,战后美国在中国航运势力增至13家企业约120万吨的总吨位,成为太平洋航线上的最大的势力。④

① 表上数据不包括三北公司租船数据和浙江沿海45只小轮船数据。
② 交通部交通史编纂委员会、铁道部交通史编纂委员会编:《交通史航政篇》第一册,交通部总务处,1931年,第396页。
③ 汪北平、郑大慈编:《虞洽卿先生》,上海宁波文物社,1946年。
④ 樊百川:《中国轮船航运业的兴起》,中国社会科学出版社,2007年,第400 - 424页。

当时由于国内军阀混战,长江航运上的国内商轮多被军阀所扣,①三北公司轮船亦不例外。同时由于长期借债买船所带来的资金周转等问题也威胁着三北公司。面对这种状况,虞洽卿一面通过整顿企业内部管理,同时也积极向政府寻求帮助以渡难关。1919 年,太古、怡和及招商局联合将长江航线"南北吨价减收 2/3",并迫使三北承诺以后在长江航线上不得再增添船只、增加航行班次。为应对公司发展困境,虞洽卿通过友人北京政府财政次长李思浩获得二十万元贷款,②还向北京政府交通部提出政府借贷一百五十万元,将公司股本以六厘保息。③ 是年 12 月,北京政府国务会议决定同意三北公司股本保息经费由财政部、交通部两部分担,同时拨付一百五十万元借款,具体内容如下:④

> 一、财政部发给有期国库证券一百五十元;
> 二、利息年定六厘,自九年底(1920 年)归偿;
> 三、限期十年分还;
> 四、交通部为保证以照信用。

虞洽卿在获得政府巨额贷款和保息之后,增资三北轮埠公司一百万元,将三家公司总资本增至三百二十万元。其间,虞洽卿采取多种手段发展壮大公司规模,以应对中外航运势力的夹击。

1. 扩大船队规模。1921 年 1 月虞洽卿向英商购买"升安"轮,又购"亿利"轮,改名"升利"轮。1923 年 3 月,虞又向挪威船商购买"泰山"轮,6 月购"鸣鹤"轮,8 月向华元一轮船行购"元利"铁壳轮船,改名"凤浦"轮,9 月又购"元吉"一艘,改名"伏龙"轮。⑤ 至 1930 年,短短十年间,虞洽卿共有轮船 23 艘,总吨位达 4 万多吨,仅比轮船招商局少 2 艘,少 1 290 总吨位。⑥ 在买船的同时,虞洽卿还通过其他各种途径租用其他公司的轮船发展航线。至 1921 年年底,三北公司租用其他公司船舶 10 艘,所用租船占其轮船总数的 40%,总吨位的 30%以上。⑦

2. 拓展航线。首先,三北公司争取在长江航线上立足。虞洽卿与太古、怡和及招商局三家公司达成协议,即长江水脚必须与三公司协同一致,且六年内不

---

① 《长江商轮多被留为军用》,《申报》1922 年 4 月 21 日。
② 汪仁泽:《虞洽卿商旅传奇》,团结出版社,2011 年,第 103 页。
③ 交通部交通史编纂委员会、铁道部交通史编纂委员会编:《交通史航政篇》第 3 册,交通部总务处,1931 年,第 1064 页。
④ 《政府决定维持三北公司航业给付息欵由财交两部分担》、《三北公司虞和德为扩充航业要求政府息借款项》,《申报》1919 年 12 月 1 日、30 日。
⑤ 交通部交通史编纂委员会、铁道部交通史编纂委员会编:《交通史航政篇》第 1 册,交通部总务处,1931 年,第 391 - 393 页。
⑥ 上海长江航运史志编纂委员会:《上海长江航运志》,上海社会科学院出版社,1997 年,第 164 - 166 页。
⑦ 樊百川:《中国轮船航运业的兴起》,中国社会科学出版社,2007 年,第 637 - 645 页。

得再在长江线内添置新轮。三北公司通过出让一部分的公司利益获得在长江航线立足的资格。其次，开辟川江航线，组织川江华轮大同盟。一方面虞洽卿利用自己的社会背景同四川军阀斡旋，使其批准三北航轮在川江挂国旗航行，另一方面虞洽卿同卢作孚合作，成立了三北、民生、招商局、永兴等华轮公司同盟以抵制外轮在川江势力。第三，三北公司还开通了上海至福州定期航线和外洋的不定期航线。

3. 扩大公司运营范围——从买船到造船。1922 年，虞洽卿买下肇成机器厂，改为三北轮埠公司机器厂，专门维修自己公司的船只。后该公司发展成为三北机器造船厂，为三北、鸿安公司造中小轮船、铁驳船 10 多艘。[①]

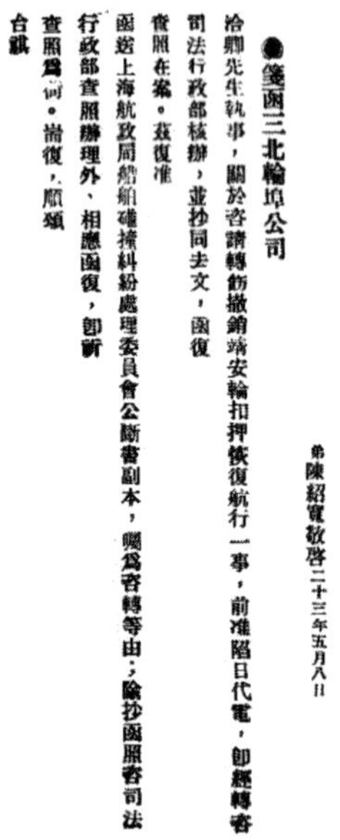
●箋函三北輪埠公司
洽卿先生執事，關於咨請轉飭撤銷靖安輪扣押恢復航行一事，前准陷日代電，卽經轉咨
司法行政部核辦，並抄同去文，函復
查照在案。茲復准
函送上海航政局鱸船碰撞糾紛處理委員會公斷書副本，囑爲咨轉等由；除抄函照咨司法
行政部查照辦理外，相應函復，卽祈
查照爲荷。端復，順頌
台祺
弟陳紹寬敬啓二十三年五月八日
陳紹寬敬啓二十三年五月九日

图三 1934 年《海军公报》刊布的海军部长陈绍宽与虞洽卿的往来函件

1927 年南京国民政府成立，重点发展国家资本，鼓励国家资本兼并民营资本。鉴于当时世界经济形势不景气，加上国内战祸连绵，民族航运资本遭受到严峻考验。三北公司在此期间亦一度出现严重亏损。虞洽卿凭借自身拥有的广泛社会关系网（特别是同南京当局的特殊关系）（图三），使得公司轮运实力发展至顶峰。

1929 年至 1934 年间，由于遭受外国资本倾轧，本国资本压制，三北公司长期效益不佳，年年亏损。期间，三北公司累计亏损达 736 万元。[②] 为摆脱困境，1929 年虞洽卿利用自己同南京国民政府的良好关系，屡次呈请政府设法维持，并自行发行航业债券银元 350 万元，年息八厘（图四）。南京国民政府出于多方原因，同意出资为其保息，由财政部指定在交易所税项下拨付。这次借款对于三北公司来说无疑是一支救心剂，使其重新焕发了生命力。

1929 年 9 月 3 日，航业债券基金保管委员会为三北、鸿安公司停航请政府将上海交易所税款拨付给两公司以维持公司运营，发文财政部：[③]

三北、鸿安两公司航业债券基金保管委员会委员长秦润卿，委员李济生、叶琢堂、楼询如、陈蓉馆呈为保管三北轮埠公司、鸿安商轮公司航业债券基金请求备案事。……查三北、鸿安两公司为年前停航损失，叠次呈请政府维持，旋经拟定两公司自行发行航业债券银元三百五十万元由政府保付年

① 上海沿海运输志编纂委员会：《上海沿海运输志》，上海社会科学院出版社，第 362 页。

② 上海长江航运史志编纂委员会：《上海长江航运志》，上海社会科学院出版社，1997 年，第 164－166 页。

③ 《国民政府财政部为三北、鸿安两公司航业债券保息的一组史料》，《民国档案》1997 年第 4 期，第 32－42 页。

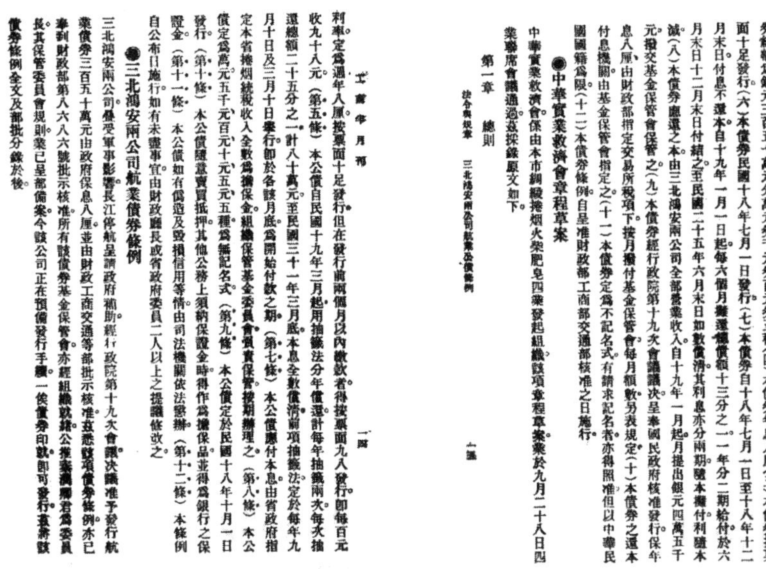
工商半月刊　一四

利率定爲週年八厘。按票面十足發行。但在發行前兩個月以內繳款者得按票面九八發行。即每百元收九十八元。（第五條）本公債自民國十九年三月起用抽籤法分年償還。計每年抽籤兩次。每次抽還總額二十五分之一。計八十萬元。至民國三十一年三月底本息全數償清。前項抽籤法定於每年九月十日及三月十日舉行。即於各該月底爲開始付款之期。（第七條）本公債應付本息由省政府指定本省捲烟統稅收入全數爲擔保金。組織保管基金委員會負責保管按期辦理之（第八條）本公債定爲萬元五千元百元十元五元五種。爲無記名式（第九條）本公債定於民國十八年十月一日發行。（第十條）本公債隨意買賣抵押其他公務上須納保證金時得作爲擔保品並得爲銀行之保證金。（第十一條）本公債如有僞造及毀損信用等情由司法機關依法懲辦（第十二條）本條例自公布日施行。如有未盡事宜由財政廳長或省政府委員二人以上之提議修改之。

◉三北鴻安兩公司航業債券條例

三北鴻安兩公司疊受軍事影響。長江停航。呈請政府補助。經行政院第十九次會議決議准予發行航業債券三百五十萬元。由政府保息八厘。並由財政工商交通等部批示核准。茲悉該項債券條例亦已奉到財政部第八六八六號批示核准。所有該債券基金保管會亦經組織就緒。公推秦潤卿君爲委員長。其保管委員會規則業已呈部備案。今該公司正在預備發行手續。一俟債券印就。即可發行。茲將該債券條例全文及部批分錄於後。

法令與規章　三北鴻安兩公司航業公債條例　一五

◉債券條例　（一）本債券定名爲上海三北鴻安兩公司航業債券（二）本債券以三北鴻安兩公司全部資產六百餘萬元爲担保品。所有全部資產證交由基金保管會保管。其規則另定之（三）本債券總額爲銀元三百五十萬元。分萬元券千元券百元券三種。（四）本債券年息八厘。（五）本債券按票面十足發行。（六）本債券民國十八年七月一日發行。（七）本債券自十八年七月一日至十八年十二月末日。付息不還本。自十九年一月一日起。每六個月攤還總債額十三分之一。一年分二期給付。於六月末日十二月末日付結之。至民國二十五年六月末日如數償清。其利息亦分兩期。隨本攤付。利隨本減。（八）本債券應還之本。由三北鴻安兩公司全部營業收入自十九年一月起。月提出銀元四萬五千元。撥交基金保管會保管之。（九）本債券經行政院第十九次會議議決呈奉國民政府核准發行。保年息八厘。由財政部指定交易所稅項下按月撥付基金保管會。每月額數另表規定。（十）本債券之還本付息機關。由基金保管會指定之。（十一）本債券定爲不記名式。有請求記名者亦得照准。但以中華民國國籍爲限。（十二）本債券條例。自呈准財政部工商部交通部核准之日施行。

◉中華實業救濟會章程草案

中華實業救濟會係由本市綢緞捲烟火柴肥皂四業發起組織。該項章程草案業於九月二十八日四業聯席會議通過。茲採錄原文如下。

第一章　總則

图四　“三北、鸿安”两公司航业债券条例

息八厘，限七年还清本息款项，设立基金保管会负保管之责，其还本办法定自民国十九年一月为始，按月由三北鸿安两公司营业收入项下每月拨出银元四万五千元交由保管委员会保管，每六个月摊还总债额十三分之一，一年分两期给付，于每年六月末日、十二月末日付给之，至民国二十五年六月末日如数偿清，其利息亦分两期随本摊付，利随本减，开折呈请钧部核示遵行。……准如所请办理，并即指拨交易所税抵充保息之款，仰即遵办。……至指拨交易所税抵充息金一节，以两公司与商会所在之地以向上海交易所联合会接洽较为便捷，应请钧部令行全国交易所自七月份起将应缴税款逐月汇解上海交易所联合会查照案定数目拨付敝会具领，一面由该会具报备案，以省手续。

1929 年 10 月 12 日，财政部同意三北、鸿安两公司航业债券基金保管委员会请求，并令上海交易所联合会拨付款项训令：①

财政部训令第 12162 号

令上海交易所联合会

为令遵事：案查前据该会呈为十七年份税款拟以七月一日起照新税率补缴，等情。当经本部以第八七四五号批令，姑准从十七年七月一日起按新税率征收，仍应将十七年份各交易所各期赢余数目呈报来部，以凭核办，……合亟令仰该会迅予遵照本部前批各节详细具报，以凭核办。再，交

① 《国民政府财政部为三北、鸿安两公司航业债券保息的一组史料》,《民国档案》1997 年第 4 期，第 32－42 页。

易所税业经拨作三北、鸿安两公司航业债券保息基金,所有十八年份交易所税应由各交易所按期缴存该会,以备应付前项债券保息之用,并仰转知各交易所遵照。

此令。

三北公司得到这批巨额贷款之后,公司资本较前大为充足,这批贷款被用于大力购买船只。1928 年到 1934 年,虞洽卿先后购置 1 800 吨以上轮船 9 艘、1 000 吨以上轮 1 艘,在广州新增 3 000 吨平安号大趸船 1 艘,又由三北机器造船厂造出多艘 500 吨以上轮船。截至 1936 年,虞洽卿共向四明银行借款达三百五十八万余元用以发展公司航运业务。① 同时,虞洽卿还致信交通银行胡笔江、唐寿民二人,请求交通银行为三北公司担保四十五万元购买香港奥轮公司龙山、瑞安二轮。② 至抗战前夕,三北、鸿安、宁兴三公司共有轮船 49 艘,总吨位达 7 万多吨。③ 仅三北轮埠公司有轮船 30 艘、拖船 5 艘、驳船 12 艘,共计 5 万多吨,并在镇江、南京、汉口、重庆、福州、广州、天津等 20 多个城市设有分公司或代理处。④

1937 年夏,中国抗日战争全面爆发,三北公司的发展也不得不终止。三北公司将船队一部分入川避难,共计有 16 艘,约 2.1 万余吨,但其中一些大轮如长兴(图五)、新宁兴、明兴等因吃水较深无法驶入川江,只好停在宜昌附近;另一部分则在交通部的核准下,改挂外旗,其中转隶意大利籍 8 艘、巴拿马籍 4 艘、挪威籍 4 艘,共 16 艘,约 3.6 万吨。⑤ 抗战期间为防止敌舰溯江而上,"唯有消极抵制,自谋堵塞之法。然水上防御工事之建筑,并非一蹴而就,临时应变,不得不征用船只,沉入港口,及布置水雷,以为阻塞工具",⑥南京政府分别在江阴、马当等地构筑长江封锁线。三北公司亦积极支持政府抗战,参与长江封锁线工程,同时支援公物

图五　三北轮埠公司"长兴"轮

① 《上海三北轮埠有限公司、鸿安商轮有限公司借款契约及各户借款汇总单》,Q279 - 1 - 235 - 8;《四明商业储蓄银行关于三北、鸿安商轮公司借款案函件》,Q279 - 1 - 235,上海档案馆藏。
② 《交通银行业务部、沪行关于担保三北公司购轮及承做押款的来往文书》,Q255 - 2 - 256,上海档案馆藏。
③ 上海长江航运史志编纂委员会:《上海长江航运志》,上海社会科学院出版社,1997 年,第 164 - 166 页。
④ 《三北轮埠有限总公司广告》,《航业月刊》1936 年第 4 卷第 5 期。
⑤ 冯筱才:《虞洽卿与中国近代轮运业》,载于金普森编:《虞洽卿研究》,宁波出版社,1997 年,第 224 - 252 页。
⑥ 龚学遂:《中国战时交通史》,商务印书馆,1947 年,第 207 页。

运输,加上被日军俘虏船只,三北集团在抗战期间船只损失巨大(表四),至战后仅仅剩下船 27 艘,11 448 总吨位。

表四　三北航业集团在抗战期间长江船舶损失

	数　　量	吨位(吨)
政府征用阻塞水道	11	15 445
被敌炸沉触雷沉没	9	14 988
军工运输遭受损失	8	3 664
被敌掳占	23	21 514
总　　计	51	55 611

资料来源:江天凤编:《长江航运史·近代部分》,人民交通出版社,1992 年,第 546 页。

四、几点检讨

纵观虞洽卿及其航运企业的发展变迁,我们可作如下几点检讨。

(一)辩证地看待近代外商航运企业与民族航运企业关系

近代以来,帝国主义用坚船利炮打开了中国国门,中国与外国签订了一系列不平等条约。外商航运企业在中国兴起,受不平等条约庇护大肆发展其航运势力,沿海、沿江航运权尽失,致使近代中国沿海、沿江航线多半为外人侵占,对中国传统航运业造成了极大的冲击,"帆船盛行,沙船大减。迨后轮船四出,水脚愈贱"。[①] 李鸿章曾言:"各口通商以来,中国沿海沿江之利,尽为外国商轮侵占。"[②]同时外商航运业在中国沿海(江)地区的兴起发展,一边抑制民族航运业的发展,一边由于其利润的丰厚,也刺激和诱导民族航运企业的发生、发展。在高额利润的刺激下,也为解决当时的漕运问题,李鸿章于 1872 年创办了轮船招商局。而早在 1866 年,就有中国商人购买轮船,并交外商代理运营。[③] 鸿安商轮公司、三北公司一定程度上也是在此背景下成立的。另外,在长期的竞争当中,外商航运企业先进的管理经验客观上促进了民族航运企业的发展。如在经营管理制度上,轮船招商局的经营管理是仿照当时外商轮船公司的买办制度:各分局承包业务,按各口所揽水脚提 5% 作为总局和分局办公经费。这种制度有利于鼓励员司招揽客货,也是当时航运界实行竞争的通行方法。[④] 而西方在华投资所产

---

① 交通部交通史编纂委员会、铁道部交通史编纂委员会编:《交通史航政篇》第 1 册,交通部总务司,1931 年,第 139 页
② 《李文忠公全集》奏稿,卷五六,第一页。
③ 樊百川:《中国轮船航运业的兴起》,中国社会科学出版社,2007 年,第 201 页。
④ 许涤新、吴承明:《中国资本主义发展史》第二卷,人民出版社,2005 年,第 412 页。

生的副作用中的一个极为耐人寻味的事例——企业家的姿态和水准都发生了不少的变化。这种企业家的成长也促进了民族航运企业的发展。同时,民族航运企业的某些方面也可能被外商学习:外商航运企业开始更加依靠买办的效率。当时上海怡和洋行的经理 F. B. 约翰逊以开创资本 32.5 万两组成了一家新的股份公司:华海轮船公司,这些资本部分由本地的华商和外商筹集,部分为怡和洋行本身投资。华海轮船公司之所以能取得成功,固然由于约翰逊的深谋远虑,可是怡和洋行买办唐景星(唐廷枢)确也有一份功绩。在晏尔吉和唐景星这些人的协助下,上海的这两家英国洋行(太古和怡和洋行)已经接近于解决了外国轮船公司同中国商人之间的接触和合作问题。①外商航运企业一方面与中国民族航运企业竞争夺利、同时也利用和学习中国民族航运企业在中国的关系网络。

(二) 近代民营航运企业发展之艰难

近代外商航运企业在不平等的条约的庇护下,依靠本国和自己雄厚的实力对民族航运企业进行挤压。民营航运企业一面受到外商航运企业的排挤,同时也受到官营轮船招商局的竞争,在夹缝中求生存。三北公司在刚刚成立之时就面对这种生存困境:在进入沪甬航线和长江航线之时不得不多次和太古、轮船招商局签订不平等航运协议。虞洽卿凭借自己与北京政府及南京国民政府较好的社会关系网络,尚能取得政府在政策、资金等方面的倾斜和支持,勉力发展,而一般中小民营航运企业在近代特殊经济社会环境下生存之艰难就可想而知了。1877 年轮船招商局兼并旗昌轮船公司之后,原来在旗昌投资的一部分商人,不愿意把资本转入轮船招商局。他们以湖州丝商为中心,另行组织了一家继续打着美商旗号的宁波轮船公司,但仅仅存在了一年多,就被迫在国内外航运势力的双重打击下停闭。②

军阀战争不断,严重制约着民营航商的发展。1925 年的广东"内河航业,统计航行广州与东西北三江各属者,共有一百三十余艘之多,竞争甚烈。平时营业上,已难逐其一什之利。兼之地方不靖,捐费重重,每遇战事,当局又封船运兵。不能营业,致内河航业,无时不在困难中"。③ 这种因军阀混战,航商遭殃的事例在近代可谓不胜枚举。随着近代航运市场的发展,民营航运企业内部竞争也日益激烈。1916 年的宁波,"内港小轮日见增多,竞争亦益剧烈"。④ 至 1919 年,"本年(1919 年)内港轮船竞争太烈,无利可图,以至停驶者有之,转买者有之"。⑤

民营航运企业发展过程中亦多受政府限制。1901 年宁波,"甬江小轮行驶,

① [美]刘广京著,邱锡镕译:《英美航运势力在华的竞争:1862—1874》,上海社会科学院出版社,1988 年,第 167、175、187 页。
② 汪敬虞:《十九世纪外国侵华企业中的外商附股活动》,《历史研究》1965 年第 4 期,第 73 页。
③ 《广州之商业近况》,《中外经济周刊》第 148 号 1926 年 1 月 30 日,第 7 页。
④ 1916 年,宁波口,《华洋贸易情形论略》,第 1916 页。
⑤ 1919 年,宁波口,《华洋贸易情形论略》,载《关册贸易统计及报告》,1919 年,第 873 页。

每艘各有限制地方，不能侵越"。① 1905 年时，同样在宁波，"现有某商集资设立有成公司，购置永大小轮一艘，专走台州黄岩等处。现因藩司船照尚未颁到，故该公司董王勤甫日前在道署具禀，呈请先行开驶。高与卿观察以禀内并未叙明该小轮于何埠开驶、于何埠停泊，及经过何卡验税，所请现行开驶，碍难照准，业已批驳不准"。②

除此之外，近代民营航运企业的发展亦受到当时名目繁多的关卡厘税盘剥，政府各种名目的承饷、报效、包捐、专利、垄断的限制和压榨，其发展的内外部环境之艰难可见一斑。为摆脱和减少各种不利的外部环境影响，一些民营航运企业在近代很长时期内悬挂洋旗假冒外商航船进行"诡寄"经营也就不难理解了。

（三）航运企业发展需要审时度势、谙于社交的领航人

虞洽卿旅沪五十年中，投身于航业几及二十五年，从最早在中外轮运势力的夹缝中抓住时机建立宁绍轮船公司，在三北发展的初期，毅然卖去自己大量房产扩大三北公司起始资本。再到第一次世界大战骤停之时，虞洽卿一面"持以镇静，勉力支撑"，一面"力持整顿，去瑕更新"极力维护三北公司发展，同时积极向政府请求贷款以帮助企业渡过难过。如此举措均表现出虞洽卿作为一个航运企业家审时度势的能力。

在近代，企业要发展单靠一己之力往往很难成功，人际交往与社会关系是企业成功的重要因素。虞洽卿在建立发展航运企业时就充分发挥他荷兰银行买办、四明银行、上海证券物品交易所等金融机构创始人的社会身份，广结上海工商、钱业、银行界以及政界要人，巧妙经营，争取同行、同乡帮助，多次帮助旗下航业企业在与外商竞争中渡过难关。在宁绍轮船公司发生危机之后，多方奔走求助，取得在沪甬商的支持。在三北集团发生资金危机的时候，多次利用自己的社会关系向北京政府和南京政府发文申请援助，使三北轮埠公司最终发展成当时中国最大的民营航业集团。

---

① 《中外日报》光绪二十七年四月二十七日。
② 《中外日报》光绪三十一年五月十三日。

Discussion of Yu Ya-ching and
His Shipping Enterprise

Abstract: As a modern well-known national shipping entrepreneur and social activist, Yu Ya-ching has founded Ning-shao Steam Navigation Company, San Peh Steam Navigation Company, Hung-an Steam Navigation Company and later merged to the San Peh Group all his life. With his management and administration, San Peh group became the largest private shipping enterprise before 1937. Meanwhile, Yu Ya-ching and his national shipping enterprises' tough development process were deeply marked by the evolution of modern China's economic and social influence.

Keywords: Yu Ya-ching, San Peh, Modern, Shipping Industry

蓬莱高丽(朝鲜)古船造船与
保护技术

袁晓春*

(蓬莱 登州博物馆 265600)

摘 要: 2005 年 7 月,山东省蓬莱市登州港(蓬莱水城)发现 3 艘中外古代沉船,其中 2 艘高丽(朝鲜)古船为国内第一次发现外国古船。本文对高丽(朝鲜)古船的发现与鉴定,古船的结构、特征、成因、技术保护,以及古船与高丽(朝鲜)使节的关系等进行了探究。

关键词: 朝鲜 古船 结构 特征 成因 保护

2005 年 7 月,蓬莱发现两艘高丽(朝鲜)古船,在国际学术界产生了影响,韩国、日本、荷兰、葡萄牙、法国等国学者纷纷前往蓬莱实地考察。2006 年 8 月,在蓬莱召开"蓬莱古船国际学术研讨会",到会中外学者 90 余人,提交会议论文 44 篇。[①] 同年 11 月,韩国召开"14 世纪亚洲海上贸易与新安海底遗物国际学术研讨会",中国学者应邀发表了《中国蓬莱水城古船发掘与成果》的论文,[②]向国外学者详细介绍了两艘蓬莱高丽(朝鲜)古船的有关情况,使蓬莱高丽(朝鲜)古船的影响愈来愈广,韩国 KBS、MBC 电视台先后来蓬莱拍摄并播出《复活的韩船》等电视专题片。韩国迄今发现最长的古代远洋帆船在中国蓬莱的出土,重新揭示了中韩古代频繁的政治、经济、文化等海洋交流的历史。2012 年,新建的蓬莱古船博物馆将建成并展出两艘蓬莱高丽(朝鲜)古船,这是韩国古船首次在国外展出不同类型的远洋帆船。两艘高丽(朝鲜)古船在中国北方古代著名的国际港口出土并进行展示,将填补中韩造船技术交流史的空白,其相关研究尚需进一步深入和拓展。本文试对两艘蓬莱高丽(朝鲜)古船的特征与结构、成因、保护以及高丽(朝鲜)使节登州港出入等进行探究,就教于国内

---

* 作者简介:袁晓春(1963—),男,副研究员,山东蓬莱市登州博物馆馆长,中国船史研究会副会长,研究方向:中国造船史及古船保护,水下文物鉴定研究等。

① 袁晓春:《再析中韩古代海船中期保护技术》,《中国文物科学研究》2009 年第 1 期,第 90 - 92 页。
② 袁晓春:《中国蓬莱水城古船发掘与成果》,载《14 世纪亚洲海上贸易与新安海底遗物国际学术研讨会论文集》,韩国国立海洋遗物展示馆,2006 年,第 471 - 509 页。

外专家。

一、蓬莱高丽(朝鲜)古船的发现与鉴定

蓬莱高丽(朝鲜)古船的发现地登州港(蓬莱水城)是中国古代北方最著名的港口,早在唐朝(618～907年)神龙三年(707年)登州在蓬莱设立后,登州港成为中国古代与东亚进行海洋交流的主要口岸。据《新唐书》记载,唐朝与国外往来有两条海道,一是"登州海行入高丽渤海道",二是"广州通海夷道"。登州港自唐朝以来,成为古代中国北方重要的交通枢纽。

登州港(蓬莱水城)是中国古港中唯一保存下来的古代名港,一千多年来登州港一直作为港口使用,在中国古港中颇具独特性。迄今中国古代著名古港中,广州港现在演变成城市街区,扬州港已湮没消失,明州港已不见踪迹,唯独登州港经过历朝清淤至今仍在使用。近代100多年来,登州港先后经历了三次大规模清淤,为1957年、1984年和2005年。在1984年登州港港口清淤工程中,蓬莱县文化局和烟台市博物馆考古工作人员,在港湾西南隅2.1米深淤泥中,发现三艘古代沉船,因受工程时间和人员限制,文物工作者只清理出一艘元朝古船,在1990年建立起登州古船博物馆进行展示,另外两艘古船仍回埋于港内。

2005年3～11月,登州港进行又一次港口清淤工程,由蓬莱市文物局、烟台市博物馆、山东省文物考古研究所联合组成考古队,对原古船回埋处进行考古发掘。7月24日,在1984年蓬莱元朝战船发现地西数十米处,发现一艘长21.5米的明朝战船。战船残宽5.2米,舱残深0.56米,保存有龙骨、前桅座、6道舱壁和11列外板。7月26日,在明朝战船北部1米多处发现几近并排的蓬莱3号古船(图一)。蓬莱3号古船东西走向,头西尾东,左倾斜沉于黑色淤泥中。[①] 从船舱中发现有中国古代陶瓷器残片,朝鲜半岛古代镶嵌青瓷碗、瓷瓶、陶茧形壶、陶瓮等韩国文物。后在蓬莱3号古船北部数十米处,又发现另一艘蓬莱4号古船底板等残船体(图二)。

在蓬莱古船发掘现场,中国古船专家席龙飞、顿贺以及袁晓春等发现这艘古船的奇特之处,船底板用木栓连接,舷板用木钉连接,中央底板未设粗大的龙骨,与以往发现的中国古船从船型到结构都有不同。当时年近八旬的席龙飞教授评价蓬莱3号古船的船型为见所未见,中国古船专家开始推断此船朝鲜半岛的海外背景。当年11月,韩国国立海洋遗物展示馆金圣范馆长、金炳堇博士考察蓬莱新发现的三艘古船,当即提出蓬莱3号、4号古船为韩国高丽时期的古船。中韩古船专家对蓬莱3号、4号古船的判断不谋而合,趋向一致。蓬莱当年发现并

---

① 袁晓春:《试析中韩古代海船早期保护技术》,《中国文物科学研究》2007年第4期,第70-73页。

图一 蓬莱3号古船(上)和蓬莱2号古船(下)发掘现场

图二 蓬莱4号古船发掘现场

鉴定外国古船,中韩古船专家的共同研究为蓬莱高丽(朝鲜)古船鉴定开了一个好头,成为中外古船专家共同研究古船的成功案例,在国际船史界颇具前导性。2006年8月召开了"蓬莱古船国际学术研讨会",中国船史学者席龙飞、何国卫、顿贺、李国清、龚昌奇、袁晓春等,韩国学者金圣范、金炳堇、李元植、许逸、崔恒洵等分别撰写论文,对蓬莱发现的高丽(朝鲜)古船进行了多角度的研究。[①] 至此,蓬莱高丽(朝鲜)古船得到了中韩古船专家的共同认定,其影响越来越广。

二、蓬莱高丽(朝鲜)古船的结构

蓬莱3号、4号古船结构不同。蓬莱3号古船的结构受到了中国造船技术的影响,蓬莱4号古船显示出韩国古船的传统技术。蓬莱3号古船的结构因为采用了舱壁、肋骨、桅座等先进的中国造船技术,因此被韩国著名船史学者李元植、许逸评价为:"设置了隔舱板和肋骨以取代高丽海船通常采用的加龙木,这是具有划时代意义的重大发现。"试析如下:

1. 蓬莱3号、4号古船的尺寸

蓬莱3号古船为小方首、方尾,首尾皆起翘,长19米(1984年清淤工程时出土古船长19米,因施工折断尾部,残长17.1米),残宽6.2米,舱残深1.28米。左侧船外板保存较完整,为8列;右侧船外板保存不全,为3列(图三)。

蓬莱4号古船残长8.53米,残宽1.96米,分别是龙骨、龙骨翼板、零星外板,其他船材都已不存(图四)。

---

① 席龙飞、蔡薇主编:《蓬莱古船国际学术研讨会文集》,长江出版社,2009年。

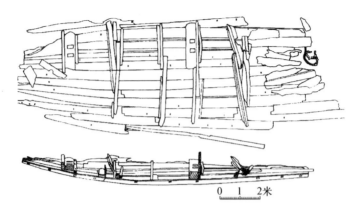

图三　蓬莱3号古船平、剖面图

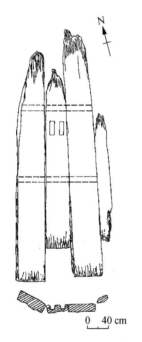

图四　蓬莱4号古船平、剖面图

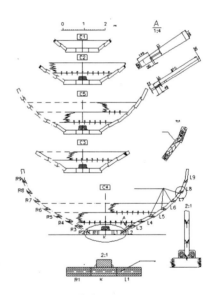

图五　蓬莱3号古船舱壁图

2. 蓬莱3号、4号古船的船型

蓬莱3号古船的船型出现新变化,船型呈现⌣形船体(图五)。迄今韩国已发现莞岛高丽古船、木浦达里岛高丽古船、群山十二东波岛高丽古船等三艘箱型船体的高丽古船。蓬莱3号古船的船体呈⌣形,与新安安佐高丽古船船型相近,说明朝鲜半岛的古船在14世纪高丽后期出现⌣形船体。经现代科学实验证明,古船箱型肥满的船体阻力最大,⌣形船体的阻力较小,与传统韩国古船相比,⌣型船体具有先进性。1122年,中国宋朝使节徐兢出使高丽乘坐的使船,"上平如衡,下侧如刀,贵其可以破浪而行也",为⌣形船体。中国泉州古船建于13世纪,其船体呈V形。欧洲在18世纪70年代,瑞典造船师F. H. A.查普曼发表关于V形船体研究成果后,西方造船界才普遍采用V形船体结构。从出土的中韩古船进行观察，引人关注的是，古代东方早在 13、14 世纪已有 V 形船体海船建成，并投入运营，应为世界上最早出现的 V 形船体海船。

蓬莱 4 号古船从发现的平底船底板等船材来看，船型为朝鲜半岛传统的平底船，以此可以复原方头、方尾、平底海船，适合航行于中国北方、朝鲜半岛西海岸等水浅多沙滩的海域。

3. 蓬莱 3 号古船特殊的底板结构

蓬莱 3 号古船的底板结构特殊，地板仅有三列，中央底板尾部短于左右底板，左右底板呈拐尺状进行保护，形成蓬莱 3 号古船底板特殊尾部结构。蓬莱 3 号古船的中央底板结合处，上加宽大补强材，补强材长 8.2 米，宽 0.31 米，厚 0.15 米，补强材用铁钉钉牢，以增强纵向强度，为以往发现的韩国古船所未有。

4. 蓬莱 3 号古船舱壁、肋骨、桅座、补强材等特殊结构

蓬莱 3 号古船发现 5 道隔舱壁及 4 道隔舱壁遗迹，即 9 道隔舱壁，分为 10 个船舱。水密舱壁是中国发明的造船技术，在江苏如皋出土的唐朝（618～907年）古船上就已发现使用水密舱壁技术。韩国古船采用加木和驾龙木，来加强横向强度，却没有横向舱壁。在蓬莱 3 号古船发现舱壁，无疑是中韩造船技术交流的结果。

蓬莱 3 号古船还发现肋骨，使用肋骨加强横向强度属于中国的造船技术。发现肋骨有两种，一种锯齿状肋骨，与泉州宋朝古船使用的肋骨相似；另一种肋骨选用曲形或直形自然圆木，使用方法是钉固在锯齿形肋骨外侧，这种利用自然圆木的原型，未进行加工制作的肋骨，在中国古船中未有发现，倒与韩国莞岛古船使用的圆木驾龙木相似，多少有一些韩国古船驾龙木的影子。

蓬莱 3 号古船发现前、后桅座，表明该船是利用桅座装桅的两桅海船。韩国发现的古船中未见使用桅座，而是在中央底板上开槽装桅，这无疑将损害其强度。桅座技术的使用，应是蓬莱 3 号古船的技术进步。

蓬莱 3 号古船使用了补强材，补强材位于中央底板的接头处，补强材长 8.2 米，宽 0.31 米，十分宽大。在中国蓬莱元朝古船上发现龙骨接头处上方附加补强材，以增加接头部位的结构强度。而韩国发现古船中未见此类补强材，可见蓬莱 3 号古船补强材的使用，是受到中国造船技术的影响。

三、蓬莱高丽（朝鲜）古船的特征

1. 蓬莱高丽（朝鲜）古船独特的船壳技术

蓬莱 3 号古船与蓬莱 4 号古船，其连接技术颇为独特，又有所区别：

蓬莱 3 号古船底板使用长槊（木栓）连接，左、右舷板是用皮槊（木钉）连接的。韩国古船使用长槊（木栓）和皮槊（木钉）连接船壳技术，具有悠久的历史，并保持其独特的造船技术传统。2006 年，曾有韩国学者提出蓬莱 3 号古船是在中国建造的韩国古船的观点。笔者认为其观点是错误的，因为目前中国大陆发现

的众多古船中,没有一艘中国古船其船壳连接是采用长槊(木栓)与皮槊(木钉)连接技术的,况且蓬莱3、4号古船的皮槊被加工成小S形,显然中国的造船工匠不掌握这些韩国古船的技术和工艺。

韩国高丽时期的船壳技术与改槊技术有关。韩国古船用松木制作,出现腐朽和损坏后,可以进行改槊,即拔出长槊或皮槊,更换腐朽和损坏的船板,再重新用皮槊或长槊连接。这种方便而简单的改槊技术为韩国古船的传统技术。

蓬莱4号古船仅发现几块底板,但是采用了长槊(木栓)连接,未发现使用铁钉连接,其船壳技术可确定为地道的韩国古船连接技术。由此可见,蓬莱4号古船若改槊则相对简单,而蓬莱3号古船因采用了铁钉连接,虽然船材连接较为牢固,但其改槊时需再拔出铁钉,比较费工费事,这也是蓬莱3号古船与蓬莱4号古船在船壳连接技术上的区别所在。

2. 蓬莱高丽(朝鲜)古船宽厚的船材

蓬莱3号古船和蓬莱4号古船作为韩国古船,其特征之一是宽厚的船材。古代朝鲜半岛森林茂密,大型树木生长旺盛,为造船用材提供了充足的木料。因为韩国古船的技术传统以及造船木材的充裕,韩国古船的船材特别宽厚,以至成为韩国古船的船材特征。迄今中国发现的100多艘古船,没有一艘古船船材像韩国古船那样宽大和厚重,显然中国与韩国在船材用料和加工工艺上方式不同,区别十分明显。

3. 蓬莱高丽(朝鲜)古船船材选用油松

蓬莱3号古船底板、外板、桅座、舱壁、肋骨等都使用油松,蓬莱4号古船的底板也使用油松,可见两艘蓬莱高丽(朝鲜)古船选用了同一种木材。据韩国著名船史学者金在瑾《我国船的历史》记载,朝鲜半岛古代造船船材选用松木,用松木造船是朝鲜半岛的造船技术传统。

而中国幅员广阔,造船用材品种较多,如泉州宋朝古船、蓬莱元朝战船,其龙骨和左、右舷材,使用马尾松、樟木、杉木、松木等。中国古船的用材技术传统,是根据古船的不同部位,使用不同的船材,以至于使用紫檀木、黄花梨木、铁梨木等珍贵木材。就目前中国与韩国发现的古船船材来看,中国古船船材更为多样。蓬莱发现的两艘韩国高丽(朝鲜)古船,船材仅使用油松是一个特例,也再次表明了两艘古船来自于古代朝鲜半岛。

4. 蓬莱高丽(朝鲜)古船的铁钉连接技术

蓬莱3号古船连接工艺上,还出现新的发展,即长槊和皮槊连接船体外,还普遍采用铁钉连接,铁钉间距为23～25厘米。有意思的是,铁钉是从船壳外向里钉进,在舱内几乎看不到铁钉的痕迹。这与蓬莱元朝古船等中国古船在舱内钉进船钉,船壳外几乎看不到铁钉的痕迹,以使铁钉不受海水腐蚀的连接工艺有明显区别。显然古代朝鲜半岛的造船工匠使用铁钉工艺还是像韩国古船的皮槊技术一样,从船底或舷外向里钉进,其钉进工艺与皮槊钉进工艺一脉相承。

5. 蓬莱高丽(朝鲜)古船的舱料技术

蓬莱3号古船还采用舱料密封技术,显然引入了中国的造船技术。中国古船使用艌料，作为船材之间的密封填料，用于船舶的制造和维修。中国古船艌料有两种，第一种名叫"麻板"，用麻丝、桐油、石灰调制而成，还有使用贝壳灰、桐油、麻丝调制，主要用于填塞板缝等较大缝隙，保证了船体的水密性。第二种艌料名叫"腻子"，是用桐油和石灰调制而成，主要用于密封钉孔和较小的缝隙，封堵铁钉，可以防止铁钉生锈腐蚀。在蓬莱3号古船船板间发现的艌料颜色灰白，凝结度不太强，推测是因为朝鲜半岛不生产桐油，其凝结度不好与使用桐油量少及用桐油调制艌料的方法有关。但不可否认，蓬莱3号古船使用的艌料技术，应该是高丽船舶在船材密封技术上的新突破。

6. 蓬莱高丽（朝鲜）古船的供水设施

中国古船是安设水仓，以满足船上人员的生活用水。而蓬莱高丽（朝鲜）古船的供水设施好像有所不同。在蓬莱3号古船第3舱出土了陶瓮残片，经复原陶瓮直径达65厘米，古船上发现的陶瓮是如何使用的呢？据韩国船史学者李元植《韩国的船》书中照片显示，一艘朝鲜时期的韩船船头部分设有三只大瓮，韩船是用陶瓮盛水，供船上人员使用。此外宋朝宣和年间（1119～1125年）使节徐兢出使朝鲜，撰有《宣和奉使高丽图经》记载："华人自西绝洋而来，既已累日，丽人料其甘泉必尽，故以大瓮载水，鼓舟来迎，各以茶米酬之。"当时中国使船越洋而来，朝鲜半岛高丽人以为使船载水已尽，因而用大瓮盛水，为中国使船供水，可见朝鲜半岛用陶瓮盛水的习俗宋朝时就已存在。这种船载陶瓮供水的习俗，从一千多年前的宋朝直到近代尚在沿用。因此可以推测蓬莱3号古船的陶瓮，是船上用来供水的用具，与中国古船水仓供水的设施不同。

四、蓬莱高丽古船特殊结构与特征的成因

蓬莱3号古船，在中国与韩国造船史上是一个特例，迄今中国发现的100多艘古船中没有相同船型，韩国及朝鲜半岛发现的古船也没有与此相同的结构，显然蓬莱3号古船是结合中韩古代造船技术的特殊构造船型。究竟是在什么历史条件下，出现的这种特殊船型呢？这一问题引起了中韩船史专家的关注。

笔者20多年来，先后参加了1984年和2005年两次蓬莱水城古船发掘工程，参与发掘出土了4艘古船。2003年后主持参与"中韩古代海洋文化共同研究合作项目"，先后多次赴韩国访学、参会和合作研究，搜集了众多的中国与韩国资料，现提出蓬莱3号古船为高丽后期（元朝时期）高丽造船工匠在朝鲜半岛建造的中国式样海船，试析如下：

据中韩史料，1274年（至元十一年）与1281年（至元十八年），元朝先后两次用兵日本，由元军与高丽军组成联军，但却遭到失败。当时元廷命令高丽王朝造船900余艘，据《高丽史·金方庆传》记载："十五年（1274年）帝欲征日本，诏方庆与茶丘建造战船。造船若依蛮样，则工费多，将不及期，一国忧之。方庆为东南道都督使，先到全罗，遣人咨受省檄，用本国船样督造。"由此可知，元朝曾在

1274 年前后,将中国古船式样发给高丽王朝,要求按照中国古船的样式建造战船。然而高丽造船工匠终归不熟悉中国古船的船型与构造,因此用工虽多,却不能按期造出 900 艘的战船,只好又重新依据高丽王朝船型建造了大量的征日海船。据此分析,蓬莱 3 号古船正是 1274 年后,在朝鲜半岛由高丽王朝的造船工匠,使用朝鲜半岛的松木建造的海船,其船壳连接技术采用高丽时期的长楔与皮楔技术连接,古船内部结构按中国古船样式,增加横舱壁、肋骨、桅座、补强材等。这在中韩古代造船技术交流史上属昙花一现,其时期短暂,却遗留下韩国造船史上的罕见船型。显然在这之后,朝鲜半岛古船继续按照平底船型等传统造船技术建造发展,这种独特的造船技术一直保持到近代。元朝中国古代造船技术虽短暂传入朝鲜半岛,但未对其传统造船技术产生根本影响。

五、蓬莱高丽(朝鲜)古船的保护技术

自 2005 年 7 月发现两艘蓬莱高丽(朝鲜)古船后,开始古船脱水、防腐、加固保护工程,至今历时 7 年,其具体的保护技术有:

(一) 清淤现场的室外保护技术

1. 搭建遮护棚,防止阳光曝晒

发掘蓬莱高丽(朝鲜)古船时,正值夏季七月,阳光曝晒势必造成饱水船材快速脱水,从而引起船材开裂、翘起、起层等病害出现。考古队在古船发掘现场,搭建起钢架遮护棚,有效防止阳光曝晒船体,在遮护棚南、西、北三面进行半封闭围挡,以缓解古船发掘工地的水分蒸发。遮护棚顶上遮阳,四周较封闭,营造出适宜的发掘和保护环境。

2. 采取船材保湿措施

在搭建遮护棚的同时,考古队对不同船体采取多种保湿措施保护船材。对已完全暴露出来的蓬莱 2 号古船,起初采用喷水保湿,后在船材上铺架稻草,稻草与船体隔开,通过往稻草喷水,稻草上覆盖塑料布保湿,营造出船材的湿润环境。蓬莱 3 号古船船材受腐和海蛆侵蚀严重,埋藏层位深,因而对 3 号古船采取了淤泥覆盖,喷水保湿等措施,具体做法是在船体表面覆盖一层含湿淤泥,淤泥上覆盖稻草,朝稻草上喷水,以起到船材保湿作用。

3. 对船材进行化学保护

在发掘工地,两艘高丽(朝鲜)古船船材表面露出后,下部仍埋于淤泥中。我们采取往船材表面喷淋 75% 的医用酒精,以抑制船材表面的细菌生长。此后开始喷淋丙二醇溶液进行船材保护,不久改喷淋 5%～10% 的分子量 2 000 的 PEG (聚乙烯乙二醇),加强船材强度。其后改喷淋 12.5% 的分子量 4 000 的 PEG 和 0.4% 硼砂混合水溶液,进行脱水和加固保护,以防止水分过速挥发及船材长霉。

（二）室内保护技术

2005年冬季即将来临时，在蓬莱高丽（朝鲜）古船发掘工地，进行室外保护显然已不可能。经国家文物局有关专家现场考察，同意将船材拆开，搬入室内，并进行合理的科学性保护。

1. 转入室内前的保护技术

文物保护人员聘请从事蓬莱元朝古船修复的造船厂，担当两艘蓬莱高丽（朝鲜）古船的分体拆运工作。先将古船隔舱拆开，再把船材外板缝隙间的舱料剔除，连接船板间的铁钉挑断，按照先拆隔舱板，再拆外板，后拆龙骨的拆船顺序，将船体拆分。在每块拆开的船材上，分别用钉标牌、书油漆、墨书三种方式进行标记，为将来的古船复原做好准确的记录工作。

2. 转入室内后的前期保护技术

文物保护人员根据以往蓬莱元朝古船脱水保护经验，将两艘蓬莱高丽（朝鲜）古船船材离地垫起摆放，使古船船材四周通透，便于饱水船材水分子的溢出，以及PEG材料的渗透。此外，离地架起船材，能有效地避免船材腐朽现象的发生。

冬季在古船保护室内，文物保护人员采取锅炉供暖，一般室内温度保持在15～20℃，室内湿度保持在65％左右。室内配备灭火器，工作人员、保安人员24小时昼夜值班，确保古船船材安全。

文物保护人员组织人员对蓬莱两艘高丽（朝鲜）古船表面进行清理，对从古船发掘现场搬入室内的船材表面形成的泥沙结层，使用竹签、毛刷、湿布进行清除，使船材木色全部显露出来，也便于喷淋的化学保护材料的渗透。

对两艘蓬莱高丽（朝鲜）古船，文物保护人员采用的化学保护试剂初期为：分子量4 000，稀释浓度12.5％的PEG与浓度0.4％硼砂及浓度为0.3％平平加溶液混合，早、晚各喷淋一次，分子量4 000的PEG用于渗透和脱水加固古船船材，0.4％硼砂溶液用来船材防腐，0.3％平平加溶液用于保护试剂的渗透。文物保护人员通过对喷淋化学保护试剂多次试验发现，以PEG为主的化学保护试剂在多次喷淋和低温下喷淋时，易出现白色结膜，造成渗透不好的情况。需对白色结膜及时进行清除，以确保化学保护试剂的充分渗透，避免因化学保护试剂渗透不下而造成的浪费。

（三）室内保护技术调整

1. 调整化学保护试剂喷淋次数

文物保护人员经反复试验，从2008年夏季开始，加大化学保护试剂的喷淋次数，利用夏季气温高，古船船材喷淋化学保护试剂较易渗透的特点，从每天早、晚2次喷淋化学保护试剂，变更为早、午、晚3次喷淋化学保护试剂，以加快化学保护试剂的渗透速度，推进蓬莱高丽（朝鲜）古船保护进程。

2. 保护室内搭建塑料保护棚控制湿度

春季春风骤起，保护室内湿度下降很快，为35％～40％，部分船材表面产生

PEG 白色结膜,极个别船材表面出现皲裂。为防止皲裂病患的蔓延,文物保护人员及时在保护室内搭建起塑料保护大棚,用塑料保护棚罩住古船船材,很快塑料保护棚内湿度恢复到 65%～70%,达到较理想湿度要求,皲裂病患随之消除。

3. 控制夏季塑料保护棚内的湿度防止霉变

夏季雨水较多,在 8 月份高温多湿的保护室内,个别船材表面出现白色霉变,文物保护人员及时将塑料保护棚掀起透风,使保护室内塑料保护棚的湿度由 90% 以上降至 70% 左右,有效地遏制了白色霉变的发生。

4. 调整保护材料

2010 年后蓬莱高丽(朝鲜)古船进入后期保护工程,2010 年 12 月停喷原化学保护材料,改用新的保护材料,进行后期古船保护。新材料为 1% 木质素、2% 黄酸钙(喷淋 3 个月)、4% 黄酸钙溶液每天喷淋 1 次,增加古船船材的木质素,以增加船材强度,便于蓬莱高丽(朝鲜)古船船体复原和展示。

2012 年上半年,两艘蓬莱高丽(朝鲜)古船,将在新落成的蓬莱古船博物馆正式对中外观众展出。因展馆建设在地下 6 米深处,又紧临登州港(蓬莱水城)的港池水面,展室的潮湿无疑会对蓬莱高丽(朝鲜)古船产生不利影响,展室内的古船后续保护工作,有待于进一步开展。

六、蓬莱高丽(朝鲜)古船与高丽、朝鲜使节

707 年,唐朝在蓬莱设立登州,管辖山东半岛的东部地区。登州与明州(宁波)是唐朝以后中国与朝鲜友好交往的两个主要口岸。唐朝出入中国的新罗、日本使节、僧人、商人等,在北方地区都需在登州口岸办理出入境手续。日本名僧圆仁在江苏口岸归国时,被要求远行到登州办理出入境手续,才回到了日本。唐朝廷在登州设新罗馆,接待朝鲜半岛新罗遣唐使 30 余次。宋朝高丽使节仍从登州进入中国,据《宋史·高丽传》记载:"高丽往返,皆自登州。"宋朝廷在登州建"高丽馆"接待高丽国使,因接待费用过高,在天禧五年(1021 年),朝廷"别给登州钱十万,充高丽贡使之费",[①]以弥补登州接待高丽使节开销的不足。元、明、清三朝,登州仍是高丽使节的出入口岸,据不完全统计,高丽、朝鲜使节郑梦周、李齐贤、郑道传、朴宜中、金九容、李詹、李崇仁、权近、李稷、吴允谦、全湜、李民宬、金尚宪、高用厚、金地粹、崔有海、申悦道、吴肃羽、李献庆等 20 余人从登州出入(表一)。为此,笔者编辑出版了《朝鲜使节咏山东集录》一书,[②]将保存在上述使节的个人文集中的,以及《宾王录》、《朝天录》、《燕行录》等记录的有关山东半岛的资料,进行了搜集整理和介绍,以期引起中外学者的重视和研究。

① 《续资治通鉴长编》卷九七"天禧五年"条。
② 袁晓春:《朝鲜使节咏山东集录》,《蓬莱文库》,黄河出版社,2007 年。

表一　著名高丽、朝鲜使节出入登州港一览表

使节名称	生　卒	访华时间	著　作
安　轴	1282～1348 年		《谨斋集》
郑梦周	1337～1392 年		《圃隐集》
朴宜中	1337～1403 年		《贞斋逸稿》
金九容	1338～1384 年		《惕若斋集》
李　詹	1345～1405 年	1400 年	《梅堂集》
李崇仁	1347～1392 年	1386～1388 年	《陶隐集》
郑道传	1337～1398 年	1384～1392 年	《三峰集》、《经济六集》、《锦南杂题》、《陈法书》
李齐贤	1287～1367 年	1314 年	《益斋乱稿》、《栎翁稗说》
权　近	1352～1409 年	1388 年	《五经浅见录》、《阳村集》
李　稷	1362～1431 年		《亨斋集》
吴允谦	1559～1636 年	1623 年	《楸滩集》
李民宬	1570～1629 年	1623～1624 年	《敬亭集》、《敬亭续集》
吴肃羽	1592～1634 年	1624～1625 年	《天坡集》
全　湜	1563～1642 年	1625～1626 年	《沙西集》
金尚宪	1570～1652 年	1626～1627 年	《清阴集》、《野人谈录》
金地粹	1581～1639 年	1624～1627 年	《苔川集》
申悦道	1589～1659 年	1628～1629 年	《懒斋集》
高用厚	1577～? 年	1630 年	《晴沙集》、《正气录》
崔有海	1587～1641 年	1629 年	《默守堂先生文集》、《东槎录》
李献庆	1719～1791 年		《艮翁集》

　　近年来,在韩国先后发现众多高丽时期的海船,主要有莞岛高丽古船、木浦达理岛高丽古船、群山十二东波岛高丽古船、新安安佐高丽古船、泰安郡高丽古船。日前,尚未有资料表明与高丽使团的使船有关,而在中国蓬莱市登州古港出土的高丽古船,是否与郑梦周等各批使团有关呢? 据韩国朴现圭教授考证,①高丽王朝出使中国从登州海路访华的使节主要有郑梦周、李崇仁、权近、朴宜中等人,其使船因长期使用失修,不能驶回高丽,是否是遗留在登州港。

　　在古船上发现了高丽镶嵌青瓷碗、瓷罐、茧形壶、陶瓷等韩国文物,其中 2 件高丽镶嵌青瓷,分别为菊花莲瓣纹碗和水波连珠纹碗。据韩国国立海洋遗物展示馆的金圣范馆长、金炳堇博士考证,2 件镶嵌青瓷器皿具有高丽后期镶嵌青瓷

---

① ［韩国］朴现圭:《高丽时代妈祖接触考》,载《海上交通与伊斯兰教文化学术研讨会论文集》,中国海外交通史研究会,2008 年,第 304 - 315 页。

衰变期的特征。镶嵌青瓷即在青釉上镶嵌白色纹饰,具有典型的朝鲜半岛风格。蓬莱 3 号古船高丽镶嵌青瓷,是首次经过科学发掘发现的,证明高丽海船装载镶嵌青瓷自登州海路输入中国的史实,为朝鲜半岛古代瓷器输入中国提供了海路输入的实物依据。

蓬莱登州港发现的 2 艘韩国古船,表明高丽海船吸收了中国的造船技术而出现造船技术进步的现象,主要表现在采用中国的舱壁和肋骨技术,加强横向强度;采用补强材,加强中央底板,以增强中央底板接头部位强度;采用椇座技术安装椇杆、铁钉连接船体等先进造船技术,使蓬莱 3 号古船与其他发现的高丽古船相比,具有航速较快、水密性强、抗沉性高等优点,使高丽船型出现了新变化。[①]

七、结　　论

1. 蓬莱发现的两艘高丽(朝鲜)古船船型与结构不同,属于两种不同类型的韩国古代海船,蓬莱 3 号古船的船型为∪形船,蓬莱 4 号古船为箱型体船。

2. 蓬莱 3 号古船为韩国造船史上的特例,其仍使用了长槊与皮槊连接船壳的韩国古代造船技术,也采用了舱壁、肋骨、椇座、补强材等中国古代造船技术,该船属于中韩古代造船技术的混合使用,为中韩古代造船技术交流史文物实例,在世界造船史中较为罕见。

3. 据《高丽史·金方庆传》记载,在公元 1274 年后,元朝曾将中国古船式样发给高丽王朝,要求按照中国古船式样建造征日战船。蓬莱 3 号古船应为在这之后建造的中国式样的高丽海船。

4. 蓬莱 3 号古船的发现表明,最迟 14 世纪中国造船技术曾系统地传入朝鲜半岛,被韩国学者称为"具有跨时代意义的重大发现"。但是不知什么原因,韩国古船一直保持着自己独特的技术传统。不过,∪形船型的出现,目前从发现的韩国古船来看是在 14 世纪,是否与中国造船技术传入有关,尚有待中韩古船专家的进一步研讨。

5. 蓬莱 4 号古船为典型的方头、平底、方尾韩国古船,适合航行于中国北方、朝鲜半岛西海岸多沙滩的海域,其造船技术、改槊技术,以及航海范围值得引起中外专家的关注。

---

① 袁晓春:《海上丝绸之路蓬莱史迹初探》,载《登州与海上丝绸之路国际学术研讨会论文集》,人民出版社,2009 年,第 89 - 95 页。

Shipbuilding Technology and Protection on Koryo (Ancient Korean) Ships Unearthed in Penglai

Abstract: In July 2005, there are three Chinese and foreign ancient shipwrecks unearthed in the Penglai Dengzhou Port (Denglai Water Fortress), among the three ancient ships there are two Koryo (Ancient Korean) Ships which is as foreign ships unearth in China at the first time. The thesis is conducted an in-depth analysis on the two Koryo (Ancient Korean) Ships appraisal and tries to probe into the structure of the ships, caracteristis and cause of wreckage etc. and finds out the relations between the ships and the Koryo (Ancient Korean) envoys at that time.

Keywords: Ancient Korea, Ancient Ships, Structure, Caracteristis, Cause, Protection

国家航海　第二辑
National
Maritime Research

蓬莱高丽（朝鲜）古船造船与
保护技术

135

再论夷洲即今之台湾

张崇根*

摘　要：三国孙吴黄龙二年（230 年），孙权派卫温、诸葛直统率万人大军经略夷洲。对于卫温等人所到之处，究竟是我国的台湾岛，还是现在日本的冲绳岛，学术界有不同的看法。笔者曾于 1981 年发表《三国孙吴经营台湾考》，[①]论证夷洲即台湾。本文运用民族学、地理学、考古学与历史文献相互印证，再次证明夷洲即我国台湾岛。这是中国政治势力第一次达到台湾而载入《三国志》等史册。

关键词：三国孙吴　夷洲　台湾

祖国大陆进入西周封建社会之后，尤其在战国秦汉之际，华夏汉族与周边以至海外民族的联系与交流的范围扩大，《尚书·禹贡》、《逸周书》、《山海经》、《春秋》三传、《国语》、《战国策》、《吕氏春秋》和《淮南子》等著作，多所记载。或谓，古籍所载的"岛夷"、"东鳀"指今台湾岛及其居民；或说，台湾之名是由《列子·汤问》记载的"岱舆"、"员峤"二山之名，各取一字合成。这都是没有实证的推测。据笔者考证，岛夷为鸟夷之误，其居地约在今长江以南大陆上，东鳀是日本九州。[②]

到了三国时期，吴国孙权于黄龙二年（230 年）派卫温、诸葛直入海寻访夷洲、亶洲，台湾本岛才以"夷洲"之名见诸汉文史籍记载。

一、山夷的社会生活与习俗

夷洲民、山夷或仅称夷，是距今 1 700 多年前的三国吴国人对居住在今台湾岛上住民的称呼，其事见于吴丹阳太守沈莹撰写的《临海水土志》夷洲条，全文

---

*　作者简介：张崇根（1938—　），男，历史学硕士，原任职国家民族事务委员会（退休），中央民族大学客座教授，主要研究台湾早期史、台湾世居少数民族（高山族）问题。

① 《三国孙吴经营台湾考》，《安徽大学学报（哲学社会科学版）》1981 年第 1 期。

② 张崇根：《鸟夷·东鳀补证》，《贵州社会科学》1981 年第 3 期。今读梁嘉彬《明代以前中菲关系小考》，注一有"其实'倭人'即'东鳀'"的论断，与我的"东鳀是日本九州"说不谋而合——2003 年 4 月 21 日补记。

如下：

夷州①在临海东南，去郡二千里，土地无雪霜，草木不死。四面是山［溪］，众山，夷所居。山顶有越王射的，正白，乃是石也。

此夷各号为王，分划土地人民，各自别异。

人皆髡头穿耳，女人不穿耳。作室居，种荆为［藩障］（蕃鄣）。土地饶沃，既生五谷，又多鱼肉。舅姑子妇男女卧息，共一大床。交会之时，各不相避。能作细布，亦作斑文布，刻画其内有文章，以为饰好也。其地亦出铜铁，惟用鹿角［为］矛以战斗耳。磨砺青石以作矢镞刃斧。环贯珠珰。饮食不洁。取生鱼肉杂贮大［瓦］器中，以［盐］卤之，历［月余日］（日月）乃啖食之，以为上肴。呼民人为'弥麟'。如有所召，取大空材，材十余丈，以着中庭，又以大杵旁舂之，闻四五里如鼓。民人闻之，皆往驰赴会。

饮食皆踞相对，凿床作器如稀槽状，以鱼肉腥臊安中，十十五五共食之。以粟为酒，木槽贮之，用大竹筒长七寸许饮之。

歌似犬嗥，以相娱乐。

得人头，斫去脑，剥其面肉，留置骨，取犬毛染之以作鬃眉发编，具齿以作口，自临战斗时用之，如假面状。此是夷王所服。战，得头，着首还。于中庭建一大材，高十余丈，以所得头差次挂之，历年不下，彰示其功。

又甲家有女，乙家有男，仍委父母，往就之居，与作夫妻，同牢而食。女以嫁，②皆缺去前上一齿。

同时，记载临海郡的居民情况是：

安家之民，悉依深山，架立屋舍于栈格上，似楼状。居处、饮食、衣服、被饰，与夷州民相似。

父母死亡，杀犬祭之，作四方函以盛尸。饮酒歌舞毕，仍悬着高山岩石之间，不埋土中作冢椁也。

男女悉无履。今安阳、罗江县③民是其子孙也。［民］皆好［啖］猴头羹，以菜和中以醒酒，［虽］（杂）五肉臊不及之。其俗言："宁自负人千石之粟，不愿负人猴头羹臁。"④

---

① 《三国志》作夷洲，《太平御览》作夷州。
② 委，舍弃（据《古汉语常用字字典》），故疑仍为乃之误。以，因，因为（据杨树达《词诠》）。
③ 安阳、罗江都是吴国临海郡属县。安阳，今浙江瑞安县。罗江，首见于《晋书·地理志下》，《隋书》以下各史地志书不载，"废弃已久"（张政烺《临海水土异物志辑校序》）。今福建省福安县赛岐镇有"罗江"，疑为古罗江县名之遗。
④ 原文见《太平御览》卷七八〇；或参见张崇根辑注：《临海水土志》，中央民族大学出版社，1998年10月。按，虽、杂，繁体字雖、雜，形近而讹。

现将上述记载概述如下：

（一）族称

据以上有关夷洲民（夷洲人）的记载可知，当时居住在台湾岛上居民的自称没有被记录下来，沈莹只是根据地名称之为"夷洲民"或"夷洲人"，或仅称之为"夷"。

有的学者说，沈莹把他们称为"山夷"。笔者认为，"山"指其居住的环境，即这一句读作"四面是山溪。众山，夷所居"，不读作"四面是山溪，众山夷所居。"

（二）"呼民人为'弥麟'"

据引文描写的情形，这是"夷王"即部落领袖对部落成员的称呼。清代关于台湾西海岸平埔族的记载中，有"猫邻"一词可与之对应。如，《诸罗县志·番俗考·杂俗》云："诸罗山打猫各社，谓之'猫踏'……斗六门以北曰'猫邻'。"黄叔璥《台海使槎录》卷五云："惟未嫁者另居一舍，曰'猫邻'。"吴廷华《社寮杂诗注》之十七："刻期插羽走'猫邻'。"注："未受室谓之'猫邻'。"[1]这里的"猫邻"与"弥邻"，写法不一，读音相通，均用汉字转译少数民族词汇，其含义是指已成年的未婚青年。这种基本词汇的一致，绝非偶然，或可证明夷洲人即现代台湾世居少数民族平埔族的先民。

也有学者认为，"弥麟"是"闽"的对音。可备一说。

（三）"夷洲民"的社会状况

我们从《临海水土志》的记载中可以看到，当时，"夷洲人"还处在原始社会母系氏族公社阶段。他们"各号为王，分划土地人民，各自别异"，即在社会生活中没有统一的社会组织，[2]而是以氏族或部落为单位从事生产和生活；在婚姻上是母系制的从妻居对偶婚；生产力十分低下，虽有铜铁，但不知利用，仍然使用磨制石器及骨角为工具和武器；他们喜食腌制的鱼；有缺齿、猎头、穿耳等习俗。这些习俗在现代台湾世居少数民族中还保留着。

（四）台湾海峡两岸的民族

分布在浙南、闽北沿海的"安家民""居处、饮食、衣服、被饰，与夷州民相似"。张政烺先生在为拙著《临海水土异物志》辑校本所作的序中说：

> 台湾古名夷洲，系闽越之地……沈莹……记夷洲较详，决非偶然……又

---

① 同治《淡水厅志》卷十五。
② 刘益昌：《台湾原住民史——史前篇》："台湾原住民族原来并无整个族群的观念，而以社或社群为单位，族群分类通常是学者或统治者所给予，因此从聚落、村社、社群、族群到平埔族、高山族及台湾原住民意识的形成，可说是晚近的事。"台湾文献馆，2002年，第76页。

如记安家之民'居处饮食衣服被饰与夷州民相似',好像当时人对夷洲民比对大陆上的安家之民还要熟悉些。一族之人,或处大陆,或处台湾,一水中隔,当时的人已经不以为异了。①

二、再证夷洲即今台湾

林惠祥在《中国古书所载台湾及其番族之沿革略考》一文中,驳斥了夷洲为日本海岛的说法,并指出:"夷洲之方向、地势、气候、风俗与台湾极相似,舍台湾外无所指,且近时日本人曾在台北发现指掌型之古砖,推其时代即属于三国,故夷洲之为台湾绝无疑义。"②台湾东海大学梁嘉彬教授在《琉球及东南诸海岛与中国》③一书中,有多篇文章论证三国夷洲为今冲绳群岛而非指台湾。1973 年,他的《吴志孙权传夷洲亶洲考证》,④再次集中阐明了他的这一观点,且具有代表性。我们从以下方面再论夷洲是台湾而不是琉球(冲绳)群岛。

(一)"四面是山溪",不是"四面皆山"

沈莹《临海水土志》约北宋时已散佚,⑤幸有唐《艺文类聚》、宋《太平御览》等类书摘抄及《后汉书》、《文选》等注释引文得以保存其片断。关于类书摘抄及注释家引文的史料价值自可见仁见智。但同一作者就不能为了自己的观点而任意褒贬。如讲夷洲地形,《太平御览》作"四面是山",《后汉书·东夷传》李贤注作"四面是山溪"。梁嘉彬先批评有的学者不用《后汉书》所引《临海水土志》而偏用《太平御览》既经李昉改窜之伪《临海水土志》(第 166 页)。又说,《后汉书》所引为"原物"、《太平御览》为"伪物"(第 187 页)。按惯例,被认定是"伪书"的不足为据。可他却用"伪物"为证,说:"台湾,大岛也,安得有'四面皆山'之地形记录?"(第 166 页)他一边批评"台湾论者对夷洲'四面是山溪'之地形不敢作任何考证",而自己的结论却是,"台湾山脉起于中央,殊非'四面是山'也"。⑥其实,溪(古文作磎)就是河流。翻开任何一张台湾地图,无论是西海岸流入台湾海峡的河流,还是东海岸流向太平洋的河流,除了淡水、基隆河、下淡水之外,其余的都称某某溪,如浊水溪、大肚溪、大甲溪(西海岸)、秀姑峦溪、卑南溪(东海岸),等等。台湾确实"四面是山溪"。清周钟瑄说:"闽越间水源自山汇流扬波谓之溪。溪渐于海,朝夕应焉,谓之港。……约略计之,以溪名者三十有八,以港名者三十

---

① 见张崇根:《临海水土异物志辑校》卷首,农业出版社,1981 年。
② 林惠祥:《台湾番族之原始文化》附录,第 93－94 页。前中央研究院社会科学研究所集刊第 3 号,1930 年。
③ 《琉球及东南诸海岛与中国》,东海大学,1965 年 3 月。以下引此书,仅在引文后括注页码。
④ 《吴志孙权传夷洲亶洲考证》,台湾《大陆杂志》第 47 卷第 1 期,1973 年 7 月 15 日出版。
⑤ 张崇根:《临海水土异物志辑校》卷首《代自序》,农业出版社,1981 年。
⑥ 梁嘉彬:《吴志孙权传夷洲亶洲考证》。

有五。港与溪合者十有九,海汉自为港者十有六"。①据此,台湾四周河流多达108条,确为"四面是山溪"。

(二) 夷洲在临海东南,与台湾方位符合

为了讨论夷洲是不是台湾的问题,首先说明关于临海郡的设置。临海郡,吴太平二年(257年)分会稽东部六县置,郡治在今椒江口章安镇,辖8县(含章安、临海两县),其地约为今浙南、闽北沿海一带。②吴孙休永安三年(260年),分临海郡南部设立建安郡。晋初,又分建安郡地设立晋安郡,治今福州市。原罗江县"度属"晋安。

1982年4月下旬,笔者到福建省宁德地区进行社会历史调查,曾经过宁德、福安两县间的一个小镇罗江。同行的当地同志说,它属福安县赛岐公社(镇)。罗江位于穆阳溪与交溪的汇合处,顺交溪进入宁德三都澳可达东海。此地适处于临海郡的安阳(今浙江瑞安)与晋安郡的侯官县之间。笔者疑心这个小镇就是古罗江县名之遗。③也就是说,这里可能是三国孙吴临海郡罗江县县治。

像这类古县治,甚至州治,因种种原因衰落而成为今天的一个镇或一个自然村所在,在考古发现中不乏其例。如江苏省溧阳市(县级),三国孙吴时设永平县,县治在今天目湖镇古县村,距今溧阳市治约七八千米。后因战乱,城址已湮灭。以后的晋平陵县城、唐溧阳县城,分别为今溧阳市治西北南渡镇的古城村和旧县村。④

梁嘉彬为了论证夷洲不是今台湾,他是这样说的:"兹为避免烦琐争执起见,即以今浙江台州(临海县)以北之地为吴之临海郡。试问自今浙江临海县东南航,可达到今台湾乎(尤其是台南)? 曰: 不可。但参考现今航线,便可明白,临海县在东经121度余,台湾南部仅在东经120度,无可称为东南航行之理。"因此,"夷洲自非台湾"。⑤

这就错了。一是,台湾在今东经120～122度之间。台湾北部的港口,大致相当于临海郡东南。由于两汉以来江南不断开发,航海事业不断发展,到三国东吴时,章安就逐渐成为东南沿海政治、经济和对外交通的重心。卫温船队从临海郡章安出发,⑥自台州湾东南航行,所到的夷洲只能是台湾。若是所到的夷洲是冲绳,那只有从台州湾向正东航行了。这与原记录"夷洲在临海东南"不相符。今天的台州市,约当三国时期的临海郡,已开通所属玉环县大麦屿至台湾基隆的直航航线,这也是很好的证明。

---

① [清]周钟瑄撰:《诸罗县志》卷一《封域志》山川条,台湾银行经济研究室《台湾研究丛刊》本,1958年。

② 《三国志·吴书·孙亮传》、《重刊临海县志》卷一《舆地志·沿革》卷十一《杂事志·古迹》。

③ 《临海水土异物志辑校·修订本后记》。

④ 丁纪庚主编:《溧阳文物》,溧阳市文化局编印,2001年,第3-4页。此书承溧阳市民族宗教局胡庚生局长赠送,特此致谢。

⑤ 梁嘉彬:《吴志孙权传夷洲亶洲考证》。

⑥ 叶哲明:《东吴的海外拓展和卫温、诸葛直从章安出使台湾考略》,《台州师专学报(社会科学版)》1981年第2期。

二是，吴国临海郡所辖，绝不会只在台州之北。张政烺先生据《晋书·地理志下》、《宋书·州郡志二》考证，"吴立临海郡有章安、临海、始平、永宁、罗阳、松阳等县。其中罗阳，孙皓改曰安阳"，"我疑心吴设临海郡时，今福建省沿海一带，至少是闽江入海口以北一带，皆归管辖，至晋立晋安郡时才重新定界，从临海郡划出去"。① 这说明，临海郡所辖地域，是包括今浙江台州（临海县）以南之地的。但其南界，大致不会超过今福建连江县岱江的北岸。②

（三）夷洲民的风俗习惯与台湾的平埔族相似，但与冲绳人不同

1. 干栏。到目前为止，台湾考古发现了两处干栏建筑遗迹，一是台北的十三行文化。十三行文化人大约在 1 800 年前来到这里，他们的住屋结构是干栏式建筑。③十三行文化被认为是平埔族系的凯达格兰族的文化。凯达格兰人还有噶玛兰人的住宅是干栏式房屋。④十三行文化的起始年代及住宅形式，与安家民相近。二是南部的凤鼻头文化（距今 3 500～2 000 年），也有干栏式建筑。⑤李亦园指出："西拉雅族的三个亚族分布在台南、高雄、屏东三县境。"⑥凤鼻头遗址在高雄县境内，这种住宅形式可能与他们有关。黄叔璥《番社六考》、六十七《番社采风图考》也有西部沿海平埔族人居干栏的记载。

2. 以歌代哭。〔荷兰〕C. E. S. 著《被忽视之台湾》记荷据时平埔族人的另一葬法是，人死翌日，置尸于距地约 6 尺高之竹台上，缚死者手足，连接竹台，尸旁焚燎，干燥尸中水气。第 9 日复以草席裹尸，更移置较高台上。尸之四周，立柱张幕，若卧榻。三年后，台上尸体肤肉分解无余，始室中掘地埋骨。在这送葬的全过程中，要开三次筵席，饮酒歌舞（第三次不跳舞）。⑦这与安家民以歌舞代哭相似。

3. 犬祭。在距今 4 700～4 200 年前的大坌坑文化晚期台南南关里遗址墓葬区，发现 4 具完整的狗骨架，⑧其中 3 具出土于灰坑中，推测皆为刻意的埋葬。⑨ 这可能是台湾地区最早的犬祭或以犬殉葬的遗迹。但目前尚未发现平埔族系举行犬祭的文献资料，这一古老习俗是否失传了？

4. 髡头。现在已知明代记台湾民族志著作，有陈第《东番记》、周婴《东番记》⑩

---

① 张崇根：《临海水土异物志辑校》卷首。
② 张崇根：《临海水土异物志辑校》（修订本）之《后记》，农业出版社，1988 年。
③ 臧振华、刘益昌：《十三行遗址抢救与初步研究》，台北县文化局，2001 年，第 32、34 页。
④ 臧振华：《十三行的史前居民》："十三行人与凯达格兰人有很大的相似性，是没有疑问的。"但现在"还不能十分肯定"，台北县十三行博物馆，2001 年，第 107 页。
⑤ 韩起：《台湾省原始社会考古概述》，《考古》1979 年第 3 期。
⑥ 李亦园：《台湾土著民族的社会与文化》，台北联经出版事业公司，1982 年，第 56 页。
⑦ 〔荷兰〕C. E. S 著，魏清德编译：《被忽视之台湾》，《文献专刊》第 3 卷第 3-4 期合刊，1952 年 12 月。
⑧ 笔者致函台湾《联合晚报》记者萧衡倩，请其代为查询。2003 年 6 月 21 日，得《联合报》记者郭先盛提供的答复传真：《南科南关里东遗址相关资讯》。
⑨ 臧振华、李匡悌、朱正宜：《南科考古发现专辑——先民履迹》，台南县出版，2006 年，第 98 页。
⑩ 陈第：《东番记》，收入沈有容辑《闽海赠言》卷二，台湾文献丛刊第 56 种；周婴：《东番记》、《远游篇》，卷一二，明末刊本；张燮：《东西洋考》，谢方点校本，中华书局，1981 年。

和张燮《东西洋考》等。陈第说"男子剪发留数寸披垂，女子则否"；《东西洋考》卷五《东番考》说"男女椎髻于脑后"。说明，平埔族系不同民族的风俗习惯是不同的。总的来说，蓄发、留长发、束发的记载比较多。像台南西拉雅族的四大社，"被发不裈"；①明末，林道乾"见土番则削去半发，以为碇绳"。② 可见，其头发之长。这与古越人的断发、椎髻的发式不同。台北故宫博物院藏有乾隆年间谢遂绘《职贡图》，平埔族男女发式大都是椎髻，也有少数披发的。③

5. 穿耳（女人不穿耳）。在台湾世居少数民族中，穿耳的习俗比较普遍。有的民族女人也穿耳。陈第说："男子穿耳，女子断齿，以为饰也（女子年十五六，断去唇两旁二齿）。"周婴《东番记》、张燮《东西洋考》记载略同。《诸罗县志》卷八《番俗考》却说"男女各贯两耳"，但"男子好贯大耳"。黄叔璥《台海使槎录》卷六记崩山八社（道卡斯族），麻达（引者注：指未婚青年）"穿耳，实以竹圈"，到娶妻时去掉。

6. 缺齿。在台湾世居少数民族中，比较普遍地存在这一习俗，而且与夷洲民相似的是，都与婚姻有关。康熙三十六年（1697 年），郁永河到台湾北部淡水采办硫黄，回福州后写了《采硫日记》，卷下记台湾西海岸平埔族少男、少女私订婚姻，第二天女告其父母，招挽手少年至，凿上颚门牙旁二齿授女，女亦凿二齿付男，期某日就妇室婚，终身依妇以处。④黄叔璥《台海使槎录》卷五记哆啰国社（平埔族系的洪安雅族），"成婚后，男女俱折去上齿各二，彼此谨藏，以矢终身不易"。

以上髡头、穿耳、缺齿习俗，也见于明陈第《东番记》及台湾地方志中，如陈第《东番记》说："男子剪发留数寸披垂，女子则否。"⑤康熙《诸罗县志·番俗志》解释这样做的原因，与沈莹所记相类："女有夫，断其旁二齿，以别处子。"

7. 斑纹布。台湾西海岸平埔族人所织"达戈纹"，可与"斑纹布"媲美："以苎丝为线，染以茜草，合鸟兽毛织帛，斑斓相间，名曰'达戈纹'。又有巾布等物，皆坚致。"⑥

8. 腌鱼。《诸罗县志·番俗志》记载的腌鱼，与夷洲民的吃法相似："捕小鱼，微盐渍之令腐，俟虫生既多乃食。亦喜作鲊。鱼以不剖腹而腌，故速腐。"

9. 猎头。台湾地区的猎头习俗，早在距今 3 200～2 300 年的台北圆山文化时期就开始了。⑦以往，我们只知道高山族系（除雅美族外）有此俗。事实上，平埔族系也有猎头习俗，且不乏记载。例如，张燮《东西洋考·东番考》说："比收稻

---

① 被发，以往都从《淮南子·原道训》高诱注，训被为剪；现在，从其说的少了。这一解释不当，《淮南子》本书中就有很多例证，如《兵略训》"寒不被裘"、《齐俗训》"箕子被发佯狂"、《人间训》"一鼓民被甲括矢"，都是被作披解、不作剪解的例证。
② 黄叔璥：《台海使槎录》，丛书集成初编本。
③ 庄吉发总编：《故宫博物院史料概述》图版，台北故宫博物院印行，1995 年。
④ 粤雅堂丛书本。挽手，结婚的意思。
⑤ ［明］沈有容辑：《闽海赠言》卷二，台湾文献丛刊第 56 种；［清］郁永河：《采硫日记》卷下，粤雅堂丛书本；［清］周钟瑄：《诸罗县志》卷八《风俗志》番俗·状貌条。
⑥ ［清］六十七：《番社采风图考》"织布"条，台湾省文献委员会，1996 年，南投。
⑦ 刘益昌：《台湾原住民史·史前篇》，台湾省文献馆，2002 年，南投，第 40 页。

讫,乃摽竹竿于路,谓之插青,此时逢人便杀矣。……其杀人者,贺之曰'壮士'。"〔荷兰〕C. E. S. 著《被忽视之台湾》记载,俗贵敌人髑髅骸骨,夸称为战利品。胜则凯歌高唱,屠豚祝神,赞美神德。敌人髑髅,持往社祠(引者注:可能指部落会所),烹至皮肉尽脱。敌人头骨为光荣虏获品,极郑重保存。得敌人首级最多者,受合社尊敬,奉为豪酋。黄叔璥《台海使槎录》卷八引《理台末议》也有类似记载:所得头颅,携归社内,受众称贺。漆其头,悬挂室内,以数多者称为雄长。《海上事略》云:"台湾生番……各社自树其党,不相统辖。……又其俗尚杀人以为武勇。所屠人头,挖去皮肉,煮去脂膏,涂以金色,藏诸高阁,以多较胜,称为豪侠云。"①

20 世纪 20 年代末,林惠祥曾去台湾进行实地调查,他概述了关于高山族旧时还存在着猎头习俗的情况,说:"馘首为台湾番族之特殊风俗,台湾汉人称之为'出草'。出草者,谓出门杀人取其首以归也。"②当代民族学者何廷瑞《泰雅族猎头风俗之研究》列有《台湾土著各族猎头风俗比较表》,载明泰雅、赛夏、邹、布农、鲁凯、排湾、卑南和阿美 8 族,都有猎头风俗。③而在冲绳群岛,未见相关记载。

以上记载的猎头习俗,与夷洲民的猎头情形还真的很相似。

10. 蹲踞。高山族系和平埔族系中有的群体有此俗,黄叔璥的《台海使槎录》卷七记凤山县上淡水等社(西拉雅族):"饮食宴会,蹲踞而食。近(引者注:指清乾隆年间)制桌椅以待客,番众仍架竹为凳而蹲踞。"

从以上夷洲民与现代台湾平埔族风俗习惯相同或相近,证明夷洲即今台湾岛。我们也可以从冲绳人与夷洲人风俗习惯不相同说明:夷洲不是冲绳。

朝鲜《李朝实录》济州人冲绳群岛见闻:"其俗穿耳,男女同,老者否。"这正与夷洲人的"女人不穿耳"不同。这位济州人叫金裴,李朝成宗八年(明成化十三年,1477 年)漂流到冲绳群岛。他在见闻中还说,冲绳男子不断发而椎髻,"男子绞发,屈而叠之,束以苎绳,作髻于项边"。④又,李朝世祖二年(明景泰七年,1456 年)萧得成等自济州岛漂流到冲绳,也说:"男子椎髻在头左,女子椎髻在脑后。"⑤

(四) 种粟和以粟为酒

台湾古代居民种粟并用粟酿酒,关于饮酒用具,明陈第《东番记》说"各酌以竹筒",也与夷洲民相似。冲绳古代居民虽种粟,但不用粟酿酒。饮酒用瓢。这是二者与夷洲人相同与不同的又一个表现。

种粟和用粟酿酒,是台湾世居少数民族经久不衰的传统,至今依然如此。据考古发现,在距今 4 700~4 200 年的南科园区南关里东遗址,出土了大量的稻

① 转引自黄叔璥:《台湾使槎录》卷八,丛书集成初编本。
② 林惠祥著,蒋炳钊编:《天风海涛室遗稿》,鹭江出版社,2001 年,第 94 页。
③ 何廷瑞:《泰雅族猎头风俗之研究》,台湾大学《文史哲学报》第 7 期,1956 年 4 月。
④ 〔日〕末松保和:《李朝实录》卷一〇五《成宗实录》,日本东京学习院东洋文化研究所,1956 年。
⑤ 《李朝实录》卷二《世祖实录》。

米、小米（粟）等植物种子，说明那时的先民们已种稻和粟。①在1 800年前来到台北地区的十三行文化居民，以耕种或交换方式获得的小米、甘薯、芋头、稻米为主食（"稻较可能是以旱稻为主"②）。

直到现代，他们的传统农作物依然是粟和陆稻，并以粟为主食，用粟酿酒。周宪文《台湾经济史》说，台湾先住民的主食物，则有粟、米、小黍、稷、番薯及芋头等。不过，大体而论，粟是他们的固有食物；米自平地移植，为时不久。现在高山地区，仍以粟为主食；低山地区，粟米兼用。又说，粟，大别为糯、粳两种，这是他们的固有食物，且见于神话。每逢播种或收获，例行祭祀。煮饭为常食，或用以制饼，或用以酿酒。③

用粟酿酒，还见于荷兰和明清文献记载及当代民族学调查报告。且酿酒方法特殊——"嚼酒法"。［荷兰］C. E. S. 著《被忽视之台湾》："其造酒之法，纳米少许于桶中炊之，复捣之若糊。别用口嚼米，吐出纳于壶中，俟其满，始伴入桶中，与捣就之米糊混，用为酵母，宛然若太西之造啤酒，如是则更纳于陶器瓶中，用石盖密封，阅数月后，可得强烈芳馨佳酒。"④此外，如郁永河的《采硫日记》、康熙《诸罗县志·番俗志》、黄叔璥的《台海使槎录》、黄逢昶的《台湾生熟番纪事》，等等，都有种粟和酿小米酒的记载，不赘举。

在现实生活中，台湾世居少数民族不仅种粟、食粟，并视粟为圣物，这表达了他们的民族意识与感情。1999年6～7月间，笔者到台湾进行为期一个月的学术访问。在一些少数民族家庭、博物馆、教堂，甚至公务场所，均悬挂有一长排小米穗束。这不仅仅是形式，也代表着不同民族对不同作物的深厚感情。在礼仪节庆活动中，粟依然占有极重要的地位。传统美食小米糕、传统饮品小米酒，都是成年礼、狩猎、丰年祭和祭祀祖灵活动的必备物品。陈奇禄指出，在台湾土著诸族所耕作的谷类的比较研究上，最值得注意的是粟（*Setaria italica*），俗称小米。粟是神圣的农作物。在粟的播种和收割期间，禁忌甚多。只有粟具有宗教的重要性，差不多所有的农耕文化，都和粟有关。他们仅有粟的农耕礼仪而没有米的农耕礼仪，因为他们认为米不是他们的固有食物。⑤

据前引金裴等人所见，冲绳群岛虽然种粟，但他们不喜种，因此用稻米酿酒。饮酒时人持一瓢，或饮或止，随量而饮，也不像台湾平埔族那样"各酌以竹筒"。这再次说明，夷洲是台湾而不是冲绳。

（五）关于卫温一行登陆地点

曾有学者提出夷洲指台湾中南部和浊水溪三角洲以北两说。笔者推测，卫

---

① 臧振华等：《先民履迹》，台南县政府，2006年，第120页。
② 刘益昌：《淡水河口的史前文化与族群》，台北县十三行博物馆，2002年，第149页。
③ 台湾，开明书局，1980年，第83－84页。
④ ［荷兰］C. E. S著，魏清德编译：《被忽视之台湾》，《文献专刊》第3卷第3－4期合刊，1952年12月，台北。
⑤ 陈奇禄：《东南亚的主食区和主食层兼论台湾土著诸族农作物的来源》，载《台湾土著文化研究》，台湾联经出版事业公司，1992年，第291－312页。

温一行登陆地点应在台湾北部。

一是，夷洲出铜铁。而台湾的铜、铁矿产，据王煦柽、向隅分别撰写的专文介绍，主要产于基隆、淡水一带，如"金瓜石铜矿是主要生产中心"。①这个矿的铜矿石"晶形的完美，晶体的巨大，在全世界也只有二三处可以比得上它"。②

至于铁矿，也在台湾北部"发现两处：一为基隆的金山镇，一为淡水的八里镇"，而其他地区，只有"少量的铁矿砂存在"。③ 在考古发现中，距今 1 800 年的台北县十三行文化遗址中，发现了三个炼铁作坊，出土有成吨的铁渣。④刘益昌《台湾的考古遗址》说：在台北海岸及兰阳平原发现的十三行晚期遗址中，"有刃工具以铁、铜为之。炼铜及炼铁的残渣、原料都发现在遗址中"。⑤十三行文化存续的时间，距今 1 800 年前开始，约当三国至南宋初，这正好涵盖了卫温一行到达夷洲的时间（230 年）。

二是，在台北地区发现了三国时期吴国指掌型古砖。20 世纪 30 年代，到台湾进行民族学调查的林惠祥说："近时（按：指 19 世纪末时或 20 世纪初叶）日本人曾在台北发现指掌型之古砖，推其时代即属于三国。"⑥吴壮达评论说："关于这种古砖的发现，与其说是由于当时台湾与大陆之间进行经济交换的结果，毋宁说是这次远征（按：指卫温等到夷洲）所遗留的物证。"⑦

林惠祥是否亲眼目睹过这种古砖？我们不得而知。《台湾通史》的作者连横是看到过的。他在《雅言》中说："三十年前，台北新店溪畔，有人掘地，得古砖数块，现藏台北博物馆。砖色黝而坚，重三斤许，长尺有三寸、宽五寸、厚二寸，底有纹，与《吴中金石录》所载赤乌砖相似。岂吴人之所遗欤？"又说："吴人之来也，当由淡水溯江而上，至于新店溪流域，筑垒驻兵，以镇蛮族，故有此砖。他日尚得古书、古器而两考之，必能有所发现。唯我辈之努力尔。"这段论述，可说是连横想找到的"古书、古器"互考，证明夷洲即今台湾之考古学证据。其书证就是孙吴丹阳太守沈莹撰写的《临海水土异物志》或简称《临海水土志》。

这再一次证明，公元 230 年（吴黄龙二年），孙权派卫温、诸葛直率"甲士万人"航海所到的夷洲，就是今日的台湾。

三、孙权经营台湾的历史意义

孙权于黄龙二年（230 年）正月派卫温、诸葛直去台湾，是祖国大陆与台湾之

---

① 向隅：《台湾的矿业、工业和交通》，《地理知识》1954 年 10 月。
② 王煦柽：《台湾的矿产资源和水利利用》，《地理知识》1954 年 10 月。
③ 王煦柽：《台湾的矿产资源和水利利用》。
④ 《八里十三行文化推测复原图》，《汉声》杂志第 34 期，1991 年 10 月。
⑤ 刘益昌：《台湾的考古遗址》，台北县文化中心，1992 年，第 61 页。
⑥ 林惠祥：《台湾番族之原始文化》附录。
⑦ 吴壮达：《台湾的开发》，科学出版社，1958 年，第 6 页。

间自古以来就有密切的经济、文化联系，以及当时三国鼎立的政治局面所带来的必然结果。

（一）公元 3 世纪前台湾与大陆之间的往还和联系，尚未见确切的史料。连横著《台湾通史》中说：楚灭越，越人子孙不仅来到福建，而且流入澎湖。还有人认为，到了两汉时期，台湾与大陆之间的相互联系，已日趋密切了，从而使大陆人民对台湾有了了解。这为孙权决心进军夷洲奠定了基础。我们从孙权与陆逊、全琮商讨要不要去夷洲的言论中，可以得知这一信息。

《三国志·陆逊传》说，孙权欲遣偏师取夷洲及朱崖，征求陆逊的意见。陆逊报告了他的看法：今兵兴历年，造成人员损失。陛下将远规夷洲，以定大事。我反复思考，未见其利。万里袭取，风波难测。民易水土，必致疾疫。今派遣大军，经涉不毛之地，欲益更损，欲利反害。我认为以休养生息为宜。但孙权没有采纳。[①]

全琮的观点与陆逊相同。他说，夷洲是被大海阻隔的殊方异域，派军队进去，掳掠百姓人口，一定会受台湾自古就有的水土气毒影响而生病。传染起来死的多了，所获能大吗？牺牲现有兵员，希望得到万一之利，我感到担忧。孙权不听，结果"军行经岁，士众疾疫死者十有八九。权深悔之"。[②]

吴壮达认为，陆逊、全琮"二人以夷州地方居民生活的落后情况作为理由，向孙权提出过规谏"，"孙权当年之所以要发动大军远征夷州，必然已经多少掌握了有关这个地点的材料"。[③]换句话说，在卫温、诸葛直赴夷洲之前，孙吴地区即今日华东沿海的人，一定与夷洲有过联系，不然，陆逊、全琮就不可能用上述理由来劝阻孙权了。在现代考古发现中，台北八里乡大垒坑遗址出土的一枚两翼、长脊、实铤式青铜镞，[④]可能是三国时代之前，大陆与夷洲有了联系的物证。

（二）加深了大陆人民对台湾的了解。如果说卫温、诸葛直出发前，华东沿海民众对夷洲（台湾）有所了解，那么，去后的了解则得以进一步加深。其一，卫温、诸葛直一行于黄龙二年（230 年）正月出航，至黄龙三年（231 年）二月"皆以违诏无功，下狱诛"，[⑤]其间所费时日，如《全琮传》说"军行经岁"，[⑥]也就是约一年时间。但他们在夷洲停留的时间，史无明文，难以探求。如果除去自吴国首都建业（今南京）至夷洲间往返所需的时间外，以及可能为了探寻亶洲所耗费的时间外，卫温、诸葛直等人，也不至于一到夷洲就返回。从主要取材于此役而编撰的《临海水土志》记载的夷洲情况是那样准确、详细来看，不花费时日是不可能搜集到的。此外如果这支军队一登陆夷洲，即带了夷洲人返航，其士兵是不可能死去十

---

① 《三国志》卷五十八，中华书局点校本。

② 《三国志》卷六十。

③ 吴壮达：《台湾的开发》，第 5 页。

④ 刘斌雄：《八里垒遗址》，见台湾史迹研究会编：《台湾丛谈》，幼狮文化事业公司，1977 年。

⑤ 《三国志》卷四十七《孙权传》。

⑥ 《三国志》卷六十《全琮传》。

之八九的。①这么大的死亡率，不能说都是在船上活动造成的，而是如陆逊、全琮所料："民易水土，必致疾疫。"②"水土气毒，自古有之，兵入民出，必生病疾，转相污染"，③而造成死亡。总之，我们可从以上情况推断：卫温、诸葛直一定在夷洲住了一段时间，这使他们对夷洲的自然状态及社会面貌有了深入的了解。这主要体现在当时人丹阳太守沈莹撰写的《临海水土志》（其实此书原名应是《临海水土异物志》）中。卫温、诸葛直一行到达台湾后，可能与"夷洲人"进行了广泛的接触，作了实地考察，为《临海水土志》的编写提供了资料。因此，吴壮达认为："此时（引者按：指公元280年）去卫温等远征夷洲之行（公元230年）已事隔整50年。《临海水土志》记夷洲之事当在230年一役之后，它的材料主要来源也可能与此役有关，或者直接从此役取得。"④一则，夷洲条详细记载它的方位（在临海东南）、地势（四面是山溪）、气候（无雪霜、草木不死）、产业（种粟）、风俗（猎头，男穿耳、女缺齿），说明夷洲便是今天的台湾。二是通过对两岸的夷洲民与安家民进行比较，得知他们的居处、饮食、衣服、被饰相似。张政烺先生《临海水土异物志辑校序》说："沈莹作《异物志》记载夷洲较详，决非偶然。如云'夷洲在临海东南，去郡二千里'，'山顶有越王射的，正白，乃是石也'，言之凿凿。又如记安家之民'居处饮食衣服被饰与夷洲民相似'，好像当时人对夷洲民比对大陆上的安家之民还要熟悉些。"⑤

这就使沈莹得以掌握和记录关于夷洲的地理、社会状况和风俗习惯等情况。他的书不仅弥补了《三国志·吴书》关于夷洲记载的不足，为我们今天研究台湾和台湾世居民族史提供了宝贵的资料，而且说明早在1700年前，我国就有了关于台湾历史的明确记载。⑥

（三）历史影响。《三国志》中关于夷洲的记载，是正史上第一次关于台湾海峡两岸通航的明确文字记载，……自此，大陆和台湾之间的联系和交通更加密切。⑦大陆各族人民自此开始移居台湾，从事开发台湾的事业。如陈国钧说："根据史料的推断，一部分的汉族迁移来台，是始于三国时代的"，⑧汉族地区的先进生产技术传进台湾，加快了世居少数民族先民从石器时代向铁器时代过渡的步伐。因此，"台湾的纯粹石器时代应即终止于三国时"。⑨

《临海水土异物志》一书作者沈莹，做过丹阳太守，因丹阳郡治与孙吴都城同在建业（今南京），这就为他了解和掌握吴军出征夷洲及所带回的情况提供了方

---

① 《三国志·吴书·孙权传》。
② 《三国志·吴书·全琮传》。
③ 《三国志·吴书·陆逊传》。
④ 吴壮达：《台湾的开发》，第5－6页。
⑤ 张崇根：《临海水土异物志辑校》卷首。
⑥ 张崇根：《三国孙吴经营台湾考》，《安徽大学学报》1981年第1期。
⑦ 孙光圻主编：《中国航海史纲》，大连海运学院出版社，1991年，第53页。
⑧ 陈国钧：《台湾土著生育习俗》，台湾，幼狮书店，1963年，第104页。
⑨ 林惠祥：《台湾石器时代遗物的研究》，《厦门大学学报（哲学社会科学版）》1955年第4期。

便。估计此书应写成于公元 230 年卫温等出征夷洲之后，约在公元 264 年与 280 年之间。这是一部记载吴临海郡的地方志。大概因为地理的关系沈莹就把夷洲的情况编入本书。这部成书于 1 700 多年前的地方志为我们留下了关于台湾历史的最早记录。

沈莹这部著作本身与孙吴军事行动一样都是台湾自古就是我国神圣领土的有力见证。

黄龙二年(230 年)孙权派遣卫温、诸葛直去台湾虽未达到孙权所预期的目的，但此役仍不失为一件重大历史事件。它作为我国的政治势力第一次达到台湾并在那里实行了短暂的统治而载入《三国志》等史册。

梁嘉彬考证，《三国志》卷三十记载的"裸国"为今台湾。这是"华北人用循岸逐岛航进法出海，其势亦先历韩、日、琉，乃抵台湾。"附记于此，以备一说。

Further Discussion that Yizhou
is Modern Taiwan

Abstract: In Huang Long er year(230), Sun Quan of Sunwu, one of The Three Kingdoms, sent Wei Wen and Zhu Gezhi, with over ten thousands of soldiers, to Yizhou for an expedition.

There are different views among the academic circles about wherever Weiwen and his people had been to, China's Taiwan Island or the Japan's Okinawa Island. The writer published an academic paper in 1981, *the Sunwu of the Three Kingdoms Managing Affairs about Taiwan*. [1] Applying ethnology, geography, archaeology and historical documents to confirm each other, this paper has proved once again that Yizhou is namely our country's Taiwan Island. This is the first time that Chinese political forces reached Taiwan, which was recorded in the *Annals of the Three Kingdoms* and other historical books.

Keywords: the Three Kingdoms(220 – 280), Sunwu, Yizhou, Taiwan

---

[1] *Journal of Anhui University* (*Philosophy and Social Sciences edition*), 1981(1).

《梅氏日记》关于郑成功
收复台湾的历史记录

郑广南*　　郑中庆

摘　要：《梅氏日记》是荷兰人菲利普·梅为东印度公司撰写的一份文件，记录 1661 年 4 月 30 日至 1662 年 2 月 9 日郑成功统领军队渡海东征的具体状况。梅氏用生动的文字描述郑成功的英雄形象，介绍郑军英勇作战，打败荷兰军队，攻克普罗岷西亚城堡，迫使荷兰总督揆一于 1662 年 2 月 1 日献热兰遮城堡，向郑成功投降的全过程。郑成功胜利收复台湾，废除荷兰殖民政治制度，建立同大陆一样的府县政权，并领导军民屯垦，发展经济，制定乡镇和城市建设规划，为实现台湾成为"繁荣的大社会"而奋斗。郑成功致力开发建设台湾，为国捍卫疆土，为民造福，受人民崇敬与爱戴，被尊为"开台圣王"。

关键词：《梅氏日记》　郑成功　台湾　府县地方政权　屯垦　开台圣王

　　2010 年，我们重新修订 10 多年前所作《郑成功与台湾》文章，现再撰写《〈梅氏日记〉关于郑成功收复台湾的历史记录》一文，作为前文续篇，并借 2012 年 2 月 1 日纪念郑成功收复台湾 350 周年庆典，重温当年郑成功统领东征军驱逐荷兰殖民者、收复我国神圣领土台湾的光辉历史！

　　《梅氏日记》为原荷兰东印度公司档案中的一份历史文件，珍藏在荷兰国家档案馆，原标题为《以下是用备忘录记载中国官吏国姓爷猛烈攻击福摩沙的过程情形，以及我们被俘虏的人在那期间的状况》，文末注明 1662 年 4 月 17 日在巴达维亚市（Batuvia），署名 Philippus Daniël Meij van Meijensteen。这份文件撰写者为菲力普·梅，即梅氏。梅氏为荷兰土地测量师，他被荷兰东印度公司派到亚洲，在台湾生活 19 年之久。此时，梅氏在台南经历了一场时局变化，卷进了风浪中。1661 年 4 月 30 日，郑成功为收复台湾，统领军队东渡。船队从金门料罗湾出发，驶抵鹿耳门，从禾寮港与北线尾登陆，围攻普罗岷西亚城堡。5 月 4 日，荷兰地方官猫难实叮（Jacobus Valentijn）投降，交出城堡。城堡里 270 个荷兰人成为郑成功的俘虏，梅氏亦在其中。后来，被俘荷兰人几乎死光，只有梅氏和 2

---

*　作者简介：郑广南　　　　　　　　，福建师范大学社会历史学院退休教师。研究方向：郑成功与中国海盗史。

个荷兰人幸存。在此后 9 个月期间,梅氏担任郑荷之间的翻译,参加谈判,并协助郑成功测量屯垦土地工作。从 1661 年 4 月 30 日到 1662 年 2 月 9 日,梅氏逐日记载每天发生的事情。由于事情都是他亲眼目睹,记录实况,资料为其他史籍所罕见,甚为珍贵。1662 年 2 月 1 日,荷兰总督揆一(Frederick Coijett)献热兰遮城堡投降。至此,郑成功胜利收复台湾。荷兰人搭 8 艘船离开台湾,于 1662 年 3 月 16 日和 27 日抵达巴达维亚。4 月 17 日,梅氏将他的报告文件交给巴达维亚公司当局。公司派人抄写这份文件,由秘书 P. Marville 核对,证实该文本"与原文相同"后,寄回荷兰东印度公司本部,保存至今。

梅氏这份文件经过台湾史学家江树生多年研究,并进行翻译、编注,将于 21 世纪伊始之际,由台湾汉声杂志社出版,书名定为《梅氏日记》。《梅氏日记》出版问世,为我们研究早期台湾史和郑成功渡海东征,驱逐荷兰殖民者、收复台湾这一重大历史事件,提供了宝贵的史料。

江树生译编这部《梅氏日记》时,增编了几项辅导文字资料,除文中注释外,还有《郑成功与梅氏大事记》,全书页下附有 6 篇专题文章:《普罗岷西亚城堡及市镇》、《郑成功首封告示内容》、《黑人、黑鬼与黑人步枪队》、《郑成功与荷兰的首次会谈》、《郑成功攻台时的原住民》与《援军的震撼》等。这些专题文章颇具学术价值,帮助读者阅读和研究《梅氏日记》这份历史文件。

下面,谈谈《梅氏日记》记载郑成功挥师东渡,驱逐荷兰殖民者、收复台湾的具体历史情况,以及我们对历史事件的看法与评论。

(一)《梅氏日记》描述郑成功的英雄形象

《梅氏日记》书中的核心人物为郑成功。在梅氏眼中,郑成功是收复台湾的中国军队统帅。他用笔墨描述这位统帅身上具有一种战无不胜的品性和风度,是位中国英雄。台湾汉声杂志社为《梅氏日记》撰写一篇《出版序》,《序》文首先叙说这位中国统帅收复台湾的英雄形象——肖像画。《序》文有 5 个小标题,第 1 个小标题是《第一手郑成功肖像画》,第一句话为"今日所见的郑成功图像非常多种,究竟真相如何?"在《梅氏日记》37 页下端附有 3 幅郑成功画像:台湾省立博物馆所藏清代民间画工绘画的郑成功画像、台湾嘉义溪口开元殿藏郑成功画像、"荷兰人眼中的郑成功"画像,1905 年《由神来承担》插图,A・van der Flier 著。对此,应说明一点的是,郑成功的图像(肖像画及雕像),是郑成功学术研究的一个重要课题,应该重视和研究。这个问题涉及众多的郑成功图像,涉及郑成功学术研究,以及郑成功图像的艺术创作等问题。从历史上看,在历代重要历史人物中,郑成功图像确实"非常多种":有画像(头像、全身像和群像)、石雕像、木雕像、铜像、瓷像、邮票画像和明信片画像等(图一)。前几年,有位画家绘 100 幅郑成功画像(头像),堪称"大手笔"画作。在福建南安市,有人用"郑成功"姓名构成一幅郑成功图像。令观者为之赞叹!郑成功所有图像出自画家、民间画工、石雕工匠、木雕工匠、制瓷工匠、铜铁冶铸工匠之手,他们出于对民族英雄郑成功的崇敬,精心为他绘画画像和制作各种雕像。在台海两岸,到处可以看到郑成功图

1　　　　　　　　　2　　　　　　　　　3

图一　郑成功像

1. 郑成功暨夫人董氏画像　2. 郑成功塑像　3. 郑成功画像

像。这些郑成功图像都是艺术精品。在郑成功故乡福建南安市石井镇，郑氏裔
孙珍藏多幅"国姓公"画像和木雕像，其中最珍贵的有：郑成功暨夫人董氏画像
（画像上端文字，为石井郑氏 8 世孙琼书拜撰）、郑成功弈棋画像（画像上端有王
忠孝书题《百字赞》）、郑成功全身画像和木雕像等。这些郑成功画像和雕像，是
名副其实的"第一手郑成功肖像画"。第 1 幅画像最为郑氏族人所喜爱，影响也
最大。20 世纪 20 年代，许浩基编纂、出版《郑延平年谱》，在 645 页文中注释谈
到郑成功暨夫人董氏画像云："林纾《畏庐琐记》，郑君怀陔，戊子解元，郑延平裔
也。相见京师，一日出郑延平像见示，纸高 4 尺 6 寸，中写画屏，锦帐似绣阁中景
物。一美人临妆，长发委地，右手执梳，秀发握诸左手。回眸视一少年，丰颐广颡
长眉，入鬓不冠而帻，著深蓝衣，蛮靴佩剑。郑君曰，是吾祖也，望之凛然。"台湾
史学家连横在《台南古迹志》中评论郑成功图像说，台南郑氏家庙"内有延平王
像，威仪若天人。"对郑成功的画像和雕像，无论是中国人还是外国人，见其像，人
人肃然起敬，我们称之为"郑成功现象"。

　　《梅氏日记》对郑成功英雄形象的文字描述更是"妙笔生辉"，将"郑成功的动
作和神情，鲜活地表现出来"。《梅氏日记》译者江树生在《译者序》文中说：梅氏
"对郑军以及郑成功本人的描述，几成这方面仅存的珍贵史料"。

　　《梅氏日记》1661 年 5 月 4 日记录郑成功与郑军活动的几则重要史料，其中
一则资料记叙郑成功帐幕 1 队护卫军，武装士兵 600 至 800 人，两边分列 3 行，
他们带着很多旗帜，绸缎绣着狮头和龙头。士兵头盔都有一束红毛，约有 1 呎
（约 30 公分），他们的大刀闪亮如银，"看起来相当古典，好象古罗马人的样
子"。① 这段文字记录郑成功与郑军情况的历史资料，十分难得、可贵。梅氏还
记述郑成功行军的壮观场面，有骑士从北边的公司庭园骑行过来。

① 　江树生译注：《梅氏日记》1661 年 5 月 4 日，以下引用《梅氏日记》，仅写时间。

其中一人头上撑着红色丝制华盖,他的前后有几个一律穿红色衣服的人徒步随行,隐约听见有笛子和其他乐器吹奏的声音,站在那里的军队都张开旗帜,当这经过时军队都举起武器,因此我们认定那人必是国姓爷……事后得知确实是他。①

《梅氏日记》1661 年 5 月 4 日另一则资料惟妙惟肖地描述郑成功的动作和神情,他的影子跃然纸上。

国姓爷坐在帐幕正中央的一张桌子后面,桌子铺着刺绣得很贵重的桌巾,他身穿一件未漂白的麻纱长袍,头戴一顶褐色尖角帽,式样像便帽,帽沿约有一个拇指长宽,上头饰有一个小金片,在那小金片上挂着一根白色的羽毛。他后面站着两个穿黑绸长袍的英俊少年,每个都拿着一面很大的镀金扇,高约八九 呎(二百四十到二百七十公分),宽约三 呎(九十公分)。在他两旁站着五六个最重要的官员,一律穿黑色衣服。

我猜他年约四十岁,皮肤略白,面貌端正,眼睛又大又黑,那对眼睛很少静止的时候,不断到处闪现。嘴巴常常张开,嘴里有四五颗很长,磨得圆圆,间隔大大的牙齿。胡子不多,长及胸部。他说话声音非常严厉,咆哮又激昂,说话时动作古怪,好像要用双手和双脚飞起来。中等身材,有条腿略为笨重,右手拇指戴着一个大的骨制指环,用以拉弓。②

梅氏对郑成功的描述可以说"颇为全面",从身材到皮肤、从头到脚、从嘴巴胡子到牙齿眼睛、从面貌到神情、从说话到动作,样样讲到,将这位盖世大英雄的精神面貌展现在我们眼前。情况正如《出版序》所说:"译自荷兰海牙档案馆的《梅氏日记》提供了这方面的讯息:郑成功容貌端正、个性急,处事坚持和果决等,都为我们补充了生动的血肉神气,令人敬佩他传奇而短促的一生。"③

郑成功是中国军队的统帅,同时也是个拉弓射箭的战士。上面引文谈到郑成功"右手拇指戴着一个大的骨制指环,用以拉弓"。对此,我们可以肯定地说,郑成功是一位从战争中锻炼出来的神奇的弓箭手,有高超的骑射技术。

隔日(1662 年 1 月 28 日)早晨,国姓爷亲自叫我的名字。我去到他面前,他就向海边射出三支箭,问我最后那支箭飞了有几步? 我回答说,我猜有一百二十步。他说,我猜对了。他于是上马,叫我跟着去。我们来到海边平坦的地方,他的一个随从就拿三根约二 呎(六十公分)的短棍,每根顶端都有一个小圆环,小圆环上贴着一个银币大的红纸当箭靶,三根棍子在海边

---

① 江树生译注:《梅氏日记》1661 年 5 月 4 日。

② 江树生译注:《梅氏日记》1661 年 5 月 4 日。

③ 台湾汉声杂志社:《梅氏日记出版序》。

插成一排，互相间隔约十竿(约三十八公尺)。国姓爷遂插三支箭在他的腰带后面，骑到五十到六十竿(约二百公尺)的地方，然后尽马所能跑得最快速度，疾驰而来，拔一支箭中第一根棍子的箭靶，第二支箭射中第二根的，第三支箭射中第三根棍子的箭靶……一路跑来都维持同一速度，既没有停下来，也没有减速。这样连续骑射两回之后他就下马，走到我的旁边，问我看清楚了没有？能不能这样骑射？①

郑成功结束骑射活动，随后叫一位军官作骑射表演，他的骑射表演同样精彩。此事，江树生注释说："郑成功在那紧张的战斗之后，特别召梅氏来观看他的骑射技术，还令他的部将表演骑术，真是郑成功难得看到的另一面，在紧迫中有幽趣。"这正是郑成功与众不同之处。从《梅氏日记》可以发现郑梅之间有一种特殊关系，两人的国家虽为敌国，但梅氏对郑成功的态度和关系，同其他荷兰人不一样，是友好的。他不赞成荷兰人占据普罗岷西亚城堡抗拒郑成功军队，主张投降，和平解决城堡问题。尤其重要的是，梅氏担任郑荷翻译，参与谈判，沟通郑荷的分歧和不同意见，为缔和而努力。郑成功对梅氏的工作和表现，特别是他协助测量屯垦土地的工作，是满意的，因而不视其为俘虏，而予以尊重和关怀。1661年9月25日，马本督(马信)同郑成功说了几句话，国姓爷放声大笑起来，对梅氏喊着说："菲力普，菲力普，你们的人是好人而且诚实。"他"放声大笑"，叫喊梅氏的名字，称赞梅氏等人为"好人"、"诚实"，是友好的表达。

(二) 郑成功收复台湾的军事行动

1661年4月30日，郑成功统领东征军30 000人，战船数百艘，经鹿耳门港道入内海，从禾寮港与北线尾登陆(图二、图三)。很多当地人推车子在那里等候，帮郑成功军队把武器、头盔、铁甲等物载往赤崁。郑军登陆后，兵分两路包围普罗岷西亚城堡。郑军"全副武装，士气高昂……击鼓吹管而来。他们的军队有数不完的漂亮丝质旗帜旛旒，头载光亮的头盔，手握大刀"，军威甚盛。②《梅氏日记》1661年4月30日记载郑军到达台湾，立即进攻普罗岷西亚城堡。有位士兵攻打城堡受伤，虽然他身上已被射中几颗子弹，躺在地上，不肯投降，还向城堡上的人发射19或20枝箭，坚持战斗，直至牺牲。荷兰军队向郑军"猛烈射击……向他们发射炮弹，但阻止不了他们"。敌人的步枪、大炮对郑军"毫无作用"。在战场上勇敢作战，战胜敌人，是郑军的战斗作风！

5月1日，郑成功派人将劝降书送到普罗岷西亚城堡，交给荷兰地方官猫难实叮，令其投降。与此同时，在大员港外海上发生激烈海战，"一大堆"(约有30艘)郑成功的戎克船同3艘荷兰军舰交火。在海战中，荷兰军舰仗其舰大、炮多、火力强(每舰有大炮10多门)，向郑成功水师戎克船进攻。郑军戎克船小，每船

---

① 1662年1月25日。

② 1661年4月30日。

图二 郑成功军队图像

1. 郑军的戎克船。一六七五年出版《被遗忘的福尔摩沙》插图局部,摁一著。
2. 排成长列前进的郑军队伍。一六六二年大员鸟瞰图局部。
3. 带铁甲、铁盔的郑军。一六六二年大员鸟瞰图局部,阿尔布烈·赫波特(Albrecht Herport)绘。

图三 郑成功收复台湾图

1. 乌特勒支碉堡。一六六二年大员鸟瞰图局部。
2. 大员岛上的热兰遮城,图中船只聚集处即是第二渔场。热兰遮城细分图局部。
3. 郑军使用的大炮。福建南安郑成功纪念馆藏。
4. 郑军船舰上使用的大炮。梁鼎铭绘。
5. 与郑军交战而爆炸的荷兰军舰 Hector 号。一六六二年大员鸟瞰图局部。

仅有小炮 2 门,但将士作战勇敢、灵活,他们以 5、6 艘兵船围攻最大敌舰
Hecktor 号,挟带火药,跳上该舰,把它炸沉,舰上 100 名荷兰兵也被炸飞了。其
余两艘荷兰军舰 Cravelande 号与 Maria 号"败退海中漂浮"。荷兰军舰队长
Thomas pedel(拔鬼仔)号称"荷兰军队最有名的老将"战败死亡。荷兰人"对郑

　　郑成功旗开得胜,打败荷兰军队。此时,大员沿海为郑军控制,海上交通被切断。荷兰总督揆一急忙派代表同郑成功会谈。郑成功要荷兰人立刻将普罗岷西亚和热兰遮两个城堡交还。他对荷兰代表说:"我能够用我的力量把天地翻转过来,我来到的地方,我就一定征服。你们已经看到,昨天你们的大船已经被我的戎克船烧毁了,队长 Pedel 及所有他的士兵也在北线尾被杀了,你们在海陆都已失败,剩下的只有这两个城堡,这城堡是不可能跟我对抗的了。"①

　　郑成功围攻普罗岷西亚城堡,使其陷于"孤城援绝"困境。城堡里缺水、缺粮,可以作战的士兵只有一百数十人;而郑成功的军队则有 10 000 至 11 000 个士兵,还"有相多的大炮,也有小炮"。郑荷双方兵力悬殊,荷军不堪一击。在这种情况下,猫难实叮于 5 月 3 日拟草 5 项投降条款,要求郑成功让地方官及公司军官、文官、职员、自由民及他们的家眷、奴隶,携带自己的物品,离开普罗岷西亚城堡,搭船前往热兰遮。5 月 4 日,荷兰地方官猫难实叮向郑成功献城投降,随后交出城堡钥匙,荷军缴交武器,撤走。郑军士兵把中国旗帜竖立在城堡上。郑成功胜利收复普罗岷西亚城堡,他命令将城堡所有大炮都搬走,清扫城堡,准备作为他的居处,并将庭园里的屋子作召见将官和官员的地方。

　　郑成功东征台湾的军队中有一支特殊的"乌番兵",即黑人兵(Blackboys)。1994 年 7 月,为配合日本国长崎县平户市举办纪念郑成功诞辰 370 周年庆典,我们编辑出版一期纪念特刊,其中有一篇题为《郑成功的铁人军与乌番兵》文章。这篇文章谈论"乌番兵"问题,令人感兴趣。

　　所谓"乌番"、"乌鬼"是闽、台人对黑人的称呼。往昔,中国人习惯将皮肤黝黑的外国人称为"乌鬼",或称"乌番仔",《台湾县志》有"乌鬼,番国名"之说。②近世是黑人的悲惨时代,西方资产阶级兴起,他们成为资本主义制度的牺牲品。明末清初,正是西方殖民者大肆捕捉、贩卖非洲黑人与亚洲人的时期,葡萄牙、西班牙和荷兰等国殖民者侵略东方与中国,将黑人奴隶带来,故卢若腾《乌鬼》诗云:"汛海商夷掠将来……辗转鬻入中华土。"荷兰殖民者侵占台湾后,凡有荷兰人居住的地方就有黑人奴隶。这些黑人奴隶大多数是非洲人,也有南洋马来人。他们惨遭荷兰人奴役,没有人身自由,被强迫从事拓荒生产、修路、架桥、挖井、搬运货物和干杂务活。台湾史学家连横说:"乌鬼,即黑奴,非洲人,皙种隶而使之,以开辟荒裔,贱若牛马。"③荷兰殖民者还强迫黑人奴隶当炮灰,在军队中服役。荷兰东印度公司巴达维亚总部"荷兰番"兵 3 000、4 000 人,别有乌番兵 2 000、3 000。台湾的"荷兰番"军中也有"乌番兵"。在台湾岛上的"乌番兵"饱受荷兰殖民者的歧视与压迫。与此相反,在郑成功军队中则不存在欺压黑人的问题。

　　郑成功对黑人没有偏见与歧视,是有其渊源和背景的。史称郑成功尚黑,行

---

① 《梅氏日记》页下副题《郑成功与荷兰人的首次会谈》。
② 嘉庆《续修台湾县志》卷十五《遗迹志》。
③ 梁廷枏:《粤海关志》卷二十四《噶喇巴国》。

军、作战用黑旗。或许这缘故,他对黑人有好感。从他父亲郑芝龙时起,郑家与黑人形成了一种特殊关系。据英人 C. R. 博克塞说,郑芝龙是明末福建海盗首领,天启七年(1627 年),他已拥有海船千艘以上,据厦门岛,"成了长江珠江之间沿海的无可争辩的霸主"。这位海上霸主,"使用七十六名被俘的荷兰人为禁卫,后来以从澳门逃亡的黑人代替他们"。逃亡黑人是葡萄牙人的奴隶,郑芝龙信任他们,从中精选五百名忠诚、强悍的黑人,组成警卫队,作为贴身禁卫,从不离开他左右,作战时冲锋陷阵,骁勇善战。① 南明隆武二年(清顺治三年,1646 年),郑芝龙投降清朝,带领这支黑人警卫队到福州。清贝勒博洛欲挟郑芝龙上北京,畏惧其黑人警卫队,设计使"从者 500 人皆别营",与芝龙隔开,突然拔营,挟之北上。黑人警卫队为救护郑芝龙曾经进行英勇抵抗。

郑成功起兵抗清,郑芝龙手下部分黑人归属他。后来,郑成功进军台湾,这些黑人参加驱逐荷兰殖民者的斗争。郑成功欢迎黑人来归,将他们组成两个中队,列序郑军,参加战斗。在战场上,黑人士兵既勇敢,又善于使用新式武器——来福枪与滑膛枪,发挥了积极作用,使荷兰军队伤亡惨重。台湾荷兰总督揆一在《被忽视的福摩萨》书中关于黑人兵参加郑成功收复台湾战斗的记载:

> 他(国姓爷)还有两队黑人兵,他们大多数原来是荷兰人的奴隶,学过来福枪和滑膛枪的使用方法,他们在福摩萨战争上给荷兰人以很大的损害。②

这则史料说明郑成功有两队黑人兵。"队"亦可译为"中队",按荷兰军队编制,两队黑人兵人数有几百人。他们于南明永历十五年(清顺治十八年,1661 年)郑成功统领大军进军台湾时,反戈参加驱逐荷兰殖民者的战斗,给荷兰殖民军"很大的损害",立下军功。

郑成功军中有黑人兵,中国史籍未见记载,但闽南民间流传"使唛乌鬼兵放煩"的故事:③话说侵占台湾的荷兰人,强迫"乌鬼"(黑人)当兵,打仗时驱使他们"放煩"(当炮兵打炮)。当年,郑成功挥师东渡台湾,在驱逐荷兰人的战斗中,俘虏了许多"乌鬼兵",优待他们,鼓励他们掉转煩口,轰击荷兰军队,击毙不少敌兵,立了战功。驱逐荷兰,收复台湾战争胜利后,这故事在闽南民间广为流传。

《梅氏日记》也有关于郑成功将仆人和奴隶(主要为黑奴)"都武装起来"的记载。

> (承天府尹杨朝栋)他也奉国姓爷的命令,把我们所有的仆人和奴隶都带走,派他们当兵,有的给步枪,有的给大刀,都武装起来了。④

---

① ［英］C. R 博塞:《郑芝龙(尼古拉·一官)兴衰记》。
② ［荷］C. E. S:《被忽视的福摩萨》卷下。
③ 煩,火炮。
④ 1661 年 5 月 25 日。

黑人仆人有的分配大刀，有的分配我们的步枪，都武装起来了。①

郑成功对黑奴、仆人的同情和关怀，获得他们的崇敬、拥戴。此事引起江树生的重视，他说"黑人步枪队"的成员和"武装起来"的黑奴、仆人"大概对郑成功相当忠诚效劳，所以战争结束后，双方和谈时，荷兰方面一再提议要把那些奴隶也归还他们，都被郑成功断然拒绝"。在此，郑成功为了黑奴、仆人的解放和自由而努力。在郑成功心目中，黑奴、仆人甚至比自己的爱将马信（马本督）还重要！有《梅氏日记》记载为证：

> 长官（总督揆一）遂又派我去对国姓爷说，他要把在赤崁、新港及其附近的公司人员，包括荷兰人、黑人和其他国籍的人，也包括男奴和女奴，先送来热兰遮城堡，作为遣送俘虏的开始。
>
> 这个意见又惹起国姓爷大发怒气，他回答说，条约里没有写到男奴和女奴，若马本督在他不知情的情况下，擅自决定要放回那些奴隶，他会杀死马本督，也不准放回一个奴隶。他命令我再去告诉长官，不许再来要求或期待已经缔订、签字并宣誓的款项以外的事。
>
> ……
>
> 国姓爷的大法官（grootrechter）亲自带我去见国姓爷，他和另外一官员都向国姓爷证实说，这种事情一向都应该允许的。但国姓爷说，那是错误的，他们所说的奴隶是在热兰遮城堡里的奴隶，不是在赤崁的奴隶，在赤崁的他不许放走。②

郑成功不准荷兰殖民者带走黑奴、仆人，让他们留在台湾郑军这边，以保障他们的生活和自由。从世界历史上看，郑成功是解放黑奴的第一人！比美国总统林肯1862年颁布《解放黑奴宣言》，要废除罪恶的奴隶制度早整整200年！

黑奴也用自己的行动报答郑成功对他们的关怀与爱护，投身中国军民驱逐荷兰殖民者、收复台湾的正义战争，"以自己的鲜血浇灌反殖民主义的鲜花"。这鲜花开在郑成功的军营里，开在中国台湾岛上！正因为这样，台湾黑奴积极参加全岛庆祝胜利的狂欢，"乌鬼舞回旋"！

《梅氏日记》译编江树生对当年郑成功关怀的黑奴、仆人及他们留居台湾的后人，以深情厚谊的心情作评说："郑荷缔和以后，幸存的荷兰人离开台湾，航回巴达维亚去了，那些曾为荷兰人的奴仆，郑成功的'黑人步枪队'的队员以及'女奴'，大概继续留在台湾，成为以后一些台湾人的无名祖先了。"③

郑成功军队攻克普罗岷西亚城堡后，即围困热兰遮城堡。7个半月后，荷兰

---

① 1661年8月11、12日。
② 1662年2月4、5日。
③ 《梅氏日记》页下副题《黑人、黑鬼与黑人步枪队》。

军队中有个德籍士官 Hans Jeuriaen Rade 从城堡逃跑出去,投靠郑成功,"献计攻城,备受器重"。① Hans 于荷兰军中服役,在欧洲打过几次仗,作战经验丰富,他的到来,甚受郑成功欢迎与礼待,受命当军事顾问(荷兰人说他已被任命为大官)。Hans 向"国姓爷提供了围城的详细情况",说明热兰遮城堡的荷兰人甚为惊慌,物资短缺,士兵患病,疲劳不堪,陷于困境,因而建议郑成功"把封锁战术改为进攻",先占据城外的乌特勒支圆堡及小山头,筑工事及炮台,邻近攻城,即可攻克城堡。郑成功采纳 Hans 的建议,决定先攻圆堡,并准备亲往视察。Hans 劝阻说,"视察一个新占领的地方是很危险的,下面往往有地雷。结果证明确是如此"。Hans 为郑成功做了不少工作,作出贡献。

荷兰当局咒骂 Hans"不敬上帝……向异教徒国姓爷提供了类似上述的种种建议,以致不少基督教徒遭受死亡,公司的领土遭受踩躏"。对此,我们的看法截然相反。Hans 是中国人民的朋友,他不敬上帝,但敬国姓爷,在中国军民收复台湾的斗争中,弃暗投明,立下战功,他的正义行动,中国人民至今仍然追念与赞赏!

上面我们讲过,1661 年 5 月 1 日郑荷在大员海上海战时,荷兰军舰 Hecktor 号爆炸沉没,Maria 号逃回巴达维亚,向当局报告郑成功攻打台湾的消息。巴达维亚急忙派出援军舰队,任命 Jacob Caeuw 为司令官,驰赴台湾。8 月 12 日,荷兰舰队航抵大员沿海,遇大风浪,转往澎湖避风浪。当时,荷舰 Vrck 号在萧垅溪口搁浅,船上 42 个荷兰士兵全被郑军活捉。9 月 8 日,荷兰舰队从澎湖返航大员,进港登岸,同揆一守城军联合,发动海战,攻击郑军。郑军奋勇迎战,大败荷兰舰队。烧毁荷舰 2 艘,夺获炮艇 3 艘,击毙舰长、尉官、护旗军曹各 1 人,歼灭荷兰军 128 人。Jacob Caeuw 慌惶逃回巴达维亚。

1661 年 9 月 16 日上午,在热兰遮城堡前面海上又爆发郑荷海战。荷兰 5 艘军舰驶向大员市镇,攻击郑成功戎克船队。

那时,从各方面猛烈发炮,我方从热兰遮城堡和我们的船,敌方从大员市镇和他们的戎克船,开始用炮互相猛烈攻击。我们那些船驶来北线尾的尾端附近停泊,用十二到十五艘载着士兵的小船,向敌人的戎克船摇去,看起来是要冲入敌阵,但有几艘被戎克船逼去搁浅,有几艘被敌人用火罐烧到帆,以致有两艘小船被敌人夺去,约有五、六十个荷兰人被俘虏。他们被带去赤崁国姓爷那里,稍微质询之后,就立刻被斩首了。②

晚上,大员海上一艘荷兰船爆炸,另一艘"遗弃船"被郑军夺走。此次海战以郑军告捷而结束,"自是甲板永不敢犯"。

当时,出现荷满勾结情况,荷兰贿请清朝"出兵助战",清政府答应"派 7 000

---

① 这位士官名字有不同写法:《热兰遮城志》为 Hans Juriaen Rades,《被忽视的福摩萨》为 Hans Jurgen Radis。

② 1661 年 9 月 16 日。

人助战"。针对这样情势,郑成功召集所有官员和将领,举行两天军事会议,商议对策。郑成功决定集中大炮,以发挥炮火威力,克敌制胜。

　　　　所以他已经派人从中国沿海运来四十三门发射二十四磅、二十八磅或更重的炮弹的大炮来了,每门大炮配有三百颗炮弹(他父亲一官于 1644 年在澳门叫人铸了一百五十门这种铁炮)。他立刻下令,叫农夫去森林砍伐粗重的木板和木块,在很短的几天里用木板和木块造了很多全新的炮架,并且用铁仔细又牢固地包箍起来……也用很粗的木板造了很多防弹板,用普罗岷西亚的各种旧铁铸了很多子弹和炮弹,原住民带来很多竹子,农夫和他的士兵就用来编制大量的堡篮。①

　　郑军的大炮增多,9 月 24 日,郑成功"在热兰遮城堡对面的北线尾,造了一个很大的炮台,架上很多大炮,用来阻止荷兰船再进入港道"。② 借此加强围困敌人,等待时机,攻夺荷兰殖民者的最后据点——热兰遮城堡。

　　1662 年 1 月 25 日,郑成功攻打热兰遮城堡的战斗又打响了。郑成功命令郑军从大员市镇、凤梨园及北伐尾沙洲三方用大炮猛烈轰击乌特勒支碉堡,毁其建筑。郑军"整天不停地炮轰碉堡",发射的炮弹多达 1 700 颗。另据揆一的《被忽视的福摩萨》书中的记载,当时郑成功在热兰遮城堡外的小山上架 28 门大炮,发炮轰击,倾泻 2 500 多颗炮弹。揆一此时在热兰遮城堡,他的说法应当是准确的。对此,我们着重说明的是,郑成功进军台湾,对荷兰殖民者进行多次炮战,其中规模最大和威力最强的是攻打热兰遮城堡的炮战,从军事史来说,这是中国军队在战争中使用冷兵器向热兵器的转变,这种变化是研究军事史和战争史的学者应关注和重视的研究课题。从这次炮轰热兰遮城堡的直接效果来说,猛烈的炮击,迫使台湾评议会和总督揆一献城投降。③ 受降仪式于明永历十五年十二月十三日(1662 年 2 月 1 日)举行,郑成功以大明招讨大将军名义主持受降仪式;荷兰总督揆一与 28 名议员在大员的热兰遮城里的投降书上签名,随后带领荷兰人离开台湾。郑成功领导军民胜利收复台湾,结束荷兰人在台湾长达 38 年的殖民统治。这在中国与世界历史上是具有重大历史意义的事件。

　　在这里必须说明的是,揆一虽然是郑成功的敌对者,但他敬佩其为人。南明永历十四年(1660 年)十月十九日,郑成功以"中国沿海诸军统帅"名义,致荷兰台湾长官揆一一封信。揆一"将全文转载",并作文字说明,称赞"国姓爷不但是

---

① 1661 年 9 月 24 日。堡篮,亦称"篯篏",郑军用竹子编制的一种篮子,宽广都约为 80 厘米,高约 170 厘米,装以砂土,做防御工事。

② 1661 年 9 月 24 日。堡篮,亦称"篯篏",郑军用竹子编制的一种篮子,宽广都约为 80 厘米,高约 170 厘米,装以砂土,做防御工事。

③ 当时,郑荷双方缔和条约换文:郑成功交给荷方条约条文共 16 条,重点内容是荷兰人离开台湾,主权交还中国。荷方交给郑成功条约条文共 18 条,基本上符合郑方要求。

勇敢的战士,同时也是高明的政治家"。后来,郑成功打败荷兰人,收复台湾,揆一兵败返回荷兰。他回到荷兰后,向议会作台湾战争经过的报告,推崇赞扬国姓爷作战英勇及其人道行为。当时,郑成功对战后处理荷兰官员、军队、一般荷兰人的事务甚为费力。在遣送荷兰人返回荷兰东方基地巴达维亚,官员可以按规定带走一定数额的钱和财物,"所有军人,无论军官或是士兵,有钱和财物的都可以保留并且带走,没有钱和财物的可以告诉他(郑成功),他将赠送钱和财物让他们带走"。① 对遣送荷兰人的生活予以照顾,供给船只和足量粮食及用品,并派兵船武装护送,以保护他们海上航行的安全。为此,荷兰人对国姓爷甚为感激。

(三)郑成功在台湾建设地方政权与推行屯垦

郑成功在台湾行使主权,废除荷兰殖民地政治制度,建立同大陆一样的府县地方政权机构。此事,郑成功孙克塽作了说明,祖父"率众取海外台湾,开辟疆土,设立府县居之"。② 此时,驱逐荷兰侵略者的战争还在进行,但郑成功已着手建立台湾地方政府机构。1661 年 5 月 5 日,郑成功在帐幕里召集 16 位村社原住民首领,他们原受荷兰人任命为长老,现在郑成功为他们"封官",改穿中国的官服。梅氏在《日记》中为他们身穿漂亮的中国官袍、腰围丝带、头戴帽子,作文字描述,显示出一种新的政治气氛。在 5 月间,郑成功进行一系列政治措施:改赤崁为东都明京,设 1 府 2 县。府为承天府(把普罗岷西亚改为承天府),杨朝栋为府尹。2 县:天兴县,庄文烈知县事;万年县,祝敬知县事。又设 3 安抚司(南路、北路与澎湖各一司),管理"番民"事务。另"改台湾(大员)为安平镇"。

郑成功在台湾所采取的政治措施意义重大。赤崁地方以赤崁城为中心,以城建于 1650 年(南明永历四年),荷兰人命名为"普罗岷西亚",是座军事城堡。郑成功以"赤崁城的承天府,总曰东都"。台湾城也是荷兰人的军事城堡,荷兰殖民者侵占台湾时,在一鲲身建这座城堡,命名为"热兰遮",台湾人称它为"台湾城",郑成功把它改为"安平镇"。安平镇即安海镇,为福建泉州府晋江县海港市镇,与台湾隔海相望,乃郑芝龙发迹起家之地。郑芝龙出仕后,建设市镇,筑城墙、兴建码头,发展工商业,通贸海外各国,使它成为"著名的商业城市"。郑成功 7 岁时,父亲芝龙派人往日本长崎平户,接他回国,居住安平镇,拜师读书,在这里渡过青少年岁月,因此,郑成功对安平镇有着强烈的故乡情怀,收复台湾后,特将热兰遮改为安平镇,以志"不忘故土也"。③ 他还在镇城"别辟一门曰'桔栎',以春秋郑国(都城)有此门也"。建此镇城门以"志故土"。④ 由此可见,郑成功身在台湾,而心里始终不忘大陆故土。大陆故土有他与将官、军民的同胞亲人。他

---

① 1662 年 1 月 25 日。
② 郑克塽:《郑氏附葬墓志铭》(拓片)。
③ 陈书炎:《郑成功在晋江安海的事迹》(手抄本)。
④ 连横:《台湾通史》卷十六《城池志》。

以大陆故土的城镇地名,更名台湾城镇,目的是提醒大家"不忘故土",故土与台湾紧密连结在一起,台海两岸人心连心!

1661 年 5 月 25 日,郑成功首次攻打热兰遮城堡。荷兰总督揆一据城堡顽抗。郑军作战失利,郑成功改变军事行动计划,采用围困城堡,"俟其自降"的办法。在围城期间,郑成功前往各村社巡视,慰抚民众,所到之处,村民夹道欢迎。与此同时,他还集中力量,领导军民进行大规模屯垦,为台湾经济繁荣与社会进步奠定了基础。

郑成功准备兴师东征时向部将们说明收复台湾的目的。他说台湾"沃野千里……我欲平克台湾以为根本之地,安顿将领家眷,然后东征西讨,无内之忧,并可生聚教训也"。① 在东征的兵船队中还装载犁、种子及垦荒农耕器物,并有随军农夫。由此可见,郑成功准备收复台湾后,在岛上垦荒兴农,发展农业生产。

郑成功以政治家的眼光看待农业生产的重要性,认为社会要安定,政权要稳固,要"兴邦固国",应"以食为先"。在驱逐荷兰侵略者的战斗还在进行时,他就仿效历史上诸葛亮、姜维与杜预等人"寓兵于农之法",部署军队屯田,从事农业生产,产粮自给。永历十五年(清顺治十八年,1661 年)五月十八日,郑成功令谕云:

> 东都明京,开国立家,可为万世不拔基业,本藩已手辟草昧,与尔文武各官及各镇大小将领官兵家眷,聿来胥宇,总必创建田宅等项,以遗子孙计,但一劳永逸,当以己力京(经)营,不准混占土民及百姓现耕物业。②

留勇侍卫旅守安平镇、承天府 2 处,其余各镇分赴南北路按镇发地,开荒种田。"插竹为社,斩茅为屋,围生牛教之以犁。"③屯田军士,人人动手务农,无闲逸之人。屯田制的特点为亦军亦农,耕不忘战,每日分派 1/10 人瞭望、守卫,农隙训练武事,有警荷戈以战,无警则负耒以耕。他们坚持郑成功《复台》诗中"开辟荆榛"的精神,迎难而进,克服毒虫、豺狼与瘴气、恶水的侵害,忍饥熬饿,披荆斩棘,开垦荒地为农田。

梅氏参加郑成功屯垦工作,他与几位土地测量师一起测量土地(图四)。在《梅氏日记》中记录一些有关屯垦的新资料。1661 年 6 月初,约有 11 000～12 100 人,被派去北边各村社,另有 5 000～6 000 人被派往南边各村社。当时郑成功带到台湾兵力有 30 000 武装士兵,派往南北各村社屯垦的士兵约有16 000～18 000,占总兵额接近 2/3。郑成功投入如此众多士兵,足见他对屯垦的重视及其规模之大。

屯垦,从字义上看好像是指屯田与垦荒农耕之事,其实不然,郑成功所规划

① 《先王实录》。
② 《先王实录》。
③ 江日升:《台湾外纪》卷十一。

162

1　　　　　　　　2　　　　　　　　3

图四　郑成功推行屯垦图

1. 荷人土地测量师
2. 土地测量师行进路线图。图中三角点为土地测量师经过的地点,由普罗岷西亚地区分南北两路出发。小黑点则为明郑时期的主要屯垦地点,散布在行进路线两侧。
3. 汉人使用的水牛。《台湾—福尔摩沙》插图局部。

的屯垦范围广泛,它是开发台湾岛一整套建设蓝图,包括建造大城市和乡镇等项大工程。

郑成功早就有收复台湾,在岛上建设几个美丽城市的设想和规划。他统领大军刚到台湾,就发出致"长官"揆一的信,声明台湾澎湖隶属中国政府,这两个地方的居民都是中国人,他们自古既已据有这些土地,并已开垦。这块土地被你们侵占,我要收回,"现在我率领大军来此,不只要改善这块土地,也要在这里建造几个城市,发展成为一个繁荣的大社会"。另在《钦命招讨大将军国姓通告》中,再次重申:"现在我亲自来了,要改善这块土地,并且要在这里建造美丽的城市"。① 按照郑成功规划,就是把台湾建设成为"繁荣的大社会","美丽的城市"将成为政治经济和文化中心,这是令人憧憬的美好世界! 郑成功要求军民在推行屯垦时,应按照他建设台湾的规划行事。

约在(1661 年)6 月中,国姓爷把福摩沙分给他的官员和将领,每分到南北距离八小时路程的领地,每个领地都要在中央地带建造一个大城市,作为官员或将领的居处,边界要各造一个乡镇,用以安定他的辖区。

所以每一个土地测量师都被派去确实测量每一块领地,指出应该建造城市和乡镇的地方,使每个城市尽可能刚刚好距离海边四小时路程,并使数百个他的士兵住在那里面。在这样的地方,我们都要竖立大柱子,另外每小时的路程要插一个路标。我和 Joan Brommer 被派去北部,要去噶玛兰的弯处,其他三个土地测量被派去南部,要去到琅峤的最末端。每一组都由三个军官监督,并有几个仆人,其中有会葡萄牙话的,会各种原住民语言的,有木匠、画家、砍木材的,还带有要做这些工作的工具……

---

① 见《梅氏日记》页下副题《郑成功首封告示内容》的《大明招讨大将军国姓爷寄给长官揆一阁下的信》与《钦命招讨大将军国姓通告》。

在那些村社里住有很多中国士兵，每一个将官手下的军队约有一千至一千二百人，他们在山脚以及所有开垦成水田的土地上，每一二百人为一群，很认真地耕种土地，无论年纪多小，全无例外，都必须种很多番薯，多到足够维持他们三个月的生活。当土地测量师到达那里时，村社的外面和里面，几乎没有一个角落没被耕种，或没有被围起篱笆来。而且，我们很惊讶地看到那些异徒的无理与勤劳，连接各村社，经常有人来回走动的乡村道路也被栽种了。以致从普罗岷西亚出发的整条道路，走不到五十竿（约一百九十公尺），可能还走不到十到二十竿（约五十七公尺），就会遇到三、四、五或六个人或更多人，像其他贫穷的中国人那样又推又拉地在耕种。

国姓爷分给他们上千只的牛，以及很多锄头和其他农具，使他辖区每一个人都能立刻开始耕种……

（尧港附近的 Lamaacka 小溪）那小溪距从北边开始测量的地方约有十二到十三小时的路程（约七十公里），这地带包括所有赤崁的耕地及中国人的耕地，是国姓爷为自己保留的，由他的地方官本府（府尹杨朝栋）管理。①

1661 年 9 月 24 日，梅氏跟承天府尹杨朝栋去内陆，调查农民种稻子情况。郑成功手下人送梅氏 1 匹骡子骑。梅氏根据骡子的步数量出田地长宽，据此以计算田地的产量。第 3 天，郑成功写信给梅氏，命令他要忠实地按照真实情况，认真测量稻田，不可受任何意见所左右，俾令农夫既无多余的隐田，也不短缺他们的权益。并鼓励梅氏认真做好工作，做出成绩后，将予以奖励和赠送礼物。最后，梅氏工作完成了。承天府尹杨朝栋奉郑成功之命，以其名义，赠送两套天鹅绒衣服、4 条内裤和 5 件女用毛质长衫，用以替代棉裙，来日使用，并表示日后将供应他的生活费用。这礼物表达郑成功对梅氏的情意和友谊，令人感动！

在郑成功的领导下，台湾军民经过艰苦奋斗，屯田垦区不断扩展，"南及凤山、琅𤩝，北至诸罗、水沙连、半线、竹堑、淡水、鸡笼等地方"。② 开辟大片农田，生产大量粮食，实现郑成功要求"使野无旷土，而军有余粮"目标。以实例来看：郑成功部将林凤率所部赴曾文溪北屯田、垦荒建庄，人称为"林凤营"，成为都聚。林凤营附近还有新营、旧营、卫军营与查亩营，都是当年屯田之地。郑成功另一部将林圯率所部赴斗六口屯田垦荒，人"名其地为林圯埔"，后成为经济繁荣、居民数万的大集落。清光绪十四年（1888 年）建县治于此，名曰"云林"，"志圯功也"。连横在《台湾通史》中赞扬郑成功推行军垦屯田的功效云，"开辟之功大矣哉"。③

为了鼓励私人垦荒务农，郑成功将荷兰殖民者的"王田"改为官田，并颁布文武官员私人屯垦特谕八条，规定文武官员家眷，在承天府地区可随人多少圈地，

---

① 1661 年 6 月中。
② 《台湾建置沿革志略》。
③ 《台湾通史》卷二十九《林圯林凤列传》。

永为世业，在其他各处，可随意择地开垦建庄，照样永为世业，以佃以渔或经商，听其便。一般百姓也可申请垦田建庄。特谕一再明令文武各官及诸镇大小将领，不许混圈，侵占百姓现耕田地，同时还规定文武各官在圈地和诸镇大小将领兵派拨汛地时，要管理和爱惜山川陂池。"不可斧斤不时，竭泽而渔，庶后来永享无疆之利。"①新垦田地3年内不起科，3年后分上、中、下3等征收赋税。在特谕的鼓动下，文武官员和他们的家眷，以及百姓，无不积极开荒建庄，推动了台湾的开发与农业生产发展。

正当郑成功领导军民开发经营之际，清王朝下令沿海5省"迁界"，强迫海滨居民迁入内地，致使人民流离失所，死亡相继。郑成功闻知，立即"驰令各处，收沿海之残民，移我东土，开辟草莱，相助耕种"。② 当时，共"招沿海居民不愿内徙者数十万人东渡，以实台湾"。③ 这支数十万人的劳动大军东渡台湾，在开发台岛与发展岛上经济发挥了重大作用，做出了贡献。

郑成功谢世后，嗣王郑经与陈永华继承郑成功屯田事业，前茅后劲，再接再厉，扩大屯田垦区，课耕种，兴修水利，增加粮食产量，"于是年大丰熟，民亦富足"。④

郑成功与他的继承人率领军民奋力垦荒屯田，在南北两路开辟大片田园。有人作过统计，这时期台湾所开垦的田园总共达18 453甲之多（每甲为大陆11亩3分1厘）。兴修陂圳22处（平安、凤山地区的陂圳15处），农田有水利灌溉，收获倍增，余粮栖亩，庶物蕃盈，"民殷国富"。

郑成功开发建设台湾，为国家捍卫疆土，为台湾人民造福，荫及后代子孙，获得人民崇敬与爱戴，尊他为"开台圣王"、"开台第一伟人"！

---

① 《先王实录》。
② 《台湾外记》卷十二。
③ 沈云：《台湾郑氏纪事》卷四。
④ 《台湾外记》卷十三。

Mr. May's Diary: the Historical Record about Zheng Chenggong's Recovery of Taiwan

Abstract: Mr. May's Diary is a file which was written by Dutchman Philip Danielsz. May (Philippus Daniel Meij van Meijensteen) for the East India Company. It recorded the specific situation of Zheng Chenggong who commanded the army to cross the sea and conquer the Dutch army from April 30, 1661 to February 9, 1662. Mr. May described Zheng Chenggong's heroic image lively and introduces the whole process of Zheng troop's conquest over Holland army by fighting bravely, the capture of the Castle Proventia and Dutch Governor Fredrich Coyet's surrender and offering Castle Zeelandia in February 1, 1662. Zheng Chenggong recovered Taiwan successfully, then abolished Dutch colonial political system and established the prefectural government with the mainland. Then he opened up the virgin land with the solider and civilian, developed the economy, planned for the construction of urban and rural planning, striving for making Taiwan the "big prosperous society". Zheng Chenggong is committed to the development and the construction of Taiwan. He defended the territory for the country, brought benefit to mankind and held love and respect by people. He is regarded as "the Holy King of Exploiting Taiwan".

Keywords: Mr. May's Diary, Zheng Chenggong, Taiwan, the Prefectural Government, Open Up the Wasteland, the Holy King of Exploiting Taiwan

苏州及附近地区太湖水域
传统木帆船调查报告

周群华[1]　叶冲[2]　任志宏[3]　桑史良[4]
（1、2、3. 上海　上海中国航海博物馆　201306；
4. 上海　上海市航海学会　200090）

2011 年 9 月 16～17 日，上海中国航海博物馆、上海市航海学会等人员赴苏州及附近地区太湖水域，对传统木帆船的遗存现状及相关问题进行实地调查，以下作简要报告。

一、目标概念——太湖传统木帆船

本次旨在调查"太湖传统木帆船"，有必要先探讨这一目标概念。

太湖流域水网发达，水文传统深厚，社会经济发展与此联系密切，而木帆船当为促进该区内市场贸易、商旅往来、水域生产等的重要因素之一。历史上，太湖水域木帆船种类较多，据笔者目前所查研究中国传统帆船的著作，及有关江苏或太湖的地方文献，[1]知其大致有渔船、客船、货船、农船、战船及其他类船，下文选取帆罟、三吴浪船、浦东船、桨船、沙船、湖州书船，以案例比较法确定本次调查的目标概念。

（1）帆罟（渔船）

"帆罟"之名，首见于宋叶茵《渔家行》。[2] 明郑若曾《江南经略》、顾炎武《天下郡国利病书》及清金友理《太湖备考》等文献则明确其为太湖一种大型渔船。

---

① 例如，[清] 金友理撰，薛正兴校点：《太湖备考》，江苏古籍出版社，1998 年；朱年、陈俊才：《太湖渔俗》，苏州大学出版社，2006 年；席龙飞：《中国造船史》，湖北教育出版社，2000 年；王冠倬：《中国古船图谱》（修订版），生活·读书·新知三联书店，2011 年；朱惠勇：《中国古船与吴越古桥》，浙江大学出版社，2000 年；中国渔业史编委会编：《中国渔业史》，中国科学技术出版社，1993 年。

② 全诗为：湖滨江许疏疏村，村村渔家人子孙。为鱼不管波浪恶，出未天明归黄昏。得来鱼可数，妻儿相对语。瓮头有齑熟，锅中无米煮。昔日鱼多江湖宽，今日江湖半属官。钓筒钓车谩百尺，团罟帆罟空多般。盖蓑腊雪杨柳岸，笼手西风芦荻滩。差差舴艋千百只，尽向其中仰衣食。几谋脱离江湖归犁锄，似闻岁恶农家尤费力。参见《全宋诗》卷三一八八《渔家行》。

《江南经略》曰"渔船莫大于帆罟,其桅或六道,或五道,或四道",《太湖备考》谓"(太湖渔船)最大者曰罛船,亦名六桅船",无橹无桨,但帆篷①多,"专候暴风行船",且船速较快,在"白浪滔天"时,"商民船只不敢行,而罛船则乘风牵网,纵浪自如"。明清文献所记"帆罟"、"罛船",当指太湖大渔船,"身长八丈四五尺",即船长约 26.1 米,②载重最大可达 60 吨以上,为我国内陆湖泊中形制最大的渔船,比太湖一般的小渔船也大数十倍。《太湖备考》称罛船"不知其所自始",即清代已搞不清其源自何时,今人则有考证,认为始自南宋岳飞水师。③

太湖大渔船(表一)并非仅有六桅渔船,还有一种原在海洋作业的五桅渔船进入太湖与六桅渔船融合。六桅渔船后来也有所改制,由六桅演变成七桅(俗称太湖"七扇子")。据 1961 年《长江中下游渔船调查》的实测,七桅渔船与清乾隆年间(1736～1795 年)《太湖备考》记载的六桅渔船在船型、尺寸等方面几乎完全一致,只在两根艄桅前增置了一根"七桅"稍有不同。④ 太湖大渔船的建造地,多集中在太湖周边,如胥口下场湾、西山东村、光福铜坑等。太湖大渔船历经七八百年之久,20 世纪 80 年代以后才被淘汰。

(2) 三吴浪船(客船)

苏南、浙北之吴门(今苏州)、吴江、吴兴(今湖州),古称"三吴"。《天工开物》、《古今图书集成》等文献,记载了宋代太湖流域的一种小木船,名曰"三吴浪船",俗名又称"天平船"。它是一种极普通的小客船,船首方形,便于旅客上下,船尾略狭于船头,高翘向上,配装窗户、厅房,坐室在前,卧室在后。三吴浪船曾遍布太湖流域各县乡村,数量曾有万余艘,活动范围也较广,旅客经常雇此船直上北京、天津及河北通县等地。

(3) 浦东船(货船)

浦东船原产于上海浦东闸港一带,活动范围在太湖流域。因善长途运输,宜装粮食、砖瓦等货,故浙江嘉善一带也称之为"出门船"。船体狭长,宽艏瘦艉,舱深体窄,排水量大,常见为五舱,载货 20～30 吨,30 吨以上则增设为七舱,最大者载货可达百吨。靠风行船是浦东船的特点,一般置 2～3 道桅樯(也有 4 道),主桅则高达 10 米,吃风力强。两舷的披水板常入水,利于舵向。

(4) 桨船(农船)

江浙水乡,水网河道纵横,历来有"无船路不通,家家有划舟"的谚语,史志记载农家出入乘小艇,谓之"划舟",以木桨作动力,又名"桨船"。船形似柳叶,两头狭,中间宽,长 4～5 米,容五六人。吃水极浅,任何小港支流皆可通行,古代太湖流域蚕乡农民采桑叶、售蚕茧都离不开桨船。因桨船工具简单,操作灵活,至今交通已较发达的情况下,水乡农民仍有用此船串乡走村。据不完全统计,解放初

---

① 帆是学名,篷是俗称。船工忌言"帆"字,因"帆"与"翻"同音。
② 清木工尺 1 尺合今 31.1 厘米,丈、尺、寸为十进制。参见丘光明:《中国古代度量衡》,商务印书馆,1996 年,第 188 - 190 页。
③ 陈俊才:《太湖大渔船起源初探》,《古今农业》1994 年第 2 期,第 36 - 37 页。
④ 陈俊才:《太湖最后一艘七桅大船》,《江苏地方志》1999 年第 4 期,第 47 页。

期太湖流域遍布此船,浙北地区每平方公里有 20～30 艘桨船。

（5）沙船（战船）

沙船为我国古代主要船型之一。康熙《崇明县志》载"沙船以出崇明沙而得名,太仓松江通州海门皆有",沙船始于唐代,明嘉靖初始称"沙船"。沙船多行于北洋航线和长江流域,南方江西、安徽、湖南、湖北等地也有使用,江南稻米、丝绸等多用沙船北运。清代兵船曾普遍使用这一古老船型,如江苏的盐城、扬州、太湖、福山、京口等营,江西南湖营,浙江台州营,山东登州镇等处均有沙船,[①]如《清史稿》记载"太湖营,沙船、快船、巴唬船共三十二艘"。[②]

（6）湖州书船（其他类）

太湖之滨的湖州,向为江南望郡,历代文人辈出,民间藏书丰富,古时曾有"书船"。清同治《湖州府志》载:"书船出乌程织里及郑港、荻港诸村落,吾湖藏书丰富,起于宋南渡后。其船南至钱塘,东抵松江,北达京口(今镇江),西进泗安,遍布江浙两省城镇。"湖州书船为当地农船改装而成,仅 3～5 吨,设船篷,篷下置书架,陈设各种书籍,中间放书桌和木椅。抗日战争爆发后,书船便基本绝迹。书船非湖州独有,古代杭州西湖亦有"书舫"。

分析以上案例,笔者以为,若放之于全国水域范围,应有较显著的特色;而从太湖水域看,应能代表该地区造船、用船的历史,同时具备此两点,确定其为"太湖传统木帆船"则可能较为妥当。

以三吴浪船为代表的客船、以桨船为代表的农船,虽曾于太湖流域广泛使用,但比之全国水域范围内种类繁多的木帆船,皆不足以任何显著特征脱颖而出,来代表太湖水域木帆船的特色;湖州书船虽有较强的文化特色,但其为普通农船改装而成,难以体现太湖流域造船、用船的历史;以沙船为代表的兵船、以浦东船为代表的货船,因兵防、商贸等因素出现在太湖水域,然而从建造、使用地域来看,大致可以算作太湖水域的进出船舶;以"帆罟"为代表的太湖大渔船,则在中国传统帆船的历史研究中占据了重要一席,且在太湖水域建造、使用长达几百年之久,故此次调查的目标确定为太湖大渔船。

二、调查情况说明

（一）调查区域与路线的选择

太湖自古以来就盛产淡水鱼,[③]因此,湖上渔舟云集,帆樯对影。如果以帆

---

① 《江苏省内河外海战船则例》(清乾隆间官修),[清] 董浩《军器则例》,转引自辛元欧:《上海沙船》,上海书店,2004 年,第 73 页。

② 《清史稿》卷一三五《水师》。

③ 太湖产鱼情况,可参阅尹玲玲:《明清长江中下游渔业经济研究》第六章第三节《苏、松、常地区的渔业》,齐鲁书社,2004 年。

栫、吨位区分，太湖渔船则大致分为大渔船、中渔船和小渔船（表一）。前人的野外调查，涉及太湖大渔船的至少有三次：

表一　太湖渔船分类、分布情况①

类　别	载重（吨）	栫　数	主要分布地区
大渔船	＞60	6～7	原吴县冲山地区的渔业村
	30～50	5	原吴县冲山地区的渔业村
中渔船	10～30	3～4	原吴县冲山地区太湖乡的湖胜、湖丰渔业村，无锡市郊区的渔港乡，常州市武进建湖渔业村，宜兴周铁渔业村，湖州小梅水产村
小渔船	＜10	1～3	广泛分布于太湖各渔业村

（1）清乾隆年间的调查

乾隆十二年（1747 年）正月十二日，吴县洞庭东山人金友理（字玉相），与其师吴莱庭（字鲁传）雇舟从东山渡水桥起程，沿太湖经吴县、长州、无锡、阳湖、宜兴、荆溪、长兴、乌程、震泽、吴江等十县三郡（苏州、湖州、常州）展开调查，至二月初八返回东山。十三年（1748 年）起，金友理参阅考证文献 152 部，历时三年有余编纂成《太湖备考》。该书卷一六《杂记》对太湖渔船的情形，尤其对最大者"众船"的形制、制造、作业时间与地点、行船特征等进行了详细的记载。

（2）20 世纪 60 年代初的调查

即长江流域渔具、渔法与渔船调查。这是国家科委《1963～1972 年科学技术发展规划（草案）》水产部分"全国重点淡水渔区渔具、渔法调查和淡水区渔船船型的调查研究"的组成部分。长江流域渔具、渔法与渔船调查由水产部长江水产研究所和上海水产学院共同负责，于 1962 年春组成调查组，先以江苏省太湖为试点。1963～1964 年完成了长江流域六省一市（湖南、湖北、江西、安徽、四川、江苏和上海）的调查，1965 年着手整理调查资料，编写《长江流域渔具渔法渔船调查报告》，1966 年上半年完成编写工作。其中介绍了太湖"七扇子"的船舶性能和主要量度数据，并绘有七扇子的线型图、基本结构图、帆装图和剖面图等。

（3）21 世纪初的调查

21 世纪初，太湖当地文化单位的同志对环太湖的渔村、渔家、渔船进行了大量调查和长期的民间采风，对太湖地理、水产、渔船、渔风、渔俗等广泛内容作了纪实性素描和理论探索，于 2006 年编写出版《太湖渔俗》一书。当时调查发现：太湖渔船，现存最多的是中渔船（3、4 栫），但大渔船（5、7 栫）则最具历史、文化和技术价值。

清乾隆年间太湖六栫大渔船约有 100 余艘。② 1949 年太湖解放时有 96 艘，

---

① 资料来源：《太湖渔俗》第三章《渔家舟为业　横网亘数里——太湖渔船渔具》。
② 《太湖备考》卷十六《杂记》："（众船）苏属四十八只，常属五十二只。"

20 世纪 80 年代中期有 104 艘。① 80 年代末开始，太湖木质大渔船急剧减少，至 20 世纪末基本全部退出历史舞台。现今，七桅木质渔船的遗存数量，一说仅 1 只，即停泊于无锡鼋头渚风景区供人观赏的七桅木质渔船，②一说存 3 只，除鼋头渚的一只外，《太湖渔俗》指出另一艘停泊在西山石公山（图一标为 F 处）下，第三艘则未说明在何处。③

　　五桅的木质渔船，多方资料显示目前也仅存 1 艘，且未见公开出版或发表的详细成果。鉴于太湖鼋头渚风景区的七桅木质渔船已有相关论文和报道，本次对它不作调查。此次调查的核心任务是寻找、调查太湖仅存的那艘五桅木质渔船，同时察看西山石公山下是否有七桅木质渔船。

　　大渔船建造地多集中在胥口、西山、光福，皆在现苏州地域。综合前人的调查，大渔船的分布区域也主要集中于现苏州冲山等地区。这些地区较有可能发现目标。因此，本次调查选取区域为太湖苏州及附近地域。调查起点则选在苏州市东山镇陆巷古村，路线取水路，先北向胥口、光福、冲山，再南折至西山、石公山，再至附近的湖州市、吴江市沿湖水域（图一）。

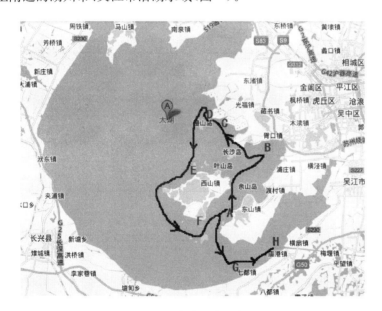

图　　调查的区域及路线

注：① 调查地域以大写字母标示：A（苏州东山陆巷古村附近）、B（苏州胥口附近）、C（苏州光福太湖渔港村附近）、D（苏州光福冲山地区附近）、E（苏州洞庭西山附近）、F（洞庭西山石公山附近）、G（湖州七都附近）、H（吴江横扇镇附近）。② 调查路线以箭头线标示，第一天（9 月 16 日）：A→B→C→D→E→F→A；第二天（9 月 17 日）：A→G→H。③ 底图采用 Google 地图。

① 陈俊才：《太湖最后一艘七桅大船》，第 47 页。
② 如陈俊才：《太湖最后一艘七桅大船》；侣友：《水上文物古渔船》，《风景名胜》2000 年第 8 期；沙无垢：《七桅古渔船》，《城建档案》2001 年第 2 期；王蕾：《太湖帆影》，2003 年第 Z2 期；景旭峰：《岳飞船今何在》，《中国文化报》2006 年 6 月 13 日。
③ 朱年、陈俊才：《太湖渔俗》，第 21 页。

（二）调查的初步统计

图二 调查沿途发现的水泥渔船（编号 C-1）

调查主要取水路，以望远镜对水面、沿岸进行瞭望、巡查，若遇帆桅，便接近核实或上岸查访，并对遗存数量、所在方位、现状等信息进行记录。第一天发现约 59 艘残存有桅杆或桅帆的太湖渔船（表二），但皆为水泥船（以图二为例）。晚上经对东山陆巷一些渔民的咨询了解，我们将第二天水面巡查的区域放在了东山镇偏东南的太湖水域，并在苏州吴江横扇镇附近发现了那艘五桅木质渔船，同时拜访了相关线索人物。

表二 太湖苏州及附近地区残存渔船概貌

调查区域	发现情况			
	编号	大致方位	数量	状况说明
A	A-1	31°04′34″N 120°21′15″E（陆巷古村码头附近）	10	1～3 桅，水泥渔船，有桅无帆，几乎全部废弃，少数有渔民居住
B		未见		
C	C-1	31°14′22″N 120°20′29″E（太湖渔港村以南水域）	1	3 桅，水泥渔船，有桅无帆，航行中
	C-2	31°15′11″N 120°19′54″E（太湖渔港村及西南水域）	2	4、5 桅，水泥渔船，有桅无帆，航行中
	C-3		1	5 桅，水泥渔船，有桅、帆，航行中（经营船宴）
	C-4		13	1～4 桅，水泥渔船，有桅无帆，几乎全部废弃，少数有渔民居住
D	D-1	31°16′34″N 120°18′27″E（光福冲山村湖岸）	2	5 桅，水泥渔船，有桅、帆，靠岸停泊，用作游乐
	D-2	31°16′11″N 120°19′29″E（光福湖荣村附近水域）	16	1～5 桅，水泥渔船，有桅无帆，一片水域集中停泊，有渔民居住
	D-3		11	1～5 桅，水泥渔船，有桅无帆，绝大部分废弃，部分有渔民居住

（续表）

调查区域	发现情况			
	编号	大致方位	数量	状况说明
E	未见			
F	F-1	31°03′51″N 120°18′44″E（大、小山岛附近）	2	1、2桅，水泥渔船，有桅无帆，坐底，废弃
G	未见			
H	H-1	31°01′38″N 120°27′50″E（吴江横扇镇环良港附近）	1	5桅，木质渔船，有桅、帆，不再航行作业，靠岸停泊，舵工常居船上

注：1.发现编号（调查区域＋发现顺序）。2.发现地点的大致方位，标经纬度（北纬、东经）。

三、调查成果及相关分析

经过对苏州、湖州、吴江等地区太湖东部、东南部水域及沿岸的认真调查，我们得出以下几个方面的认知：

第一，太湖渔船分布较为集中，即集中地停泊于某处水面或某些渔镇渔村。表二统计显示，苏州的东山、太湖渔港村、冲山（A、C、D区域）等正是太湖大小渔船的集中分布地域，尽管呈现了渔船多处废弃的场景，但可以想象此前那里的繁忙景象。

第二，从渔船性质上看，现在所能见到的几乎全部为水泥渔船，传统的木质渔船近乎绝迹，且大部分水泥渔船也处于废弃的状况。

第三，关于大渔船的数量。本次调查的区域（包括沿途所经西山石公山）均未见七桅水泥渔船的残存，故七桅木质渔船仅存1只的可能性较大；表二统计中，五桅水泥渔船数量也较少，且集中于光福镇的太湖渔港村和冲山地区（C-2、C-3、D-1、D-2、D-3）。五桅木质渔船，经本次调查证实仅存1只，且经过大修，已不再航行或捕鱼作业，现由专人管理、照看。

以下分别对太湖水泥渔船，以及本次调查发现的五桅木质渔船进行介绍并作相关分析。

（一）关于水泥渔船

1. 水泥渔船的发展与木质渔船的消亡

水泥船是以水泥与钢丝（钢筋）为主要材质的船舶，主要有钢筋混凝土船和钢丝网水泥船。19世纪50年代法国以水泥建造过一艘小艇，此后至两次世界大战期间有所发展,欧美各国相继试制了内河和海上航行的各类水泥船,主要为钢筋混凝土船。1943 年、1945 年,意大利、德国率先制造了钢丝网水泥船。与钢筋混凝土船相比,钢丝网水泥船构件较薄,较大地减轻了船体自重,改善了材料性能。1918 年我国始有译文介绍水泥船。① 建国以后,工农业迅速发展,但当时经济条件下,钢材、木材都极为紧缺,特别是造船工业对钢材、木材的需求量很大,②要求也很高,材料的供应就更为困难,必须要寻找造船代用材料。③ 1958年以后,我国开始较大规模地建造水泥船,大致有四类:水泥农船、水泥渔船、水泥运输船、水泥工程船。工程船多数用钢筋混凝土建造,其他船舶用钢丝网水泥建造。④

　　20 世纪 70 年代前,太湖几千只渔船全为木质。木船的年报废率达 5%～20%,且其维修、新造都需要大量木材,水泥船则比同类木船则要节约木材 70%左右,⑤所以发展水泥渔船能为群众性捕捞养殖业开辟新的途径。1971 年吴县水泥制品厂在吴县县委、革委会领导下,拉开了大规模制造太湖型水泥渔船的运动,这种太湖型钢丝网水泥风帆对网渔船是在当地优良木质渔船基础上,结合钢丝网水泥船的特点改造而来,在船速、航程、抗风能力、牵引力、渔业产量、费用等方面,皆优于依靠风力行驶的传统木质渔船。第一对载重 30 吨的水泥渔船1971 年底下水。仅 3 年时间,就有 44 艘 30 吨水泥渔船投入捕捞生产,占到太湖全部大中型(20～60 吨)渔船 450 艘的近 1/10。⑥ 80 年代,水泥渔船改成机帆两用船。90 年代,都装上了挂桨机,实行了机械化捕捞。进入 21 世纪以后,太湖部分水域进行过大规模的渔具拆迁行动,很多渔民、渔船撤出太湖,以往依靠捕鱼为生的渔民被政府引导上岸转产转业。⑦

　　生产方式、生态环境、政策导向等因素的综合作用,促使太湖水域木质风帆船自 20 世纪 70 年代以来急剧消亡。以七桅渔船为例,清乾隆年间至 20 世纪 70年代的 200 多年,保有量一直维持在百余艘左右;而至 1999 年时仅 20 多年,七桅渔船大约就仅剩 1 艘,最多也不超过 3 艘。太湖木质风帆渔船消亡速度之快,由此可见一斑,这也与我国海洋木帆渔船退出历史舞台的节奏基本一致:1950年,中国海洋渔船约 78 220 艘,其中,木帆海洋渔船为 78 030 艘,⑧木帆海洋渔

① 《Current Events:第一艘水泥船》,《英语周刊》1918 年第 13 卷第 3 期;《Current Events:水泥船之建造》,《英语周刊》1918 年第 14 卷第 2 期。均见上海图书馆全文缩微胶卷 J-4096/02。

② 平均每建一艘 24 米长的木质渔船,将用掉近 100 立方米木材(原木),相当于直径 30 厘米的优质木材 330 棵。参见柳正(农业部渔业船舶检验局):《跨百年沧桑　续渔业辉煌——回望中国渔船现代化发展道路》,《农业部管理干部学院学报》2011 年第 3 期。

③ 王乃贤编著:《钢丝网水泥船·绪论》,人民交通出版社,1959 年。

④ 张辉等编:《水泥船建造工艺》(修订版),人民交通出版社,1980 年,第 4 页。

⑤ 张辉等编:《水泥船建造工艺》(修订版),第 1-2 页。

⑥ 江苏省吴县水泥制品厂等:《太湖水泥渔船》,《水产科技情报》1975 年第 2 期,第 5、7 页。

⑦ 吴雯:《2000 渔民撤出太湖》,《新华日报》2004 年 7 月 10 日。

⑧ 贾复、钱鸿:《中国海洋渔船发展简史》,载《第三、四届渔船学术会议论文选集》,中国造船工程学会、中国水产学会,1990 年,第 371 页。

船占当时海洋渔船总量的99.8%。1958~1959年,我国曾对黄渤海区、东海区、南海区,包括辽宁、河北、山东、江苏、浙江、福建、广东七省和上海市的渔船进行过大规模普查,当时较有代表性的海洋风帆渔船共有78种。[①] 进入20世纪60年代中后期,木帆渔船开始退役。70年代后期,所有的木帆渔船几乎全部退出生产领域,至80、90年代,各地原有的传统木帆渔船基本在中国海面绝迹。

2. 当前水泥渔船的现状分析

调查水域所见的水泥渔船,樯桅皆有残存,极少数存有帆篷,部分仍可航行作业,按其完好情况可作如下分类:

(1) 几近废弃的。大约因不再作业而年久失修,帆已不存。太湖渔民向来以船为家,故少数仍有渔民居住,约36艘(以图三为例);

图三　水泥渔船(废弃)　　　　图四　水泥渔船(航行中)

(2) 仍可捕捞作业的。上文已述20世纪80年代太湖水泥渔船改成机帆船,这一类仍能依靠自身或舷板上加装的机械动力航行、捕鱼作业,但帆篷也没有保存,有19艘(以图四为例);

(3) 经营游乐项目的。即原先捕捞作业的水泥渔船,改作经营渔家乐、船宴等游乐项目的水泥船,帆篷相对保存较完整,计3艘(以图五为例)。

 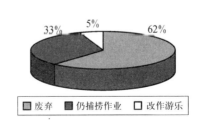

图五　水泥渔船(经营船宴)　　图六　太湖东及东南水域水泥渔船现状

----

① 第一机械工业部船舶产品设计院等编:《中国海洋渔船图集·绪言》,上海科学技术出版社,1960年。

国家航海　第二辑

National
Maritime Research

苏州及附近地区太湖水域
传统木帆船调查报告

175

就调查的太湖水域范围看，废弃、仍可捕捞作业、改作游乐的三类水泥船的数量比为 36：19：3，即 62％：33％：5％（图六），这一数据比例基本反映了太湖东部及东南部水域水泥渔船的现状，并可作以下分析、推论：

① 东山陆巷、冲山地区、太湖渔港村附近（表二编号 A-1、C-4、D-3），这些中大渔船的集中地有 3 处水泥渔船成片废弃的场景，结合太湖地区渔民、渔船撤出及被引导上岸转产转业的报道，可推断在太湖木质帆船濒临消亡的趋势下，20 世纪 70 年代以来改造的水泥渔船目前也有半数以上废弃。

② 仍可捕捞作业的 19 艘，主要集中于光福镇太湖渔港村、湖荣村等，尤以光福镇的湖荣村附近（表二编号 D-2）为最多。湖荣村附近 16 艘水泥渔船在一片水域集中停泊，也体现了独具区域特色的大渔船捕捞作业特点，即太湖大渔船入湖连续捕捞，一般不轻易靠岸停泊。旧时，太湖大渔船长年在湖中捕捞作业，住泊无定所。靠风行驶，看风行船，实在无风时，就在原地临时下锚停泊，在船上从事拣鱼、整理、修缮渔网渔具的工作，一俟起风，就重新起航捕捞。

③ 沿途所记录的 59 艘水泥渔船，除废弃的 36 艘外，仍可捕捞作业的 19 艘，帆篷都没有保存下来，而经营渔家乐之类旅游项目的水泥渔船都保存了帆篷。对此现象，我们提供一种推测性的解释以供参考：捕捞作业的水泥渔船，依靠加装的机器动力航行，帆篷借风行驶的实用价值不大，可能出于维护、保养等成本的考虑，而被淘汰；而经营游乐的渔船，为供游客体验古代渔船之乐，做诸如撒网、扯帆、抓鱼等渔家事，故帆篷幸得保存。

（二）关于五桅木质渔船

据前人调查，太湖五桅木质渔船仅剩 1 只，本次调查于第二天寻得这艘五桅渔船（图七）。

图七　调查发现的五桅木质渔船（表二编号 H-1）　　图八　H-1 船 2002 年时的照片①

① 图片由 H-1 船现在的管理者向子平、沈诗醒夫妇提供。

1. H‐1 船的历史、修复及保养现状①

该船原船(图八)系清光绪二十一年(1895 年)三月,由苏州太湖乡(即现在光福镇的太湖渔港村)张元龙出资用老柏木兴建的五桅拖网帆船,共二组四艘。船长75 尺(约 24 米),宽 17.5 尺(约 5.6 米)。原四艘帆船经张姓三代船主(第一代张元龙、第二代张庭瑞、第三代张正方),历百余年,其中三艘因年久失修或维修不当(未使用野林深山四五十年以上的木材),已相继沉没于太湖。2002 年,台湾建筑设计师登琨艳购入此仅存的一艘,委托其苏州的朋友就近照顾,但三年多均未作定期保养、维修。18 米主桅杆遭雷击折断,舱底漏水日趋严重,不能航行,因而泊于东山镇六巷村港边,形同废船。2009 年,生活于太湖的向子平、沈诗醒夫妇与该船东山管理者及登琨艳等,完成对该船管理权的交接,并修复该船。

向氏夫妇寻找古船修复师傅主持修缮。修船木料为赴江西鹰潭的深山野林中所购 50 年以上的老杉木。这些木材长度皆 20 米以上,锯成长条板,以在修复中尽量减少船的接缝,延长船的使用年限。门钉、长铁钉等,均为打铁匠按木板长度、厚度、粗细定制。每艘船板钉好后,板与板之间的缝隙用麻绒、油灰,按比例调和,用工具刀及锤子嵌入,然后再分两次上桐油,以确保水密。② 主桅杆采用了 18 米高、直径 30 厘米以上的木料,为防再遭雷击,特地在主桅杆最高处安置了直径 0.8 厘米,长 28 米的铜棒做成 S 形避雷针,铜棒外包裹塑胶管绝缘体,直通水底,修复历经 7 月又 27 天完成。

对该船的保养采取如下办法:① 露出水面部分,每四个月刷桐油一次,一年三次,每次需桐油约 35 斤。夏秋季,桐油不用煮。冬季,煮开后再刷;② 船边至水面下用黑色尼龙网包裹,以防日晒漏水;③ 重新设计、制作了船上遮阳设施;④ 由专人负责该船维修、保养的全部管理,聘退休的张氏及配偶同住船上任职舵工,进行日常照料,聘驾船工朱氏(兼具木工、泥水工、机器维修等技能)每年于船上、船下工作约 9 个月。

2. 调查所见 H‐1 船的相关情况

据舵工张氏介绍,这艘渔船经大修后,只有船舷部分仍有柏木,其余皆为杉木。5 根樯桅,从船头至船尾高 6 米、16 米、18 米、8 米、10 米,前三桅位于船中,后两桅位于左侧船舷。

篷帆为尼龙帆布,染成红色(图九)。据《太湖渔俗》一书介绍,太湖渔船初为篾篷,民国初期纷纷改为布篷。③ 太湖渔船的新篷帆在使用前,以及旧篷帆的维

---

① 向子平、沈诗醒夫妇向调查组提供了这些资料。

② 此处再次体现了古代船舶建造、修造中的捻缝技术。明人李昭祥《龙江船厂》载"夫造船之工,唯油艌为最要",古船修造常将白麻(或黄麻,或旧渔网)制成绒状,柚油、石灰、麻绒按 1∶2∶1 的比例捣成艌灰。石灰具很强的粘接性,桐油则极易氧化起聚合反应形成坚韧耐水漆膜。石灰与桐油的调和,促进桐油聚合,形成良好的隔水填充作用。麻丝经反复捣匀调入捻料,对充填、防裂、增加附着力和提高团块强度具有重大作用。故,"捻缝是保证木船水密的重要工艺,捻缝质量又以捻料最为关键"。关于古船的捻缝问题,参见何国卫:《简议中国古船技术史研究》,载《蓬莱古船国际学术研讨会文集》,长江出版社,2006 年。

③ 朱年、陈俊才:《太湖渔俗》,第 62 页。同时参照了江苏常熟古船师傅韦文禧的意见。

护保养,都要"染篷"。染篷的染料一般采用浙江山区生长的槲树或栲树的皮,将其粉碎、捣烂,放入特制的大铁锅中煮沸,将篷帆在染锅中先后浸润三次,直至篷布转成深暗红色。经此处理的篷帆可加强牢度,受风雨不易腐烂。染成红色,也取"祥瑞吉利"之意。

图九　红色篷帆

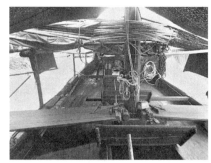

图一〇　甲板、披水板

甲板密封,用油灰麻线捻缝,前后贯通,中间向上隆起,至船舷两侧较为低洼,有明显坡度感(图一〇)。甲板与船舷衔接处形成水沟,并设流水孔(图一一),即使水浪涌上渔船,甲板上积满水,排水也十分畅通,船舱内不致漏水。

图一一　流水孔

图一二　船舱

船分14舱,舱高约1.5米,各舱之间可互通(图一二),人在舱内稍弯腰即可直立活动,形成甲板上、下两部分的独立活动空间。舱内用替舱板(图一三)铺成木地坪,既保护船底,又使得替舱板与船底留有一定的实用空间(图一四),该空间既可放置一些小杂物,又能使船舱内冬暖夏凉。

图一三　替舱板(以数字标识,1~14)

图一四　替舱板与船底的空间

船配有一对披水板(见图一〇),3只四爪铁锚,其中2只为主锚,1只为辅助锚。舵为升降舵,无橹,无桨,全靠风帆行驶。生活起居间(图一五)位于船的中后部,船厕、洗澡间及放置杂物的小棚(图一六)设在船的尾部,船尾还有向后挑出的踏桥。

图一五 生活起居间

图一六 位于船尾的卫生间(左)、杂物间(右)

太湖大渔船一般不轻易靠岸,但该船现已不再捕鱼作业,故常泊岸边,船与岸边以跳板相接,岸上人员以此上船(图一七)。舢板(图一八)系泊在船身右侧。按当地渔俗,太湖大渔船因船大难靠岸,故每船都载舢板,以供捕捞作业时上下网、下水捞鱼及外出购物和摆渡时用。

图一七 跳板

图一八 舢板

3. 对太湖五桅渔船船型及相关特征的进一步探讨

太湖大渔船演进至现在,一种是七桅渔船(七扇子),另一种五桅渔船,即"五扇子"。对太湖五桅渔船的来历演变与船型特征等作详细考证的资料不多见,惟《太湖渔俗》一书有500余字的交代,①兹节录如下:

> 太湖中还有一种船艄呈"刀币形"的五桅大船,原以黄海的海州湾一带
> 为作业区,渔民俗称"北洋船"。北洋船原是春捕黄鱼,秋捕带鱼,专在海洋
> 中作业的渔船。每年的冬季正值海洋捕捞的淡季,而太湖则是捕捞旺汛,②
> 故历史上北洋船经常季节性地至太湖捕捞,属湖海两栖型渔船。清嘉庆、道

---

① 朱年、陈俊才:《太湖渔俗》,第22页。
② 太湖主要鱼汛有:银渔汛(5月下至6月中;11月)、白鱼汛(7~8月)、梅鲚汛(8~10月)、白虾汛(8~10月)、四大家鱼(青、草、鲢、鳙)汛(10~12月)。因此,从10~12月,太湖是银鱼、青鱼、草鱼、鲢鱼、鳙鱼的捕捞旺汛。参见朱年、陈俊才:《太湖渔俗》,第39-40页。

光年间(1796～1851),因各地河道造桥、建闸增多,①太湖也渐由"敞开型"变成"半封闭型",这样,给靠风帆航行、桅多不易倒伏②的"北洋船",往来于湖海之间带到较大的困难。而与海洋相比,太湖渔业捕捞可谓"水浅浪低",水产资源又十分丰富,所以一部分原从事海洋捕捞的渔民就逐渐在太湖定居下来,从事内湖捕捞,同时将信仰天妃等海洋渔民的信仰习俗也带入了太湖。

北洋船船型为方头、方艄,两头高翘,中间低,两边安装有半圆型的木船板等,此正是海洋渔船抗风浪的特征。北洋船因轻便敏捷,适合在多沙、水浅的环境作业,故有"沙船"之称。……入太湖后,由于与太湖大船船型相同,捕捞方式一致,又常在同一渔场捕鱼,很快便相互渗透,渔民们也互通婚嫁,融为了一体。

本次调查的 H-1 船,正是"北洋船"在今天太湖水域的惟一遗存。太湖五桅渔船属沙船型,源自黄海南部海州湾一带,后与七桅渔船融合,这些或许可以从 H-1 船身上得到更多证实:

(1) H-1 船与海州湾附近造船传统的联系

一般情况下,通过分析古船的材料,则大致可以判断古船的产地,因为中国古代造船的传统,通常是某地建造之船一般用本地区木材为主要用材,本地区没有才去外地购买。③ 浙、闽一带海船主用广木(杉木)、松木及当地产的硬木材,如浙江的绿眉毛、宁波船、绍兴船、乍浦船及福建丹阳船等。江苏地区的沙船,包括内河船,制作大腊、船底板、舥板、隔舱板、舷墙、干舷、甲板、尾楼等则大量采用杉木,④绞关、桅夹板、桅座等则采用当地的榆树等硬质木材。山东沿海的主要船型如典型的四桅平底沙船,主要选用柏木为造船用材,柏木的优点是质地硬,抗腐能力强。

值得注意的是,清末时期"北洋船"早已融入太湖渔船,张元龙打造 H-1 船的原船仍用柏木,而不是采用江苏地区造船主要用料的杉木(原船修造为现在的 H-1 船,主要用料也是杉木)。这也许正是太湖五桅渔船源自海州湾(江苏连云港地区,紧邻山东)一带海洋渔船这一历史痕迹的体现。

(2) H-1 船与海州湾附近沙船型渔船之间的联系

我国古代的海洋渔船约有二三百种之多,每个海区,每种渔业,都有与之相

① "范文正言吴中水利,濬河、建闸、筑岸三者缺一不可",约在嘉庆十九年(1814 年),吴淞江上建大闸 1,中闸 4,小闸 5。这些闸"定其期,潮来下闸,潮落启之"。又在黄渡镇设千秋桥,砌石洞三门。参见[清] 张崇儴《东南水利论》卷上《吴淞江水利论》,广陵书社 2006 年影印清光绪年间刻本,第 54～65 页。

② 福建船、宁波船等,都是固定桅,不可以将桅放倒,沙船可以倒桅。有关倒桅的情况,参见韦文禧:《对蓬莱三号沉船残骸的初步研究》,载《蓬莱古船国际学术研讨会文集》,长江出版社,2006 年,第 6 页。

③ 韦文禧:《对蓬莱三号沉船残骸的初步研究》,第 5 页。

④ 杉木是中国特产及广泛栽培的树种,以长江流域及以南诸省为多,一向用作优良的造船用材。

应的特殊船型。① 就黄渤海区来说，黄海北部主要有排子、椎子等，"黄海南部以沙船为主"，"沙船自古以来就是山东南部和苏北沿海的主要渔船"。② 沙船之始，可以追溯至唐代江苏崇明；宋代所称"防沙平底船"主要是指适合在多流沙浅滩的长江口进行水战的沙船型江海两用战船；元代在上海成批建造平底型沙船海船，主要为用于大规模发展海上漕运；至明代，"沙船不仅用于海运，而且扩展到用于水战、内河和外洋运输及捕鱼等，具备了多种功能"。③ 明末清初顾炎武《天下郡国利病书》对沙船捕鱼提及两点：一是说"黄鱼出处惟淡水门，在羊山之西，……孟夏取鱼时，繁盛如巨镇，然亦须候潮，……此利素为沙船所占"；④二是万历间，每年夏季在淡水门捕捞黄鱼，到此的渔船，"宁、台、温大小船以万计，苏、松沙船以数百计"。⑤ 明代苏（州）松（江）二府的沙船（渔船）既以较大规模参与春捕黄鱼，那么沙船可能早在明代就已成为山东南部和苏北黄海南部海域的渔船。

　　20 世纪 50 年代末，我国对黄渤海区、东海区、南海区进行过大规模的海洋渔船调查，当时，五桅沙船仍是当时黄渤海区的一种渔船，主要分布地区在江苏沿海、上海市和山东日照。这种渔船平头、方尾、吃水浅、底平，适于浅滩航行及作业，两舷装有披水板，船长一般为 21 米，载重范围为 20～100 吨（一般为 20～50 吨），顺风航速约 13 公里/时，⑥8 级风仍能坚持作业，甲板平阔，作业便利。⑦五桅沙船（渔船）"虽从近代资料而得，但当看到，由于过去的木质渔船制造业，皆系木工工匠的一种世代相传的'手艺'，因此其原始特征都必然会较多地保留着，这同样可以从中看出古代木质渔船的一些特征"。⑧ 周世德通过实测大型沙船的帆装图和结构图，也认为"在主要尺度比值方面，古代沙船与现代沙船很相近"。⑨ 因此，五桅沙船（渔船）的船型特征与明清时期海州湾的沙船型渔船似乎还是比较接近的，这为我们对比 H-1 船和 20 世纪 50 年代的五桅沙船（渔船），建立 H-1 船与时清时期海州湾的沙船型渔船之间的联系打下了可靠的分析基础。

　　H-1 船方头、方尾，长约 24 米，宽约 5.6 米，属于载重 30～50 吨的大渔船。另据向氏夫妇提供的资料，修复后的 H-1 船曾从太湖渔港出发，航行至庙港水闸前码头，扬帆时速为 15 公里/时。另外，我们将 H-1 船的照片与五桅沙船（渔船）的帆装图、基本结构图、线型图（图一九）进行对比，不论是在船型，还是帆

① 中国渔业史编委会编：《中国渔业史》，第 59 页。
② 张震东、杨金森编著：《中国海洋渔业简史》，海洋出版社，1983 年，第 111 页。
③ 辛元欧：《上海沙船》，上海书店，2004 年，第 65 页。
④ ［明清］顾炎武：《天下郡国利病书》原编第六册，苏松：《续修四库全书》，上海古籍出版社，第 595 册，第 759 页。
⑤ 同上书，第 757 页。
⑥ 原文作"7 浬/时"。按："浬"即海里，为海程长度，1 海里合 1.852 公里。
⑦ 第一机械工业部船舶产品设计院等编：《中国海洋渔船图集》，第 10、43 页。
⑧ 贾复、钱鸿：《中国海洋渔船发展简史》，第 370 页。
⑨ 转引自席龙飞：《中国造船史》，第 247 页。

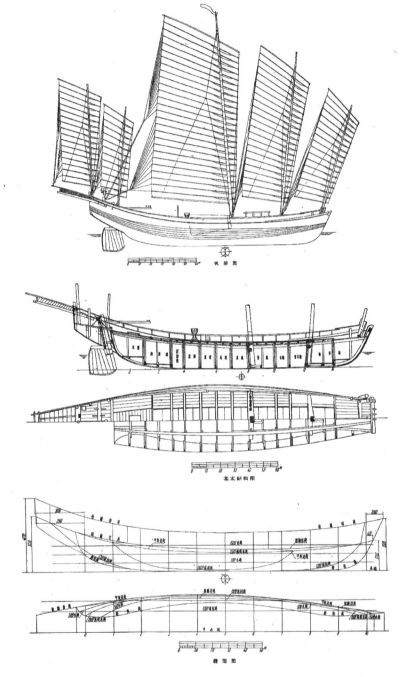

图一九　20世纪50年代黄海南部海域主要渔船沙船的帆装、基本结构、线型图①

桅位置、舱室设置等内外特征,都极其相似。

（3）H-1船与沙船船型的联系

辛元欧曾对沙船这一船型的特征作过如下概括：① 平底、方首、方尾,较一

① 图片摘自第一机械工业部船舶产品设计院等编:《中国海洋渔船图集》,第43-45页。

般海船尤其扁浅。这种船型特点不仅具有很强的抗流沙能力,可直立坐滩、搁浅而不致翻沉,稍搁无碍,而且平底、方首的特点还能耐受北洋浅海区常见的滚头浪;② 首低、尾高,这是沙船最突出的外形特征。首低便于下锚、寄泊,尾高利于操纵和收放尾舵;③ 高悬的尾部还有一个重要特点,就是带假尾和出梢。① 4 梢的沙船有些可能没有出梢,但 5 梢沙船均有出梢;④ 甲板干舷低,但特别重视泄水。干舷低的设计主要为便于寄泊和装卸货物,沙船利用干舷低的特点,寄泊时就以专用跳板搁至与甲板高度相差无几的岸边,方便上下船和装卸货物。同时由于沙船甲板干舷较一般海船低得多,为防止航行时甲板上浪浸湿内舱,故沙船船匠采用高的梁拱,在舷侧上甲板开流水孔,以便及时排除甲板积水。②

我们调查的 H－1 船与一般意义上的沙船所具备的特点,也几乎可以一一对应,前三条特征(方首、方尾,首高、尾低,出梢)尤其显而易见。第 4 条特征指出沙船为方便泄水而采用高梁拱,《中国海洋渔业简史》论及古代黄海南部沙船(渔船)的重要特征时,列出其"有较大梁拱",《中国海洋渔船图集》更指出五梢沙船(渔船)有"特大梁拱",调查的 H－1 船也明显地展示了这一点

图二〇　H－1 船的甲板拱度③

(图二〇)。李邦彦认为沙船"梁拱的高度约为型深的 2/5,也是船宽的 16％。一般 60 吨沙船的梁拱高度近 50 厘米"。④

席龙飞以蓬莱海船为例,指出较高的梁拱使甲板从两舷向中间凸起,会给船上人员的作业、日常活动等带来不便,因此,拱度较大的甲板上面常常再铺上一层"平甲板"(图二一、图二二),且海船"取较大的梁拱,贵在可以使舱内有较大空间,并可以排出波浪涌来的积水"。⑤ 李邦彦介绍采用大梁拱的沙船,说其"主甲板上铺有副甲板和面梁齐平,形成较宽大的甲板操作面积",且对渔船而言,"当渔获物捲上甲板,水由副甲板漏至主甲板",由流水孔排至舷外,这样"可以很方便地将渔获物平推入舱。副甲板又可起保护主甲板的作用,平时可防止日晒雨露,装卸货物或抓鱼时均和副甲板接触,如有损坏,调换容易"。⑥

然而,H－1 船甲板拱度较高,却没有铺上平甲板或副甲板,对此我们征询了一些古船专家的意见。席龙飞认为,相对海洋来说,太湖风浪较小,其渔船和其

① 出梢主要为便于安装升降舵;虚梢(或称假尾)便于放置渔具属具和操纵梢篷。参见李邦彦:《沙船船型和结构》,载《中国造船工程学会 1964 年海洋渔船学术会议论文选集》上册,第 203 页。
② 辛元欧:《上海沙船》,第 100－112 页。
③ 图中披水板基本是平置的,但梁拱高度数据未测量。
④ 李邦彦:《沙船船型和结构》,第 208 页。
⑤ 席龙飞:《中国造船史》,第 217 页。
⑥ 李邦彦:《沙船船型和结构》,第 208 页。

国家航海　第二辑
National
Maritime Research

苏州及附近地区太湖水域
传统木帆船调查报告

183

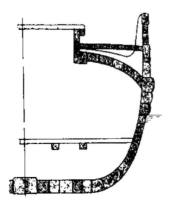
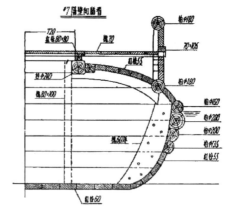

图二一　蓬莱古船船中剖面结构图①　　　　图二二　五桅沙船(渔船)中剖面图②

他船舶梁拱都不高,故常不铺设平甲板。而据韦文禧所见的太湖木帆渔船,其甲
板一般都是平的。我们以为,太湖中小渔船梁拱不高,不需要铺设平甲板或副甲
板,也感觉不到甲板明显的拱度,而五桅大渔船则源自海洋渔船,尤其类似《中国
海洋渔船图集》的五桅沙船(渔船)采用了高梁拱,为不影响正常作业,应该是铺
设平甲板或副甲板的。调查所见的 H-1 船,据向氏夫妇提供的资料,其修复旨
在保存古船文化,原船修复后的 H-1 船,已不再进行捕鱼作业和日常航行活
动,这可能正是 H-1 船即使拱度较大,也没有铺设平甲板或副甲板的原因。不
过,正是因为这一点,能让我们更加清楚地以 H-1 船为实例去调查太湖五桅渔
船的船型特征。

　　H-1 船应为沙船型,还有一点可判断,即披水板。中国古代三大船型沙船、
福船、广船中,福船的实物或模型都没有见到披水板,广船为减缓摇摆,其"在中
线面处深过龙骨的插板"也有"抗横漂的作用",而沙船由于吃水较浅,"其抗横漂
的能力有限,遂必须使用披水披,放在下风一侧,用时插入水中,以阻扼船横
向漂移"。③

　　论定 H-1 船为沙船型之后,我们对照清代贺长龄《江苏海运全案》描绘的
海上漕运沙船(图二三),可知披水板(图一○)古名"头撬";甲板舷侧的流水孔
(图一一)古称"水进眼",或"水眼";④大船附带的舢板应谓"划子";"跳板"则搭
于甲板干舷所设的"水仙门"处。

　　(4) 太湖五桅渔船与七桅渔船(原为六桅)的融合

　　对比五桅沙船(渔船)与太湖七扇子的帆装图、基本结构图、线型图、剖面图
(图二四),两者同样极为相似。H-1 船原船长度为 24 米(不知是否含出艄),宽

①　图片摘自席龙飞:《中国造船史》,第 217 页。
②　图片摘自第一机械工业部船舶产品设计院等编:《中国海洋渔船图集》,第 45 页。
③　席龙飞:《中国造船史》,第 247 页。
④　[清]齐学裘《见闻续笔》:"船(即沙船)之两旁,皆有水槽,下有水眼,水从槽入,即从眼
　　出,舱中不沾潮。"转引自辛元欧:《上海沙船》,第 112 页。

国家航海　第二辑

National
Maritime Research

苏州及附近地区太湖水域
传统木帆船调查报告

185

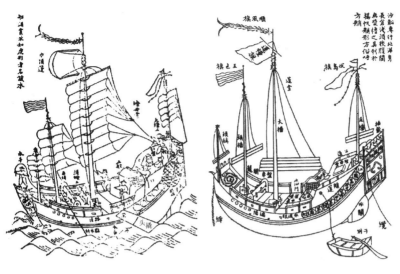

图二三　《江苏海运全案》中的"沙船行驶图"和"沙船停泊图"①

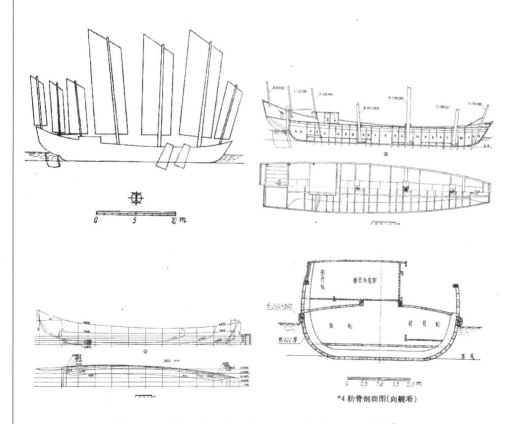

图二四　太湖七扇子的帆装、基本结构、线型与剖面图②

①　图片摘自辛元欧:《上海沙船》,第 99 页。

②　图片摘自《长江流域渔具渔法渔船调查报告》第二册《渔船》,第 53 - 55 页。

5.6 米,长宽比 4.29,顺风时船速约 15 公里/时;太湖七扇子总长为 24.65 米,船宽 4.96 米,长宽比 4.97,6 级顺风时船速可达 20 公里/时。[①] 结合周世德对沙船尺度的考证(表三),我们基本可以认为:源自海州湾的北洋船应与太湖七桅渔船同属大型沙船。

表三　沙船主尺度表[②]

类　别	长 L(米)	宽 B(米)	深 H(米)	吃水 T(米)	长宽比 L/B
大型沙船	26.40(30.12)	5.78(6.62)	2.50	1.60	4.57
中型沙船一	17.00(21.00)	4.18(4.28)	1.09	1.00	4.07
中型沙船二	14.75(19.40)	4.05(4.30)	1.03	0.70	3.64
小型沙船	13.81(14.16)	2.70	1.08	1.00	5.12

注:括号中数字,指包括出艄的长度。

两者作为平底船,在吃水都比较浅的前提下,略有区别的是:对比七桅渔船,五桅渔船略宽,可能继承了海洋渔船稳性较好的特点,左右舷各装有披水板一块,但船速则低于七桅渔船(当然七道风帆受力也大于五道风帆);对比五桅渔船,七桅渔船长宽比值更大,船身则更为修长,抗横漂能力略差,因此,左右舷各装有披水板两块。

从作业方式来看,H-1 船的原船为拖网渔船,七桅渔船也是拖网渔船,两者作业时都可以双船或四船拖网,通常数船并进,渔民称两条船作业为"舍",四条船作业为"带"。故 H-1 原船建造了两组四艘。另据《太湖渔俗》一书,五桅渔船使用的网有墙缆网、牵丝网、小兜网、拖网等,七桅渔船使用的有墙缆网、牵丝网、拖网等。两者不仅是大型的沙船型渔船,而且其尺度也要远远大于一般内河湖泊的渔船(表四)。

表四　太湖与长江流域渔船分类(按吨位)对比[③]

类　型	太　湖		长 江 流 域	
	吨位(载重)	桅数	吨位(载重)	分 布 地 区
大型渔船	>30	5~7	>15	太湖、洪泽湖、高邮湖等
中型渔船	10~30	3~4	7~8	宜昌以下干支流和大中型湖区
小型渔船	<10	1~3	<3	长江流域各江河湖泊

据报道,1999 年被太湖鼋头渚风景管理处收购的七桅木质渔船,此前曾与一艘五桅古渔船搭档捕鱼。五桅渔船入太湖后,与七桅渔船在船型、捕捞作业方式上都相近。当五桅、七桅木帆船各剩一艘时,两者搭档作业是可以理解的。

---

① 长江水产研究所、上海水产学院编:《长江流域渔具渔法渔船调查报告》第二册《渔船》,1966 年,第 53 页。

② 节选自周世德:《中国沙船考略》,中国造船工程学会编:《中国造船工程学会 1962 年年会论文集》第二册《运输船舶》,国防工业出版社,1964 年,第 39 页。

③ "长江流域"部分,引自《长江流域渔具渔法渔船调查报告》的《概述》。

（5）太湖五桅渔船的帆桅特征有待详考

辛元欧提出多桅风帆的古船，为避免帆间的相互挡风，故桅杆不能全部竖于船的纵中剖面处，一般辅助桅往往都是偏离船的纵中剖面而竖于船舷处，特别是3桅以上的大型沙船经常可以看到辅助的前、后桅均竖于左舷处，明清时期的5桅沙船按自前向后的排列，2、3、5桅在船中纵剖面处，生根于船底（或龙骨），1、4桅偏居左舷（图二五）。1、2、4桅前倾，3桅后倾，5桅直立，如此交错布置，既可获得更多的受风面积，又能让出甲板空间。[①] 比照调查途中见到的五桅水泥渔船及搜索到的有关太湖五桅渔船的众多图片（图二六至图二九），[②]我们认为：1、2、3桅居船中，4、5桅居左舷或居右舷，似应太湖五桅渔船的定制。此外，各桅也应位于船体相应比例之位置，桅杆倾斜的角度也有讲究，但本次调查未作详细的数据测量，有待后考。

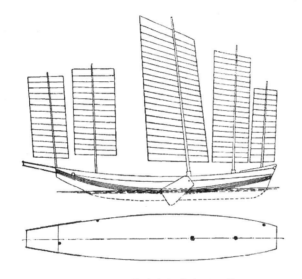

图二五　五桅沙船帆篷布置图[③]

图二六　太湖渔船(1)[④]

① 辛元欧：《上海沙船》，第134-135页。
② 图四、图八、图二七，及图二六左一、图二八右一、图二九右一的5桅渔船，4、5桅皆居左侧船舷；图二八左一、图二九左一的5桅渔船，4、5桅居右侧船舷。
③ 图片摘自李邦彦《沙船船型和结构》，第206页。
④ 图片来源：昵图网（编号20110726131512472149），http：//www. nipic. com/show/1/62/4886216k27ae47fd. html。

图二七 太湖渔船(2)①

图二八 太湖渔船(3)②

图二九 太湖渔船(4)③

---

① 图片来源：昵图网(编号 20110726131513220152)，http：//www. nipic. com/show/1/62/
4886218ka02c18a9. html。
② 图片来源：昵图网(编号 20110726131512622150)，http：//www. nipic. com/show/1/62/
4886217k6df32fa3. html。
③ 图片来源：昵图网(编号 20100402141754309501)，http：//www. nipic. com/show/1/7/
cc10b8056c62cb0d. html。

国家航海　第二辑
National
Maritime Research

苏州及附近地区太湖水域
传统木帆船调查报告

189

四、结　语

本次实地调查时间较短,涉及古船相关的技术特征,但没有进行详细的数据测绘,是为遗憾。依据前人的调查,我们选取太湖最有历史和技术研究价值的大渔船作为调查目标,对大渔船分布最集中的苏州及其附近地区进行了细致的调查,取得了预期的效果,获得了直观性的图文资料,为将来更加细致深入的调查和研究奠定了较好的基础。

我们体会到:博物馆向公众传递的物质遗存、工艺技术等等,依赖于"物"的准确阐释和真实展示。对于"物"的收藏、保护和研究,一方面需专业知识的背景与积累,另一方面更需实地勘验及比较研究。

古来研究,大体不外乎依赖文献记载和实物证据。古代文人学士记录太湖的专书,如明蔡羽《太湖志》、王鏊《震泽编》、清初翁澍《具区志》,以及太湖流域府县官修的志书,详于地理环境、景色名胜、风土人情等,对经济、兵防、航运等实业诸项皆不及悉。然古代从事造船、操船、用船之人民,知识程度相对较低,掌握之实际经验和传统工艺技术多以口耳相传。此种矛盾,导致我国传统航海历史中的许多经验及操作性具体内容失之于文献载籍,极易在时间的流逝中湮没无存。清代学者金友理专治太湖,不囿前人,于乾隆十二年(1747 年)对太湖十县三郡(苏州、湖州、常州)展开调查,注重搜集新资料,"地皆亲履踏勘,物必据实目验",①并参证文献 150 余部,历时三年纂成《太湖备考》,补前人之阙,为我们今天研究太湖地区传统帆船历史,提供了极有价值的资料。20 世纪五六十年代,我国曾进行一些渔船的普查、调查工作,其中对太湖地区的渔船也有一些涉及。改革开放以来,太湖当地的文物机构、方志委员会等相关组织和个人对太湖的渔船、渔俗等有过一些调查和研究。我们今天的调查正是借鉴前人努力的成果才得以顺利展开。

物证方面,太湖大渔船在 20 世纪 80 年代至 90 年代间急剧消亡,而历史仅三四十年的太湖水泥渔船也退之大半,这说明随着现代生产、生活方式的剧变,作为历史、技术或文化遗存的传统帆船、木船等,正渐渐退出历史舞台。在古船原貌及造船、操船等相关技术和工艺皆濒临消亡的趋势下,这些文化遗产亟待科学研究思路指导下的有规模、有系统的调查和整理。综合以上的调查及相关分析,我们认为:

(1)无论从文献资料还是从实物遗存看,包括五桅与七桅的大渔船,应为历史上在太湖水域形成一定特色,且能反映该地区造船、用船历史的传统木帆船。太湖大渔船,各有其来源演变,这是依据生产实际需要,适应当地水域自然环境而演变的结果;

———————————

① ［清］金友理:《太湖备考·前言》。

（2）目前，太湖传统木质大渔船，七桅、五桅各仅存 1 艘。七桅的古渔船为太湖迄今发现最古、最大的传统木帆船，至 2011 年已有 198 年的船龄，停泊于太湖鼋头渚风景区湖面上供游客观赏。调查所见的这艘五桅大渔船至 2011 年也有 116 年的船龄，停泊在吴江市横扇镇环良港附近；

（3）这艘五桅大渔船虽然经过比较大的修复，但修复遵循了中国古船精湛的修造技术传统，特别是"修旧如旧"，使其船体结构、建造工艺、船舶属具等保存完整。修复后，该船的管理、保养等较为妥当、周密，对太湖地区传统木帆船文化的保存起了很大的积极作用，也为我们据此深入研究太湖五桅渔船的历史和技术价值提供了重要的实物参考。

附记：报告就调查所见的木帆船传统工艺和船舶技术等问题征询了席龙飞、顿贺、韦文禧等的意见，在此致谢。

征 稿 启 事

　　《国家航海》由上海中国航海博物馆主办，内容涉及上海国际航运中心文化历史与政治理论、中外航海史、航海文物等方面。欢迎海内外致力于航海研究领域的专家、学者、工作者惠赐佳作。为方便作者来稿，并使稿件规范化，特将来稿基本要求告知如下：

　　1. 来稿应侧重于上海国际航运中心文化历史与政治理论、中外航海史、海上交通或贸易史、中外古船与沉船研究、水下考古、航海文物研究等方面，具有创新意识，选题新颖，方法合理，内容充实，观点鲜明，论据充分，文字简练，图文规范。

　　2. 来稿篇幅以 12 000 字以内为宜，重大选题的稿件在 20 000 字以内。本编辑部对来稿有文字性修改权，如不同意，请来稿时注明。

　　3. 稿件需提供 200 字左右的中文摘要和 3—5 个关键词；并提供文章题目、摘要、关键词的英译文本；请提供作者姓名、单位、职称、通讯地址、邮编、联系电话、电子信箱以及来稿字数等信息，以方便联系。

　　4. 投稿时，请采用打印稿和电子文本同时寄送的方式。打印稿一般应 A4 型纸隔行打印。打印稿寄至"上海市浦东新区申港大道 197 号《国家航海》编辑部"，邮编：201306，编辑部电话/传真：021 - 68282176；电邮发送至：ardmmc75@163.com，发送时请以"投稿-文章标题"格式为主题。所来稿件恕不退稿。

　　5. 编辑部择优录用来稿。来稿一经采用，即付稿酬并赠送样书。稿件应遵守学术规范，严禁剽窃、抄袭行为，反对一稿多投。凡发现此类行为者，后果由作者自行承担。所有来稿的处理结果，编辑部将通过电子信函通知。

稿件书写规范

1. 每篇文章按文章标题、作者姓名、作者单位或地址（包括邮政编码）、提要、关键词、正文、英文标题、英文提要、英文关键词顺序编排。

2. 注释采用脚注，每页单独编号。

3. 除英文提要和纯英文注释使用西式标点符号外，统一使用中文标点符号。阿拉伯数字之间的起讫号一律用波浪线"～"；中文之间的起讫号用一字线"—"。英文提要和英文注释中的出版物名称用斜体。

4. 第一次提及帝王年号，须加公元纪年；第一次提及外国人名，须附原名。中国年号、古籍号、叶数用中文数字，如贞观十四年，《新唐书》卷五八，《西域水道记》叶三正。其他公历、杂志卷、期、号、页等均用阿拉伯数字。

5. 注释号码用阿拉伯数字表示，作[1]、[2]、[3]……其位置放在标点符号后的右上角。再次征引，用"同上"×页或"同注[1]，×页"形式，不用合并注号方式。

6. 引用专著及新印古籍，应标明注引章卷数、出版者及出版年代、页码，如：

［1］谭其骧主编：《中国历史地图集》第七册（元明时期），（上海）地图出版社，1982 年，第 57—58 页。

［2］姚大力：《谈古论今第一人：司马迁和他的〈史记〉》，《读史的智慧》，（上海）复旦大学出版社，2009 年，第 10 页。

［3］［明］马文升：《禁通番以绝边患疏》，［明］陈子龙等选辑：《明经世文编》卷六二，（北京）中华书局，1962 年。

7. 引用古籍，应标明著者、版本、卷数、页码。

8. 引用期刊论文，应标明期刊名、年代、卷次、页码，如：

［4］张瑾瑢：《清代档案中的气象资料》，《历史档案》1982 年第 2 期，第 100—110 页。

［5］邱仲麟：《保暖、炫耀与权势——明代珍贵毛皮的文化史》，《中央研究院历史语言所集刊》第八十本第 4 分，2009 年，第 555—629 页。

［6］李眉：《李劼人轶事》，《四川工人日报》1986 年 8 月 22 日第 2 版。

9. 未刊文献标注，如：

［7］方明东：《罗隆基政治思想研究（1913—1949）》，博士学位论文，北京师范大学历史系，2000 年，第 67 页。

［8］中岛乐章：《明前期徽州的民事诉讼个案研究》，国际徽学研讨会论文，安徽绩溪，1998 年。

10. 引用西文论著，依西文惯例，其中书刊名用斜体，论文加引号，如：

［9］Peter Brooks，*Troubling Confessions: Speaking Guilt in Law and Literature*，Chicago，University of Chicago Press，2000，p. 48.

11. 其他解释式注释中涉及文献出处时，如下：

［10］关于这一问题，参见卢汉超：《赫德传》，上海人民出版社，1986 年，第 89 页。

［11］参阅张树年主编：《张元济年谱》第 6 章，商务印书馆，1991 年。

［12］转引自王晓秋：《近代中日文化交流史》，中华书局，2000 年，第 456 页。

图书在版编目（CIP）数据

国家航海. 第二辑 / 上海中国航海博物馆主办. ——
上海：上海古籍出版社，2012.7
ISBN 978-7-5325-6536-8

Ⅰ．①国… Ⅱ．①上… Ⅲ．①航海—交通运输史—中
国—文集 Ⅳ.①F552.9-53

中国版本图书馆CIP数据核字（2012）第149260号

国家航海（第二辑）

上海中国航海博物馆 主办

上海世纪出版股份有限公司
上 海 古 籍 出 版 社　出版

（上海瑞金二路272号　邮政编码 200020）

(1)网址：www.guji.com.cn
(2)E-mail: guji1@guji.com.cn
(3)易文网网址：www.ewen.cc

上海世纪出版股份有限公司发行中心发行经销　上海颛辉印刷厂印刷
开本 787×1092　1/16　印张12.5　插页2　字数200,000
2012年7月第1版　2012年7月第1次印刷
印数:1-2,300
ISBN 978 - 7 - 5325 - 6536 - 8
K·1606　定价: 48.00 元
如有质量问题，读者可向工厂调换